Début d'une série de documents en couleur

BIBLIOTHÈQUE CONTEMPORAINE

GEORGES PICOT
MEMBRE DE L'INSTITUT

ÉTUDES D'HISTOIRE PARLEMENTAIRE

M. DUFAURE

SA VIE ET SES DISCOURS

PARIS
CALMANN LÉVY, ÉDITEUR
RUE AUBER, 3, ET BOULEVARD DES ITALIENS, 15
À LA LIBRAIRIE NOUVELLE

1883

NOUVEAUX OUVRAGES EN VENTE
Format in-8°.

A. BARDOUX f. c.
LE COMTE DE MONTLOSIER ET LE GALLI-
CANISME, 1 vol.................. 7 50
BENJAMIN CONSTANT
LETTRES A MADAME RÉCAMIER, 1 vol. 7 50
L'ABBÉ GALIANI
CORRESPONDANCE, 2 vol............ 15 »
LORD MACAULAY
ESSAIS D'HISTOIRE ET DE LITTÉRA-
TURE, 1 vol.................. 6 »
L. PEREY ET G. MAUGRAS
JEUNESSE DE MADAME D'ÉPINAY 1 vol. 7 50

MADAME DE RÉMUSAT f. c.
MÉMOIRES, 3 vol.................. 22 50
ERNEST RENAN
L'ECCLÉSIASTE, 1 vol............... 5 »
MARC-AURÈLE, 1 vol............... 7 50
G. ROTHAN
L'AFFAIRE DU LUXEMBOURG, 1 vol.... 7 50
PAUL DE SAINT-VICTOR
LES DEUX MASQUES, 2 vol........... 15 »
THIERS
DISCOURS PARLEMENTAIRES.T.I à XIII. 97 50
VILLEMAIN
LA TRIBUNE MODERNE. T. II........ 7 50

Format gr. in-18 à 3 fr. 50 c. le volume.

ADOLPHE BADIN vol.
PETITS CÔTÉS D'UN GRAND DRAME...... 1
TH. BENTZON
LE RETOUR...................... 1
BRET HARTE
CROQUIS AMÉRICAINS............... 1
HENRY CAUVAIN
ROSA VALENTIN................... 1
E. DENOY
PAR LES FEMMES.................. 1
ÉDOUARD DIDIER
LES DÉSESPÉRÉS................... 1
A. DUMAS FILS
LA QUESTION DU DIVORCE........... 1
GEORGE ELIOT
DANIEL DERONDA.................. 2
O. FEUILLET
HISTOIRE D'UNE PARISIENNE......... 1
OCT. FOUQUE
RÉVOLUTIONNAIRES DE LA MUSIQUE.... 1
A. GENEVRAYE
LE THÉÂTRE AU SALON.............. 1
J. DE GLOUVET
LE BERGER...................... 1
HISTOIRES DU VIEUX TEMPS.......... 1
GYP
PETIT BOB....................... 1
LUDOVIC HALÉVY
L'ABBÉ CONSTANTIN................ 1
A. HOUSSAYE
MADEMOISELLE ROSA................ 2
CH. JOLIET
CRIME DU PONT DE CHATOU......... 1
VICTOR JOLY
CRIC-CRAC....................... 1
EUGÈNE LABICHE
THÉÂTRE COMPLET................. 10

H. LAFONTAINE vol.
L'HOMME QUI TUE.................. 1
LAFORÊT
AVENTURES DE DÉSIRÉ COURTALIN..... 1
DANIEL LESUEUR
MARIAGE DE GABRIELLE.............. 1
PIERRE LOTI
LE ROMAN D'UN SPAHI............. 1
MARY LAFON
CINQUANTE ANS DE VIE LITTÉRAIRE.... 1
RAOUL NEST
LES MAINS DANS MES POCHES......... 1
E. NOEL
FIANCÉS DE THERMIDOR............. 1
G. DE PEYREBRUNE
GATIENNE....................... 1
A. DE PONTMARTIN
SOUVENIRS D'UN VIEUX CRITIQUE...... 1
ERNEST RENAN
CONFÉRENCES D'ANGLETERRE......... 1
VICOMTE RICHARD (O'MONROY)
COUPS DE SOLEIL................. 1
HENRI RIVIÈRE
LA JEUNESSE D'UN DÉSESPÉRÉ........ 1
GEORGE SAND
CORRESPONDANCE.................. 2
FRANCISQUE SARCEY
MISÈRES D'UN FONCTIONNAIRE CHINOIS. 1
E. TEXIER ET LE SENNE
LADY CAROLINE................... 1
MARIO UCHARD
LA BUVEUSE DE PERLES............. 1
LOUIS ULBACH
LE MARTEAU D'ACIER............... 1
PIERRE VÉRON
LES MONSTRES DE FEMMES........... 1
CLAUDE VIGNON
UNE PARISIENNE.................. 1

Paris. — Imprimerie Ph. Best, 3, rue Auber

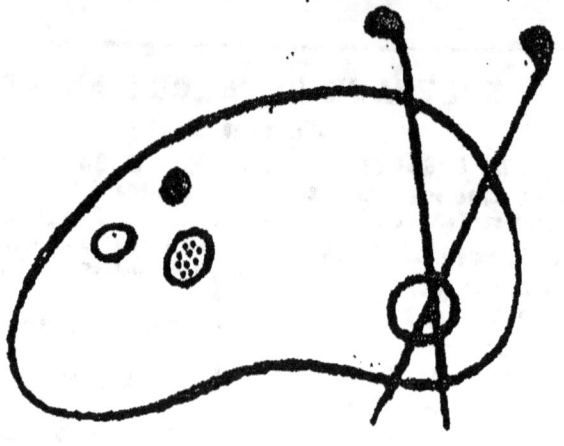

Fin d'une série de documents
en couleur

M. DUFAURE

SA VIE ET SES DISCOURS

Motteroz, Adm-Direct. des Imprimeries réunies. B, Puteaux

ÉTUDES D'HISTOIRE PARLEMENTAIRE

M. DUFAURE

SA VIE ET SES DISCOURS

PAR

GEORGES PICOT

MEMBRE DE L'INSTITUT

PARIS
CALMANN LÉVY, ÉDITEUR
ANCIENNE MAISON MICHEL LÉVY FRÈRES
3, RUE AUBER, 3

1883

Droits de reproduction et de traduction réservés

INTRODUCTION

Certains hommes ont apporté dans la politique, même la plus libérale, l'instinct du commandement, d'autres se sont contentés de chercher l'influence et ont trouvé le respect. Celui dont je veux parler n'a jamais eu la prétention de dominer ses contemporains ; il n'avait d'autre souci que de les éclairer et de les convaincre. Quelque gloire qu'il mît à mériter leur estime, il prisait plus haut encore le jugement de sa propre conscience. Très mêlé aux sentiments de son siècle, en plein accord avec l'élite de sa génération, il est demeuré isolé, replié en lui-même, ne cherchant à exercer d'action sur les hommes que par l'autorité de la plus sévère éloquence, rappelant les jurisconsultes du xviᵉ siècle par sa verte rudesse, les solitaires de Port-Royal par son austérité; il a vécu dans les écoles, au barreau, dans les assemblées, depuis l'adolescence jusqu'au seuil de l'extrême vieillesse, sans que le fond de ses idées et de ses attachements ait varié; il est mort sans avoir jamais connu les amertumes de l'ambition déçue, en léguant aux jeunes gens l'exemple d'un travail sans trêve, aux hommes mûrs la leçon d'une carrière reprise à l'heure où d'autres croient avoir mérité le repos, aux plus âgés le modèle de la persévérance dans une lutte prolongée d'un cœur jeune, jusqu'au dernier jour, pour les croyances de sa vie et les convictions fidèlement conservées de sa jeunesse.

D'autres ont dit avec autorité ce que fut M. Dufaure dans la vie publique, à la barre ou dans les lettres[1]. Il me semble qu'une telle mémoire appelle un autre genre d'hommage. C'est plus qu'un portrait, c'est la suite d'une vie que je voudrais retracer.

Plus nous approchons de la fin du siècle et plus notre curiosité s'éveille en contemplant et en cherchant à expliquer le phénomène moral et intellectuel qui en a marqué la première moitié : d'où est sortie, comment s'est formée la génération d'hommes éminents qui, nés avant l'empire, ont lutté sous la Restauration, se sont fait un nom dans les lettres, dans les sciences, au barreau, à la tribune, ont créé, développé et fait à leur image le gouvernement de leur pays, et ont laissé après eux une telle lumière que,

---

[1]. Tous les amis de M. Dufaure connaissent ce qu'ont dit de lui deux orateurs qu'il aimait et un écrivain qui a su le deviner. Pour avoir un portrait complet, il faut lire le discours prononcé le 5 décembre 1881 par M. Barboux, bâtonnier, — la notice lue le 19 décembre 1881 par M. Bétolaud à l'Association des anciens secrétaires de la Conférence — et le discours de réception de M. Cherbuliez, lorsqu'élu en remplacement de M. Dufaure, il prit séance le 25 mai 1882 à l'Académie française.

dans nos embarras de l'heure présente, malgré le contraste des temps, c'est à leur mémoire que nous sommes souvent tentés de demander des conseils? Par quelle rencontre, sur des points divers de la France, dans des classes dissemblables, dans des familles animées d'opinions contraires, chez le fils d'un humble aspirant de marine vivant dans la retraite, comme aux Tuileries chez l'héritier d'un chambellan, chez l'écolier sorti d'une famille modeste et élevé dans un collège de province, comme chez le fils d'un ministre de l'empire, par quelle action secrète la même idée allait-elle produire les mêmes sentiments, les mêmes désirs, les mêmes passions? Cette génération a-t-elle été façonnée par une éducation uniforme? On pourrait le croire si elle avait apporté dans l'épanouissement de la vie des instincts belliqueux; mais nulle n'a été plus pacifique. Destinée aux champs de bataille, élevée au son du tambour dans des lycées dont la discipline était militaire, elle s'est montrée tout imprégnée de l'esprit civil. Plus qu'aucune autre, elle a eu le respect de la vie humaine, l'horreur de la conquête et du sang. Remontons donc plus haut que le collège, interrogeons la première éducation et cherchons si ce n'est pas à l'aube de la vie qu'elle a reçu une inspiration commune.

Dans l'enfance, ce qui frappe et laisse une empreinte durable, ce ne sont point les jugements, mais les impressions, les émotions vives. Or, à cette époque, si les opinions étaient diverses, les sentiments étaient les mêmes dans les milieux les plus différents. Un ardent amour de l'humanité avait pénétré dans les mœurs et dans les âmes : on professait le respect de l'homme, une pitié profonde pour ses maux, un fonds inépuisable de générosité. L'enfant le sentait, et son cœur s'ouvrait. Tout était destiné à émouvoir, à rendre l'âme sensible. Les sentiments naturels étaient surexcités. Lisez les romans du temps : l'amour filial, l'amour paternel, semblent exaltés, tant l'expression en est vive. Cet attachement passionné pour toutes les nobles affections de famille, cette ardeur de dévouement aux siens, cette pitié facile, ces cœurs qui battent à l'unisson sont la marque et l'honneur de ce temps. Qu'on sourie de l'*Émile*, qu'on trouve aujourd'hui surannés les prix de M. de Montyon, c'est avec ces sentiments, c'est sous l'impression de ces premières émotions du cœur et de la vertu qu'une génération d'enfants se préparait à entrer dans les écoles publiques.

Devaient-ils y sentir leurs âmes refroidies? Discours, vers latins, poésie française, tout était mis alors au service du conquérant qui héritait des louanges classiques inventées pour Alexandre, César ou Charlemagne. Les jours de sortie, l'enfant retrouvait, il est vrai, le visage assombri des parents, mais il ne devait comprendre que plus tard le sens de ces douleurs. Dans les classes interrompues, il écoutait avec l'agitation de son âge la lecture des bulletins de la grande armée et revenait tout frémissant à la traduction des *Commentaires*. Un coup de foudre termina le drame. Sorti du lycée, il se trouva jeté dans la vie. Autour de lui, il entendit l'indignation contre les folies de l'esprit de conquête, il vit partout l'épuisement, il se sentit fatigué de la guerre, mais non dégoûté de la gloire.

A des imaginations aussi fortement remuées il fallait quelque chose de grand. On avait abusé de la force, abusé des victoires ; il restait la liberté. La vieille monarchie se rajeunit en la promettant. La Charte fut donnée à la France, et cette jeunesse dont elle comblait l'espoir la prit sous sa garde et se promit de la défendre comme le gage sacré de son indépendance et de ses droits.

Ainsi toute l'histoire de la formation des idées de la génération qui a fait l'honneur de ce siècle se résume en peu de mots : Sensibilité excitée par la première éducation, imagination saisie par de grands spectacles, fondation d'un gouvernement nouveau ouvrant à l'intelligence et à l'ambition des horizons sans limites à l'âge où l'espérance est un besoin de l'âme : tels furent les ressorts communs qui, au milieu de circonstances prodigieuses, mirent en mouvement aux points les plus éloignés du territoire, dans les classes les plus diverses, tout ce qui était capable d'aimer son semblable, de se dévouer à sa patrie ou de se sacrifier pour la gloire.

M. Dufaure est né deux ans avant le commencement du siècle; il a été élevé dans une famille tout imbue des grands souvenirs de 1789; il a appris en même temps à respecter les élans et à maudire les crimes de la Révolution; au milieu de ses camarades, il a consacré ses premiers essais de poésie à chanter nos victoires, il a plus tard haï la guerre, sans jamais blasphémer la gloire. Il est venu à Paris peu après la Charte, il en a vu de près les bienfaits, il a assisté aux premiers bourdonnements du travail chez un peuple rendu à la liberté; il a voué son attachement à ce régime qui faisait de l'éloquence au service de la raison la plus grande force de l'État. Ainsi, comme ceux qui appartenaient à cette race, mais avec une maturité plus austère, il avait acquis dès l'âge de vingt ans cet ensemble de fortes convictions qu'il devait porter avec lui jusqu'au déclin du siècle.

Il n'est pas inutile de raconter avec quelques détails une telle jeunesse, il est nécessaire d'observer, grâce à un si frappant exemple, comment se forment un caractère et des convictions : c'est un secret dont tous les temps ont besoin et qui de nos jours risque de se perdre.

ÉTUDES D'HISTOIRE PARLEMENTAIRE

M. DUFAURE

SA VIE ET SES DISCOURS

I

1798-1814.

Lorsque, en s'éloignant de Saintes, on se dirige vers le sud-ouest, l'aspect du pays ne tarde pas à se modifier. Tandis qu'aux environs de la ville et à quelques heures de distance, les bois et la culture rappellent les campagnes du Poitou, que, sur certains points, les champs entourés de vieux arbres et de larges haies donnent à l'ensemble du pays l'apparence du Bocage, lorsqu'on s'avance vers Royan, les collines s'abaissent, les arbres deviennent plus rares et la terre plus sablonneuse; ce changement frappe surtout les regards le long de la Seudre, qui coule parallèlement à la Gironde. Sur la droite de cette rivière, la végétation active du nord; sur la rive gauche, une terre plus desséchée, un horizon lointain et transparent, la vue de longues lignes de dunes qui laissent deviner la mer. C'est entre ces deux natures de sol, sur la lisière des derniers bois, avant les grandes plaines d'alluvion qui ont été formées par la mer et la Gironde, dans un pli de terrain, qu'est située une habitation de fort simple apparence et que rien ne distinguerait si, à l'entrée d'une cour, un respectable colombier ne se dressait pour témoigner de l'ancienneté du lieu et si des ormeaux, non moins âgés, ne venaient attester que, depuis longtemps, les propriétaires de Vizelle avaient tenu à honneur d'embellir leur modeste demeure. La maison ne contient pas de souvenirs anciens, mais la vigne date de loin; c'est elle qui a fait l'importance de la propriété, et comme, par un destin bien rare en notre pays, depuis près de quatre siècles, la maison et la terre n'ont pas été vendues, que l'une et l'autre ont été transmises par héritage ou par mariage, il est tout naturel que le dernier possesseur, en augmentant avec un soin jaloux l'étendue de son domaine, portât à cette propriété un peu de la passion filiale qu'il avait vouée à ses parents.

Jusqu'au milieu du XVIII° siècle, aucun lien ne rattachait les Dufaure à la Saintonge. Une tradition de famille leur donnait pour origine le Dauphiné. On racontait que le petit-fils d'un Dufaure, officier supérieur du génie tué, sous Louis XIV, au siège de Lille, était devenu secrétaire de l'intendance de la Rochelle, qu'il s'était fixé dans le pays, et qu'un de ses enfants, en 1734, avait épousé Louise de Livenne, héritière de la petite propriété de Saintonge. A partir de cette date, les souvenirs des membres de la famille se confondent avec l'histoire même du « logis » de Vizelle. Le père de M. Dufaure y vint au monde en 1770. Élevé en vue des côtes de l'Océan, habitué à en contempler les grands spectacles ou à partager les émotions inséparables des aventures de mer, il se tourna de bonne heure vers la marine, où il entra comme aspirant en 1787.

Ses campagnes furent bien vite interrompues par la Révolution. Son père, qui en avait embrassé les principes avec l'élan commun à toute sa province, fut un des représentants de la Charente-Inférieure à la fête de la Fédération. Le jeune marin, qui ressentait les mêmes ardeurs, n'hésita pas à s'enrôler le jour où la France envahie appelait à elle tous ses enfants. Celui que nous avons connu aimait à rappeler que son père avait été l'un des volontaires de 1792, et si la grande guerre n'offrit pas au nouveau soldat la joie et l'honneur d'une lutte contre l'étranger sur le Rhin ou sur l'Escaut, il trouva du moins dans les longues et pénibles expéditions dirigées de la Rochelle sur la Vendée l'occasion de montrer combien était profond son dévouement au drapeau tricolore. Il fut élu officier, puis bientôt capitaine, par les volontaires de la Charente-Inférieure; enfin, ayant été blessé, il revint à Vizelle après les deux campagnes de 1793 et de 1794, lorsque la pacification de Hoche permit de licencier les bataillons. Peu de temps après, il se mariait, partageant sa vie, en ces temps troublés, entre la Gironde et la Saintonge, vers laquelle il se sentait de plus en plus attiré.

C'est dans une petite maison du bourg de Saujon, où le propriétaire de Vizelle allait pendant l'hiver chercher avec sa femme un abri contre les vents de l'ouest qui balayaient la plaine, qu'en 1798, le 4 décembre, naquit son fils aîné. La maison était de chétive apparence, comme la fortune de la famille. Elle était située à quelques pas de la Seudre, que remontent les pêcheurs pour vendre aux paysans de l'intérieur des terres le poisson qu'ils ont pris sur la grande côte de Royan. De là l'aspect à demi maritime de ce bourg de Saintonge, d'où, sans apercevoir l'Océan, on le devine sans cesse. L'enfant respira donc en naissant l'air salé, et ses premières années s'écoulèrent entre un perpétuel désir de voir la mer, qui était si près, ou de se rendre à Vizelle, afin de parcourir en liberté le jardin et les vignes qui constituaient l'unique et variable ressource de la maison. Lorsque l'année était bonne, on pouvait se permettre un petit séjour à Bordeaux; mais si les plants en fleur étaient saisis par le froid, si la pluie ou les vents altéraient ou desséchaient les grappes, adieu toute espérance de voyage! on ne sortait pas du canton. Aussi, avec quelle anxiété chacun suivait les progrès de la récolte!

Le père, devenu, par goût autant que par nécessité, le plus habile de ses vignerons, n'abandonnait pas pour cela les lectures qui étaient le délassement de la génération instruite à laquelle il appartenait. Au cours d'une vie partagée entre l'activité du corps et les réflexions d'un esprit modéré que l'horreur des excès révolutionnaires avait éloigné de la politique, sa famille s'était accrue, un second fils était né; aux préoccupations de la culture étaient venus se joindre, chez le père, les soucis de l'éducation.

Il avait une sœur qui habitait Saujon : c'est à elle qu'il confia son fils aîné, Jules. L'enfant avait à peine cinq ans lorsqu'il quitta pour la première fois ses parents. Sa tante l'envoya à l'école et elle suivit avec une attention maternelle sa première instruction. Le petit écolier de Saujon, devenu vieux, n'avait jamais oublié les soins de cette tante si pieuse et si dévouée; il parlait avec attendrissement de ses bontés, de sa surveillance intelligente et douce, et d'une indulgence qu'il avait plus d'une fois mise à l'épreuve. Dès qu'il avait su lire, cette occupation avait absorbé ses heures. Afin de n'être pas dérangé, il s'était fait une cachette dans un coin du grenier où il avait découvert des livres et des vieux papiers. C'est là qu'on l'a trouvé plus d'une fois, après de longues recherches, oubliant de manger, perdu dans des lectures sans fin et cherchant à comprendre. Ces singulières distractions ne le détournaient pas de l'école, où ses progrès furent si rapides que le maître dut déclarer qu'il ne pouvait plus rien lui enseigner. On fut forcé de chercher dans le pays un instituteur plus savant. Au bout d'un ou deux ans, l'enfant étant le plus avancé de la pension, le maître imagina de tirer parti d'un élève aussi exceptionnel. Il le chargeait, malgré ses onze ans, de faire la classe à ses camarades, tandis qu'il allait se reposer et se distraire dans la ville voisine. Ce genre d'études pouvait être fort honorable pour l'écolier; le père ne le trouva pas satisfaisant; il craignait (non sans raison) que le pédagogue improvisé, qui avait conservé la turbulence d'un enfant, ne terminât trop souvent la classe par des jeux ou des batailles : il le reprit avec lui.

On était en 1810; Jules Dufaure allait atteindre sa douzième année. A une intelligence aussi développée un aliment était nécessaire : il fallait prendre un grand parti. Les lycées et les collèges de l'Ouest étaient médiocres, ceux de Paris, trop chers et trop éloignés. M. Dufaure jeta les yeux sur le collège de Vendôme.

Dès le commencement de la Révolution, des oratoriens, chassés de Juilly, s'étaient rassemblés à Vendôme, dans les bâtiments de l'ancien collège royal, pour y renouer, sous l'habit séculier, les traditions de leur ordre[1]. Cet établissement, rattaché à l'État par des liens qui devaient en faire un des collèges de l'Université, eut, dès son ouverture, un grand succès dans la contrée. Il y vint non seulement des enfants de la Touraine, mais des meilleures familles de Bordeaux et même de Paris. A la fin d'octobre 1810, M. Dufaure partit de Vizelle avec son fils ; ils mirent quatre jours à franchir la distance ; c'était un long voyage, d'autant plus pénible que, par économie, on ne prit ni malle-poste ni diligence ; aussi laissa-t-il une impression ineffaçable sur l'esprit de l'enfant, qui, le lendemain de l'arrivée, dut se séparer de son père pour de longues années. M. Dufaure reprit le chemin de la Saintonge, non sans tristesse, car le sacrifice qu'il faisait l'obligeait, ainsi

---

1. C'est en 1790, aussitôt après la dissolution de l'ordre, que deux membres de l'Oratoire, MM. Mareschal et Dessaignes, se retirèrent dans les bâtiments de l'École royale militaire et obtinrent, dit l'acte d'autorisation, « la permission d'y continuer l'éducation d'élèves américains qui n'avaient pas d'autre domicile en France ». De 1795 à 1802, cet établissement fut l'école centrale de Loir-et-Cher. A la suppression des écoles centrales, il devint établissement privé de plein exercice. Le duc Decazes y avait fait ses études de 1790 à 1799 et Balzac y fut le condisciple de M. Dufaure.

que sa femme, à de dures privations; ils allaient l'un et l'autre se confiner à Vizelle pour n'en plus sortir, renonçant au séjour de Bordeaux et transformant les jouissances modestes de leur vie en rêves d'avenir pour l'enfant qui faisait déjà leur orgueil et sur lequel ils avaient concentré leurs espérances.

Laissé seul à Vendôme, l'écolier de quatrième travailla vaillamment et ne tarda pas à être aussi estimé de ses maîtres que redouté de ses rivaux. Rien ne le décourageait : ni les études les plus arides, ni cette longue année passée sans qu'un ami le fît sortir, sans qu'un correspondant lui offrît en un jour de fête l'image de la famille absente, ni l'approche des vacances sans voyage, ni même le départ de tous ses camarades qui fait du signal de la liberté une heure de tristesse pour celui qui reste. La lecture le consolait de sa solitude; il s'y absorbait avec passion et il y amassait les trésors dont il sut user dans les classes supérieures. La poésie tenait alors une grande place dans l'étude des lettres. En troisième, la poésie latine; en seconde, la poésie légère; en rhétorique, la poésie héroïque étaient l'objet de devoirs fréquents auxquels les élèves mettaient d'autant plus de soins que, dans les classes supérieures, une académie formée des sujets les plus distingués consacrait le succès des lauréats. Jules Dufaure réservait pour les séances hebdomadaires ses meilleures compositions, et quelques-unes d'entre elles furent jugées dignes d'être lues publiquement avant la distribution des prix, comme témoignage du niveau des études. Ses goûts sérieux et son horreur de tout ce qui était futile se manifestèrent de bonne heure : lui, dont les vers héroïques étaient cités, n'eut pas même un accessit de poésie légère, et son maître de danse, après de longs efforts, déclara qu'on ne pourrait rien faire de cet élève. Heureusement, le professeur d'éloquence française n'était pas de cet avis et en ce genre il eut de bonne heure tous les succès[1].

A Vendôme, comme partout, l'élève avait rejoint ses maîtres. Ne fallait-il pas songer à lui faire franchir un nouveau degré? Mais, auparavant, il devait revenir au nid paternel. Ces quatre années d'absence l'avaient transformé. Il était parti enfant; c'était un jeune homme dans tout l'élan de sa seizième année qui revenait à Vizelle. L'éloignement qui efface les

---

[1]. Dans la liste de la distribution de 1814, nous relevons une mention dont tous les termes ressemblent à une prédiction : Rhétorique : 1ᵉʳ *prix d'éloquence française. Dufaure (Jules), académicien.*

souvenirs faibles, grave plus profondément dans le cœur les impressions fortes : l'imagination, à l'âge de son développement, en quête d'objets où se fixer, lui avait sans cesse rappelé dans les longues veillées du collège le berceau de son enfance, pour lui prêter tous les charmes d'une nature en fête. Retenu à Vendôme de 1810 à 1814 sans voir un seul de ses parents, gêné dans l'expression de son affection filiale, il allait retrouver sa famille avec une émotion qui a été la première joie de sa jeunesse! Malheureusement les contrastes qui sont la vie de l'esprit ne sont pas toujours pour le corps l'hygiène la plus salutaire. La pleine liberté des champs succédant sans transition à un travail excessif et à une réclusion de quatre années, détermina une fatigue dont on fut longtemps à discerner la nature. La fièvre se déclara lente et tenace comme les fièvres d'octobre. L'époque de la rentrée se passa sans amélioration. Fallait-il écouter les conseils des amis qui engageaient à essayer d'un changement de climat? Devait-on jeter dans Paris le jeune homme épuisé par les fièvres réglées, au risque d'une maladie plus grave? Ni le père, ni la mère n'eurent cette hardiesse; ils n'hésitèrent pas à acheter au prix d'une année perdue la santé de leur fils. Il passa l'hiver à Vizelle et il assista au réveil du printemps qu'il avait chanté en vers sans le connaître et qu'à dater de ce jour il n'oublia plus. Il y a des maladies qui sont des crises heureuses, comme il y a des douleurs qui trempent l'âme. Jules Dufaure se trouva plus vigoureux que jamais lorsque arriva l'été; au sortir de sa croissance il avait conquis la santé solide dont il devait jouir toute sa vie. C'était le moment de fixer son avenir. Ses parents avaient été trop frappés de l'étendue de son intelligence pour hésiter à continuer les sacrifices; ils se décidèrent à l'envoyer non plus à Vendôme, mais à Paris, où il irait, dans la première pension d'alors, l'institution Favart, suivre les cours du lycée Charlemagne. Dès le lendemain des vendanges, il s'arracha, le cœur navré, mais résolu, aux joies de la famille, emportant avec le regret de la maison paternelle un amour de la campagne que le temps ne devait pas affaiblir.

II

COLLÈGE CHARLEMAGNE.

A toute époque, l'arrivée dans la capitale d'un jeune homme élevé en province est un événement qui marque dans la vie. L'entrée à Paris, en octobre 1815, devait laisser une impression bien autrement profonde : au drame de la Révolution, dont on était si peu éloigné, avaient succédé les triomphes d'un conquérant qui, pendant quinze ans, avait semblé invincible. De tous les points du monde, les regards étaient dirigés sur Paris. Cette ville, tour à tour un lieu d'horreur et un objet d'admiration, avait été deux fois envahie par les armées de l'Europe, et il était donné au voyageur de contempler du même coup d'œil les monuments qui avaient été témoins de tant de scènes navrantes ou glorieuses et les feux de bivouac de l'étranger campant sur nos places publiques. C'étaient là de fortes leçons d'histoire qui devaient creuser des traces profondes dans la mémoire d'un jeune homme. Celui qui arrivait alors de Saintonge tenait de son père le respect de la révolution de 1789 et l'horreur des crimes de 1793; l'empire avait été accepté dans sa famille comme le dénouement d'un grand drame, mais la conscription, rendue chaque jour plus pesante, avait peu à peu désenchanté la France, à l'heure où, à Vendôme, notre écolier commençait à regarder au-delà des murs du collège. Il avait vu ses maîtres et ses camarades acclamer comme une délivrance le retour des Bourbons, avait retrouvé à Vizelle l'écho des sentiments qui faisaient des populations du littoral, ruinées par la guerre maritime, les adversaires les plus résolus de l'empire; il avait suivi les émotions des Cent jours avec une curiosité inquiète et s'était senti heureux de la seconde restauration qui, en assurant la paix de l'Europe, avait à ses yeux le mérite particulier de porter au sommet des honneurs deux avocats de Bordeaux dont son père lui avait souvent répété les noms, MM. Lainé et Ravez.

D'ailleurs la politique tenait alors peu de place dans l'esprit de notre collégien. Comme la plupart des jeunes gens de son temps, la littérature l'attirait bien davantage. Aussi, quelle surprise et quelle joie dès qu'il s'assied au lycée Charlemagne sur les bancs de la rhétorique! « Nous avons pour professeur un M. Villemain, écrit-il à son père. C'est un grand jeune homme de cinq pieds cinq pouces qui n'est pas joli, mais dont les yeux sont bien éloquents. Il explique Virgile, tu ne saurais croire comment! Dès sa première leçon, il est impossible de ne pas le prendre pour ce qu'il est. » Quelques jours après il parle des conseils de goût, non moins remarquables que la classe : « M. Villemain ne hait rien tant que ces devoirs composés d'un tas de pensées qui se trouvent partout. Il veut dans nos amplifications des pensées neuves, des mouvements hardis; même il dit qu'un peu d'emphase ne serait pas de trop pour des commençants. Il m'a plusieurs fois corrigé mes devoirs; il m'a toujours dit qu'il y avait dedans un certain mérite, mais que j'aurais grand besoin de lire Massillon, La Bruyère et *Télémaque*. Ainsi, tu vois qu'après avoir feuilleté tant de livres à Vendôme, je n'ai presque rien lu. » Il s'empresse de chercher La Bruyère; il en trouve un exemplaire à vingt sols. Il l'annonce à son père en lui disant de ne pas se préoccuper des autres volumes parce qu'il a acheté de son argent le *Petit Carême* et *Télémaque*.

M. Dufaure avait besoin d'être rassuré; les dépenses l'effrayaient : cette année de rhétorique qui éloignait l'époque où son fils commencerait son droit, lui semblait un luxe dans une éducation qui ne comportait que le nécessaire. Il ne cessait de rappeler au collégien que l'heure approchait, si elle n'était déjà venue, de recueillir le fruit de ses études. « Ne sais-je pas, répondait-il, que j'ai besoin d'un état? Tu sembles te reprocher de m'avoir fait faire ma rhétorique. Ah! cher papa, qu'eussé-je fait sans cela? Je me serais présenté à l'École de droit sans savoir écrire une phrase française. Je sens, je vois que cette deuxième rhétorique m'était absolument nécessaire. » Il entretient son père de ses nouveaux camarades, de leur force, des quatre-vingts élèves de la classe, du nombre des vétérans, des lauréats de province attirés à Paris dans l'espérance des palmes du concours général qui leur assurent dès leur entrée dans la vie de puissantes protections : il promet de redoubler d'efforts.

Malheureusement la renommée naissante du jeune professeur devait le faire sortir d'une enceinte trop étroite pour son talent. « Je te parle de notre maître et je ne te dis rien du malheur qui vient de nous arriver. M. Villemain quitte sa chaire de rhétorique. Je ne sais pas qui le remplacera. Cette nouvelle m'a consterné. » Jules Dufaure ne se consola pas d'avoir perdu une parole aussi éloquente. Il rendait cependant justice au savant qui allait remplacer l'orateur. « Notre nouveau professeur a eu deux années de suite le prix d'honneur. Il se nomme Victor Le Clerc. Il examine les devoirs hors de la classe mieux que ne faisait M. Villemain ; mais, en chaire, il n'y a pas de comparaison. En expliquant Virgile, il nous le traduisait de suite, mieux que toutes les traductions. En corrigeant notre discours français, il nous improvisait le modèle. A chaque mot, il faisait une citation d'auteurs français ou latins. Quand il nous parlait, dans les moindres choses, il employait des expressions nobles, relevées. Sa mémoire était prodigieuse. Il nous citait des pages entières. Oh ! sans doute, j'ai fait une grande perte ! »

Bientôt il remarque que, le vendredi matin, il y a moins d'élèves à la classe de rhétorique. Les externes libres ont pris le chemin du cours d'éloquence. Ils vont écouter la leçon publique de leur ancien maître. Combien l'interne de l'institution Favart voudrait s'échapper à leur suite ! Il pense à sa liberté de l'an prochain. Pour la première fois, il sent ce que peut donner de jouissances intellectuelles la vie de Paris. Un nouvel horizon se découvre. « Aller à tous les meilleurs cours de la capitale, aux leçons d'histoire, de philosophie, de science, des hommes les plus distingués et s'instruire pour rien, c'est une ressource, écrit-il, que Paris seul peut offrir. » S'il avait quarante-huit heures par jour, il les emploierait.

La vie renfermée d'une pension ne lui convenait pas ; elle étouffait l'essor de son travail. Son père avait craint les distractions, les entraînements de son âge ; il le connaissait mal. L'écolier pouvait être émancipé sans péril ; quand viendront les écueils, il saura gouverner en habile marin, et peu de pilotes seront plus maîtres de leur marche. Ses idées se dégagent et se fixent. Il se suffit à lui-même. Il se réfugie dans la solitude ; il y trouve quelques instants de bonheur, quand il peut se figurer qu'il est sorti de la pension, qu'il a cessé d'être esclave, qu'il habite une chambre dont il est le seul maître et qu'il donne à un labeur acharné toute l'ardeur de ses dix-huit ans.

L'heure vint où il put réaliser ce rêve austère. A la pension dont la discipline lui pesait, il substitua une règle bien autrement sévère, mais que sa volonté avait tracée et librement acceptée. Une chambre en mansarde d'une des vieilles demeures de la place Royale, sous le toit d'un avocat qui le recevait à sa table, abrita le jeune rhétoricien. De la fenêtre, il ne voyait que le faîte des maisons voisines ou les arbres de la place, n'entendait que le bruit du jet d'eau. Dans ses premières lettres, son cœur déborde de joie. Il ne travaillait que sept heures à la pension ; maître de lui-même, il a à cœur de regagner le temps perdu. Son père verra ce qu'il peut faire.

Levé à quatre heures, il terminait tous ses devoirs avant l'heure du collège. Aussi était-il libre de passer dans l'intervalle des classes trois heures dans la bibliothèque assez bien garnie que son hôte avait mise à sa disposition. Entre l'histoire de France et la littérature, il vivait en compagnie des meilleurs auteurs, se nourrissant des ouvrages que lui avait recommandés M. Villemain ou M. Victor Le Clerc.

Le soir, rentré dans sa chère petite chambre, il rédigeait les notes de ses lectures du matin. Après le souper, avant l'heure du repos, il trouvait le temps d'ajouter à cette journée laborieuse un peu de poésie, soit en jouant de la flûte, soit en envoyant à Vizelle ses rêves d'avenir auxquels se mêlait, dans le style de Rousseau, l'expression de la tendresse filiale la plus exaltée.

Que d'enseignements à tirer de ce plan de vie ! Juge-t-on ce que pouvait devenir un esprit distingué, suivant librement tout un programme de lectures choisies par des professeurs éminents, assistant avec assiduité à leurs cours, s'acquittant en quatre heures de la tâche quotidienne et pouvant consacrer six heures à lire ou à rédiger ce qu'il avait lu ! Quelle moisson d'idées ! quels progrès de l'esprit ! quelle instruction variée et puissante et quel aliment donné à l'initiative et au développement d'une jeune intelligence ! Un tel emploi du temps ne suggère-t-il pas de singuliers retours sur le présent ? Je le reconnais : les programmes de 1816 étaient bien moins vastes que ceux de nos jours ; nul ne songeait à donner une teinture universelle de la science aux écoliers. Les professeurs n'avaient d'autre ambition que de leur communiquer les deux plus grands secrets du savoir humain : le goût du travail et une méthode qui leur permît d'apprendre seuls dans la vie ; mais, quelques critiques que notre temps adresse aux vieilles méthodes, nul ne peut prétendre que les maîtres ignorassent les moyens d'enseigner tout au moins aux élèves l'art d'écrire ou de s'exprimer en bon français. Jules Dufaure, Michelet et leurs camarades ont fait quelque figure à la tribune et quelque bruit dans les lettres, et l'exemple nous suffit pour montrer aux pédagogues en quête de nouveaux procédés comment leurs prédécesseurs s'y prenaient pour favoriser la libre éclosion de talents qui devaient honorer leur siècle.

A ce régime, l'intelligence du rhétoricien s'ouvrit et se fortifia. Il vécut dans le xviie siècle, ne le quitta que pour se nourrir, dans le xviiie de Montesquieu, qu'il admirait passionnément. Il y avait en lui deux natures : Bossuet, Pascal et Montesquieu satisfaisaient son austère maturité, tandis que Jean-Jacques et Bernardin de Saint-Pierre charmaient sa jeunesse. Il revenait toujours, en ce temps-là, à Racine : « Plus j'avance, écrit-il, plus je trouve qu'il est difficile d'écrire bien le français. Je lis le plus que je peux Montesquieu, Tacite, Bossuet, quelquefois Massillon et Fénelon; mais surtout Racine. Il me semble que dans Racine on apprendrait aussi bien à écrire que dans tous les autres ensemble. Ne trouve-t-on pas le style de Montesquieu et de Tacite dans *Britannicus*, celui de Bossuet dans *Athalie*, celui de Massillon et de Fénelon dans *Iphigénie, Esther, Andromaque?* »

Il s'attachait avec une telle force à la littérature qu'il aurait voulu redoubler la classe de rhétorique. Il lui fallut toute l'énergie de sa raison précoce pour renoncer à un projet qui faisait entrevoir au vétéran parvenu au terme de ses études les palmes du grand concours. Il s'efforça de convaincre son père, puis il céda; d'autres soucis allaient l'occuper; il était temps de faire choix d'un état. On avait longtemps pensé au barreau, mais, avec le retour des Bourbons et les acclamations des habitants de Bordeaux, il n'était pas un hobereau de la Gironde qui ne se crût des droits à une charge de cour. Ce vent d'ambition avait soufflé sur toute la province, et les amis du père de famille vinrent à Vizelle pour tenter de le séduire. A Paris même, des parents laissèrent entrevoir à l'écolier que le chemin des honneurs lui serait moins rude que la carrière à laquelle il se destinait. Le père et le fils échangèrent quelques lettres; l'hésitation fut courte. Il fallait des titres de noblesse et des protecteurs; sa fierté se révoltait contre les uns et les autres : « Je veux avancer, écrivait-il, par le peu de talent que j'aurai. Je ne veux pas élever mon rang pour abaisser mon âme. »

Ainsi, à côté de l'intelligence se formait un caractère : le plus noble orgueil, le dédain de toute vanité, l'amour de l'indépendance, telles étaient les sources d'où découlait sa vocation d'avocat. Au milieu de l'année 1816, elle était définitive, et, pendant les années qui vont suivre, nous ne la verrons pas ébranlée un seul jour.

Il passa les mois de l'automne de 1816 à Paris, songeant constamment aux habitants de Vizelle, où les dépenses d'un coûteux voyage l'empêchaient de se rendre. Tantôt il faisait avec un de ses livres favoris de longues courses aux environs, heureux quand il avait aperçu quelques ceps de vigne qui lui rappelaient la Saintonge, tantôt il revenait au Palais de Justice, assistant aux débats de la cour d'assises, s'y plaisant, se passionnant quelquefois pour l'accusé, écoutant toujours avec un vif intérêt les luttes du barreau et se disant que ce n'était pas là un attachement passager. Il ne se consolait pas de la longueur des vacances; il était impatient de voir s'ouvrir l'École de droit. Pour tromper son attente, il courait les étalages de livres et se formait peu à peu une petite bibliothèque. C'étaient là toutes les folies du jeune homme : s'entourer de livres qu'il aimait, en orner sa chambre, vivre en leur compagnie, s'en remplir la mémoire, puis les fermer pour laisser son esprit s'égarer dans l'avenir et pour ainsi dire s'enivrer d'espérances; écrire parfois des vers que lui inspiraient ses lectures et la solitude; aller même jusqu'à essayer de faire une tragédie sur Alexandre. Telles étaient les seules distractions du jeune Saintongeois exilé à Paris.

La correspondance avec son père tenait une grande place dans sa vie. Commencée dès la première séparation, retraçant les incidents qui frappaient l'écolier, elle avait pris une importance et un intérêt tout autres à mesure que le jeune homme avait vu son horizon s'étendre. L'affection si éclairée du père de famille avait été charmée de bonne heure par le ton naturel et élevé de ce style qui révélait la vigueur de l'esprit. On conserva précieusement ces lettres que ne devait jamais relire celui qui les avait écrites et qui se retrouvèrent à Vizelle après un demi-siècle comme pour nous permettre de juger l'unité du caractère.

Plusieurs fragments poétiques se rencontrent dans cette correspondance. Par une réminiscence du xviii° siècle, dans la même lettre, la prose et les vers se trouvaient mêlés, suivant l'impression du moment et le besoin d'exprimer des pensées fortes ou des sentiments plus doux. Un soir, il rentrait d'une audience criminelle qui s'était prolongée plus tard que de coutume, il revenait tout absorbé dans des pensées de sympathie pour les malheureux accusés, quand il trouve une lettre de ses parents toute pleine de détails sur les occupations de leur vie et contenant quelques souvenirs sur ceux de sa famille qui, depuis trois siècles, avaient habité Vizelle. Aussitôt, il se transporte au milieu d'eux, et, dans le silence d'une soirée d'automne, il évoque ces antiques habitants, s'envole bien au delà des réminiscences paternelles et. écrit le chant d'un vieux barde dans le désert des landes. Dans cette innocente distraction d'un rhétoricien retenu loin du logis paternel n'est-il pas permis de voir une marque de ce temps et comme le symptôme d'un vague besoin intellectuel qui tourmentait toute une génération et qui allait enfanter le poète des *Harmonies?* Quel est aujourd'hui l'écolier qui prépare sa tragédie en cinq actes ou qui répond à son père en s'inspirant d'Ossian ? M. Dufaure, en recevant ces lettres, pensait à Millevoye, demandait à son fils s'il entendait lui succéder et le plaisantait sur un ton qui ressemblait à un encouragement. Mais l'hiver vint et glaça la muse. La première inscription de droit avait réveillé d'autres ambitions.

III

LA PREMIÈRE ANNÉE DE DROIT.

« Je veux être docteur en droit en trois ans, écrivait-il. Il n'y a ici que M. Dupin, ancien membre de la Chambre des députés, qui l'ait fait. Aussi tu trouveras de l'audace dans mon projet. » Il mit autant de résolution à l'accomplir qu'il avait eu d'énergie à le concevoir. La tâche n'était ni aisée ni séduisante.

Ceux qui font de nos jours leurs études de droit, au milieu de facilités de tous genres, ne se doutent guère de ce qu'était la science du droit en 1816. L'étudiant d'alors pouvait suivre des cours remarquables, écouter de savants professeurs tels que Par-dessus, Delvincourt ou Pigeau; mais à travers les codes dont on admirait l'unité comme un bienfait, sans avoir eu le temps d'approfondir leurs savantes combinaisons, apparaissait l'ancien droit qui pesait de tout son poids sur l'enseignement, pendant que les souvenirs contradictoires et les rapides secousses de la législation intermédiaire compliquaient les problèmes et obscurcissaient les solutions. Les professeurs étaient trop près des grandes discussions auxquelles la rédaction des codes avait donné lieu pour se borner au commentaire des articles; nourris dans leur jeunesse du droit coutumier et du droit romain, cherchant à en concilier les tendances opposées et forcés d'interpréter les vieilles chartes pour fixer les limites de la propriété féodale, les jurisconsultes de ce temps étaient plus préparés à résoudre les problèmes auxquels donnait naissance le conflit de législations diverses qu'à enseigner dans sa simplicité un corps de lois. Le recueil de Merlin, hérissé de questions de droit résultant du choc de principes contraires, donne la plus juste image de ce chaos au milieu duquel se débattait la science. De synthèse bien faite, de précis faciles à saisir, les étudiants n'en connaissaient pas; ils avaient à choisir entre la sécheresse du code ou l'étendue de commentaires disproportionnés.

En se dirigeant pour la première fois un matin d'hiver de la place Royale vers le quartier Latin, ce n'était pas l'étude des lois qui faisait battre le cœur de celui dont nous suivons la jeunesse. Depuis longtemps, il attendait le jour où il pourrait librement aller s'asseoir parmi les heureux auditeurs du maître que l'année précédente il avait entendu trop peu de temps dans la chaire de rhétorique. Les premières leçons le trouvèrent aussi enthousiaste. Avec ce cours avait reparu la joie de sa vie. Pourvu qu'un si brillant professeur ne soit pas de nouveau enlevé à la jeunesse ! « Ses talents, disait-il, l'ont lancé dans les grandeurs et nous craignons chaque jour de le perdre ! Ce serait une perte pour un siècle où le mauvais goût s'avance à grands pas et le talent s'évanouit peu à peu. Lorsque nous avons des Stace, des Claudien sans l'ombre d'un Tacite, ce serait un grand malheur de perdre notre Quintilien ! » Chaque matin, avant le cours de droit, il assistait à une leçon de la faculté des lettres, suivait les cours d'éloquence et de poésie latines, puis le cours d'histoire de Lacretelle, et revenait toujours avec un

2.

nouveau bonheur entendre celui qui, chargé de professer l'éloquence française, la personnifiait, suivant lui, mieux que personne. M. Villemain montait à neuf heures dans sa chaire, la salle était pleine; en hiver, les auditeurs arrivaient au crépuscule. Quels frémissements dans les rangs de la jeunesse! quelle impatience et, à l'entrée du professeur, quels applaudissements! Le talent de l'orateur et le feu des auditeurs s'enflammaient l'un par l'autre. Les acclamations ne suffisaient pas; à la fin, on votait l'impression du discours.

Aussi lorsque M. Dufaure écrit à son fils qu'il est temps d'étudier la procédure, qu'il doit entrer chez un avoué, il faut lire les supplications du jeune homme, les raisons qu'il accumule, les plaidoyers écrits qu'il adresse à son père. Ne devine-t-on pas le secret de sa résistance dans ce dernier mot d'une lettre? « Je ne trouve pas d'avoué disposé à prendre un étudiant en droit qui s'absente; faut-il donc cesser de suivre mes cours? » Son père cédait et lui permettait d'aller au cours de M. Villemain. « Je me reprocherais toujours, lui écrit-il peu après, d'avoir négligé un modèle d'éloquence tel que je n'en retrouverai peut-être nulle part. Tu trouveras sans doute que c'est un éloge qui sent l'exagération ; mais, en vérité, je ne crois pas qu'en sortant de son cours, il y ait beaucoup de ses auditeurs qui soient d'humeur à le lui refuser. »

La valeur de l'enseignement se mesure non moins à l'admiration qu'il inspire qu'à l'activité intellectuelle dont il surexcite les ressorts. C'était un des traits communs des leçons que la Restauration a entendues de provoquer les travaux des penseurs, des historiens et des lettrés. Un jour, avant l'une des séances de la Chambre, le général Foy avait été entendre M. Villemain; il sortit charmé du professeur et enchanté de la jeunesse, dont il avait remarqué l'attention studieuse. « Je les ai vus, disait-il à M. Villemain. Je suis sûr que bien des jeunes gens ne sortent de vos cours publics que pour aller aux bibliothèques demander de vieux livres et s'y accouder pour le reste du jour. » Il disait vrai et l'étudiant en droit donne raison à la sagacité de l'orateur politique. « C'est surtout, écrit-il, quand je sors du cours de M. Villemain que je suis embrasé du plus beau feu littéraire. Je voudrais lire tout ce qu'il nous cite, tout ce qu'il nous vante. Je voudrais aller chercher moi-même ces impressions qu'il nous dit avoir éprouvées. »

C'est au fond de sa chambre qu'il avait hâte de cacher, à la fin de sa journée de droit, ses jouissances et ses émotions littéraires. Non seulement il rédigeait ses notes, mais il rapportait quelques vieux livres achetés aux étalages du quartier Latin et à l'aide desquels il reprenait à loisir le chemin tracé par le professeur. Il n'aimait pas les bibliothèques publiques, s'y sentait mal à l'aise pour travailler, et préférait la médiocre édition qu'avait pu acheter sa bourse d'étudiant au plus beau volume lu au milieu du fracas des indifférents. Aussi quelle joie quand il trouve un Montesquieu qu'il puisse acheter sans folie ! quel triomphe quand il le rapporte chez lui ! « J'ai acheté aussi les *Pensées* de Pascal et les *Provinciales*, tout cela de hasard. Je suis enchanté de ma petite bibliothèque et je me surprends quelquefois en extase devant elle, admirant comme il se peut faire que dans de si petits volumes j'aie tous les premiers génies de Rome et de la France. Je m'amuse à la seule pensée que j'ai là des remèdes éternels contre l'ennui. Dieu merci ! je puis dire qu'il n'approche guère de ma chambre et qu'elle m'est un asile assuré contre ses poursuites. » Ses goûts studieux charmaient et effrayaient à la fois son père. Ne se laissera-t-il pas entraîner à de folles dépenses? Les avertissements, les conseils arrivent de Saintonge ; il écrit pour se défendre : tantôt il a pu se passer de renouveler ses chaussures, parce que l'hiver a été très sec, ou l'habit qu'il croyait vieux s'est trouvé rajeuni. Il fait des miracles pour couvrir ses rayons et il sait métamorphoser en livres sa garde-robe, qui est avec sa faible pension sa seule richesse.

A côté des grands modèles de la langue et de la pensée françaises, le jeune étudiant lisait des ouvrages plus faits pour une imagination de vingt ans. Jean-Jacques exerçait sur lui un puissant attrait. Il n'y allait chercher ni sa politique ni sa morale ; mais on sent qu'il est imprégné des ardeurs généreuses, qu'il admire le style et qu'il est au courant de cet ensemble d'idées dans lesquelles il est si facile de retrouver en germe tout ce qui a été fait depuis un siècle de sublime et de ridicule, de grand aussi bien que d'absurde. A Vizelle, on lit Rousseau comme à Paris, et, dans les lettres, on le discute, on ose le critiquer, puis on se remet à l'admirer en commun, certain que rien n'échappe, ni un mot ni le sens d'une allusion, même la plus détournée. Quand ses auteurs préférés sont en lutte, il prend feu. Il découvre un jour que Tacite, suivant Rousseau, serait le livre des vieillards et que les jeunes ne seraient pas faits pour l'entendre. Aussitôt, il s'indigne ; de toutes les lettres antiques, c'est à Tacite qu'il est le moins permis de s'attaquer ; il la lit et le relit sans cesse : « Ma foi ! M. Rousseau voudra bien permettre que, sans aspirer à sonder les profondeurs du cœur de l'homme, un vieillard de dix-huit ans et qui commence à se faire la barbe continue à lire Tacite, qui le charme par la grandeur de son style, et, s'il n'est digne d'observer les hommes, qu'il cherche du moins à observer les secousses, les malheurs de Rome et l'oppression des empereurs destinés à lui faire expier la conquête du monde. »

Après avoir défendu Tacite, il eut à défendre Rousseau contre M. Villemain. On devine bien ce jour-là l'état de la jeunesse. Le professeur d'éloquence avait eu le courage de prononcer un jugement sévère sur l'une des œuvres de Jean-Jacques. « J'arrivais du cours de M. Villemain, écrit-il, tout enflammé d'une belle ardeur et méditant une réponse que je voulais faire à une de ses opinions qui avait touché mon admiration pour Rousseau ; je me proposais un combat où j'espérais bien avoir raison où, grâce au voile discret de l'anonyme, je ne craignais pas d'avoir tort ; mais je trouve en rentrant une lettre de toi. J'aime mieux aller distraire ton repos et laisser M. Villemain en paix. D'ailleurs, jamais il n'a prononcé impunément un blasphème contre le philosophe génevois et jamais ce n'est moi qui l'ai puni. Ainsi, je puis m'assurer que quelque autre champion ramassera le gant et se chargera du soin de ma vengeance. Tu seras étonné qu'un écolier veuille regimber contre son maître ; mais M. Villemain lui-même nous le permet, nous le demande pour interrompre, dit-il, le long monologue auquel il est condamné. Des lettres de ses correspondants, il passe ce qui le loue, il lit ce qui le critique ; s'il a tort, il se condamne ; s'il a raison, il se défend. » Plus tard il y revient. « M. Villemain fait un excellent accueil à ses correspondants. Il y a peu d'audace à lui écrire. Il cite et discute leur opinion avec éclat. »

Aussi quelle excitation parmi les auditeurs ! De 1817 à 1818, on sent croître l'intérêt et s'étendre l'enthousiasme. C'était un péril pour le droit. Jules Dufaure tenait trop à mettre au premier rang les devoirs de son état pour ne pas défendre son temps contre les séductions de la littérature. Depuis quelque temps il cherchait une conférence où il pût s'exercer à la parole. Après avoir entretenu son père avec son ardeur accoutumée des jouissances de l'esprit, il s'arrête tout d'un coup: « C'est surtout pour cela, écrit-il, que je suis content d'avoir trouvé à entrer dans une conférence. La littérature m'entraîne si souvent loin du droit, que j'ai voulu m'enchaîner au droit par des liens que la littérature elle-même ne pût pas rompre. »

IV

LA CONFÉRENCE DE DROIT.

Lorsqu'en mai 1848 l'étudiant de seconde année entrait dans la première réunion de jeunes gens où il devait s'exercer à la parole, ses études juridiques étaient commencées depuis dix-huit mois. Il y avait réussi par l'effort d'une volonté tenace, mais sans qu'aucun goût le portât vers la législation. Il avait obéi à son père et satisfait en même temps aux inspirations d'une vocation secrète qui lui montrait dans les études sévères poursuivies pendant quelques années un sûr acheminement vers le barreau dont il entrevoyait les luttes éclatantes, tandis que sa reconnaissance filiale rêvait d'en tirer pour ses parents la récompense de leur vieillesse. Néanmoins aucun indice ne permettait de prévoir ses aptitudes; il avait l'imagination de son âge; il aimait passionnément les projets, les rêves, vivait dans l'avenir, s'y abîmait dans de longues réflexions, d'où il sortait en se demandant quand il pourrait se dire avocat, quand il pourrait s'écrier : Moi aussi, je suis orateur ! Dès le premier jour, la conférence apparut comme l'avant-coureur de sa vie. Il allait saisir ce mirage qu'il poursuivait depuis si longtemps. Il témoigne de sa joie, explique que la réunion est composée de membres très forts sur le droit, qu'il y parlera souvent, qu'il est déjà chargé de deux causes. « Je sens, écrit-il à son père, combien il me faudra travailler, mais je ne m'en repens pas. Nous tenons nos séances tous les huit jours dans une salle du Palais; ainsi tu vois que ces voûtes vont déjà connaître ma voix. Puisse-t-elle un jour devenir digne des soins et de la bonté avec lesquels tu l'as cultivée ! »

Une semaine plus tard, il a fait ses premiers pas. Écoutons le récit de sa bouche, il n'y a pas un mot à en perdre: « J'ai débuté lundi dernier à ma conférence. Comme ma cause ne valait rien, j'avais fait un plaidoyer fort court; mon adversaire, en me répondant, sema son discours de quelques erreurs qui m'offraient un sujet de réplique; malheureusement il fallait parler de suite; il fallait improviser; je ne l'avais jamais fait, j'étais prêt à sacrifier ma cause à ma crainte. Cependant je m'enhardis, je me lève et je parle pendant près d'un quart d'heure; j'étais, je te l'assure, fort étonné de moi, cependant c'était tout naturel. J'avais bien préparé ma cause, de sorte que les raisons se présentaient sans peine à mon esprit qui les avait déjà méditées. Ajoute à cela que vers le milieu de mon discours, il m'est survenu le souvenir d'une phrase de Montesquieu qui a servi de texte à toute ma seconde partie. Il me semble qu'une autre fois je serai plus hardi, mais je sens combien toutes les questions de droit s'éclaircissent, combien la vérité brille sous le choc des opinions. » (8 juin 1818.)

Ce début marque une date dans la jeunesse de M. Dufaure. Auparavant, il parcourait le sentier des études juridiques comme une route aride, regardant autour de lui d'un œil distrait, ayant hâte de parvenir au terme et d'atteindre la barre dont il pressentait les succès. Du jour où la conception du droit s'est animée dans son cerveau, où elle est passée sur ses lèvres dans le feu de la parole publique, il s'est fait une création soudaine, la flamme a jailli. N'en doutons pas : dans cette vieille salle du Palais de Justice, il s'est senti orateur. A en juger par le ton de ses lettres, l'intérêt de sa vie va se concentrer sur cette conférence, où il essaiera de faire résonner de nouveau l'instrument ignoré d'où il a été si étonné de tirer quelque son. Il avait écrit, suivant l'usage du temps, son plaidoyer ; mais il est visible que la réplique a toutes ses préférences. Il a connu le même jour, lui qui était destiné à être l'un de nos grands orateurs, la satisfaction d'élever pour la première fois la voix devant les hommes de son temps, et les joies de l'improvisation. Il n'y renoncera plus. Sans doute il écrira encore quelques plaidoyers pour son père, mais il lui annonce qu'il aura soin d'improviser souvent, lui promettant toutefois de fuir le bavardage du Palais et d'aller chercher ailleurs des modèles et des exemples. Pour le rassurer, il lui envoie peu de jours après une péroraison improvisée qu'il a reproduite en revenant de la conférence.

Il est facile de deviner qu'il consacre toute son ardeur à cette nouvelle occupation qui envahit sa pensée. L'été s'avance ; le temps des vacances qu'il doit passer à Paris s'approche. La plupart des étudiants s'en iront. Quel malheur si la conférence allait s'interrompre! Déjà M. Villemain suspend son cours. M. Hennequin, dont il met au premier rang l'éloquence, et M. Dupin cessent de lui offrir des modèles. Tout se tait; il faut mettre à profit ces mois que d'autres passent dans l'oisiveté. Il décide plusieurs de ses camarades à continuer leurs exercices, mais le nombre en est insuffisant. Il fait mettre des affiches à la porte de l'École de droit pour inviter ceux qui passent leurs vacances à Paris à venir à eux. Les voilà quinze! Le succès est assuré. « Nous ne discontinuerons pas, » écrit-il, et plus loin dans la même lettre: « Je suis enchanté quand je plaide. »

A ce travail sans relâche n'aurait-il pu mêler quelques distractions? Dès son arrivée à Paris, il avait manifesté une profonde répugnance pour le monde. Confondant en une même méfiance les salons et la frivolité mondaine, il s'y sentait peu attiré; il n'en avait jamais vu le charme et en discernait très justement le péril: la perte de ses soirées et plus encore de ses longues matinées de travail. Ce qu'il craint surtout, ce sont les bals, auxquels ses parents voudraient le faire aller. « Vous me parlez de distractions, leur écrit-il, je ferai, je vous en préviens, le distrait, chaque fois que vous m'en parlerez. » En revanche, il aimait jouer la comédie, c'était le seul goût qui l'éloignait de l'étude. Il avait même fait une comédie en collaboration avec un de ses amis. En attendait-il quelque succès ? J'en doute, car il apprend à son père, sans marquer de chagrin, qu'elle a été accueillie froidement. Heureusement la troupe donnait le même soir *le Mariage forcé*. « Aidé du génie de Molière, reprit-il gaîment, j'eus plus de succès comme acteur que comme auteur. » L'échec fut tout au profit du théâtre classique. On se mit à apprendre et à jouer *l'Avocat Pathelin* et *les Plaideurs*. Il n'était pas possible de rapprocher davantage la comédie du barreau.

C'est qu'au fond, dans cette nature ardente où le feu couvait, toutes les forces s'apprêtaient pour former un tempérament de dialecticien et d'orateur. Ce n'est pas la politique qui entra la première dans son esprit, c'est l'éloquence. Lorsqu'en 1816, arrivé de la veille à Paris, il va visiter la salle de la Chambre, c'est la place où s'assied M. Lainé qu'il veut voir. En 1818, c'est Manuel qui l'émeut. Il ne pardonne pas au barreau de Paris d'avoir refusé de l'admettre pour obéir à des passions de parti. Il lit l'histoire de la Révolution française ou plutôt les débats de l'Assemblée constituante dans le *Moniteur* afin d'y retrouver les grands orateurs dont son père lui a appris à respecter les noms. Pour suivre les discussions du parlement, il apprend l'anglais ; il rêve d'aller en Angleterre se perfectionner dans l'étude de cette langue. « J'ai même, écrit-il, quelque projet en l'air, comme j'en fais tant, d'aller exercer quelques années en Angleterre la profession d'avocat pour étudier le droit public et privé. » Préparé de la sorte, partagé entre Montesquieu et Tacite, les institutions anglaises et l'étude des orateurs de 1789, il faut reconnaître que le jeune étudiant était tout prêt à s'enflammer pour la politique.

On serait tenté de s'étonner du silence des lettres sur ce sujet, si quelques mots ne nous rappelaient que la prudence imposait alors aux correspondances une réserve absolue. Chez le seul de ses parents qui habitât Paris, un oncle, il voyait souvent M. Dunoyer, le rédacteur en chef du *Censeur*, et quelques députés libéraux. Le dimanche il allait chez un de ses camarades du collège Charlemagne dont le père, M. de Boislandry, député de Versailles aux États généraux, un des membres laborieux de l'Assemblée constituante, était demeuré fidèle à la monarchie et aux principes constitutionnels; autour de lui se réunissaient des amis, d'anciens collègues, rares survivants échappés à la tempête; les jeunes gens écoutaient en silence ces témoins d'un autre âge qui savaient parler de leur temps sans colère et qui mettaient toutes leurs espérances dans la charte.

Vers la fin d'août 1818, Jules Dufaure fut invité par la famille de Boislandry à passer quelques jours dans une propriété qu'elle possédait sur le plateau de la Brie; il était fatigué par son second examen de droit, et avant de reprendre l'étude du troisième, il consentit à faire ce petit voyage. S'il se souciait peu du repos de la campagne ailleurs qu'en Saintonge, en revanche, il pensait beaucoup aux voisins de son hôte. La Grange, la terre de M. de Lafayette, était à peu de distance. Ne verrait-il pas le général qui rappelait tant de souvenirs à son imagination? Il eut la déception de ne pas le rencontrer, mais il vit ses filles, son fils Georges, il entendit parler du mouvement de cette demeure, où de Paris, de la France et de l'étranger accouraient les représentants les plus distingués du parti libéral, où étaient accueillis en ce moment lady Morgan, dont l'imagination charmait l'Angleterre, et M. Auguste de Staël, paré de l'éclat de son nom et couvert encore d'un deuil que portaient avec lui tous les amis des lettres et tous les adversaires du despotisme impérial.

La correspondance apportait dans la calme retraite de Vizelle l'écho de ces renommées. Le jeune étudiant qui venait de lire avec admiration les *Considérations sur la Revolution française*, se laisse aller à son enthousiasme : « On s'enflamme, dit-il, on s'oublie si facilement à l'aspect de ces noms-là ! On se sent bien en peine d'ordonner ses idées ! » Jules Dufaure voulait demeurer maître de sa pensée; après trois semaines il s'arracha d'un séjour où on aurait voulu le retenir jusqu'à la fin des vacances. « L'émulation m'agite, l'inaction me pèse. Je n'ai pas apporté mes livres de droit romain, ni aucun autre que mon code pour m'assurer, dans l'impossibilité de les étudier, un garant de mon propre retour. » Il avait hâte surtout de retrouver sa conférence, à laquelle il venait de donner un si mauvais exemple. Aussi les lettres à son père sont-elles pleines du récit des plaidoiries. Il est toujours prêt, non seulement à défendre ses causes, mais à remplacer au dernier moment les absents. En même temps, comme il faut occuper les loisirs des vacances, il reprend l'anglais, ne néglige pas la musique, commence sans maître l'italien, suivant le désir de son père, afin de lire le Tasse, l'Arioste et Beccaria. Il cherche un travail qui l'occupe et l'absorbe. Son père l'a détourné d'un ouvrage ; du moins ne pourrait-il pas se consacrer à quelque éloge académique ? On a proposé Rollin, mais il a besoin de se sentir attiré par le sujet. Que ne propose-t-on Rousseau, Bernardin de Saint-Pierre ou Madame de Staël ? Il concourrait et travaillerait à l'abri de tout échec public.

Au milieu de cette fermentation intellectuelle, nous avons vu que la politique n'avait pas dès le début occupé son esprit. Il en parle d'abord d'un air distrait. S'il se rend aux audiences et s'il suit les débats d'un procès de presse, c'est pour entendre tel avocat en renom, étudier son talent, s'enflammer à la pensée « que M. Hennequin a le même âge que M. Dupin et qu'il est beau de voir de si jeunes avocats, l'un le plus savant, l'autre le plus éloquent du barreau ». C'est en 1818 que sa pensée s'éveille. Les discussions des Chambres, répercutées par une presse plus active et par d'innombrables brochures, avaient donné un aiguillon à l'opinion publique. Au barreau, la jeunesse mécontente que Manuel eût vu, pour la seconde fois repoussée, une demande d'inscription au tableau de l'ordre des avocats, s'était éprise d'enthousiasme pour l'orateur injustement persécuté par les royalistes. Les élections partielles d'octobre 1818 furent les premières qui émurent Jules Dufaure et ses amis. Les échecs de M. de Lafayette dans Seine-et-Marne et de Manuel à Paris l'avaient affligé, leurs succès en province lui causèrent une vive satisfaction. Il se promet bien d'aller à la Chambre cette année. « Il pourra, écrit-il, sortir de ces bouches quelque chose qui ressemble à l'Assemblée constituante. Du sein de notre petite conférence, nous jetons en soupirant les yeux sur ces heureux modèles. Nous nous plaignons, comme Alexandre, de ce qu'ils ne nous laisseront rien à faire. Nous mesurons en murmurant cette chaîne d'événements qui sépare les jours de leur gloire de ceux où nous pourrons songer à la nôtre. Toutefois, en attendant, nous cherchons à les imiter. » La pensée de suivre les discussions politiques, d'étudier l'éloquence parlementaire, comme il avait écouté et suivi les orateurs du barreau ou le brillant enseignement de la Sorbonne, revient souvent sous sa plume. L'intelligence est éveillée, l'intérêt des plus vifs, mais il n'y a pas de trace de passion exclusive dans l'âme du jeune étudiant; parfois même on entrevoit quelque raillerie contre l'esprit de parti, et, pour son compte, il sait si bien s'en dégager qu'il applaudit à l'échec d'un des écrivains les plus connus de la gauche, « parce qu'il le croit un intrigant et qu'il se serait vendu au ministère avant d'avoir parlé ». Dès la première expression de son opinion sur les hommes, il puise donc en lui-même le jugement qu'il en porte et ne se plie pas à l'opinion toute faite d'un journal ou d'une coterie.

La Restauration touchait alors à son apogée : c'était le moment où, après d'heureuses et habiles négociations, le duc de Richelieu avait obtenu à Aix-la-Chapelle l'évacuation du territoire. Les Chambres appartenaient à des majorités sages, et le ministère qui en était issu contenait dans son sein des hommes qui n'entendaient rompre avec aucune des fractions modérées de l'opinion. Si les conseillers de la couronne pouvaient entrevoir pour l'avenir des périls, si ceux qui avaient traversé la Révolution portaient le poids de certains soucis, il était impossible que la masse de la nation conçût quelque alarme sérieuse.

Aujourd'hui, à tout prendre et en considérant de loin cette époque, il doit nous sembler tout naturel qu'un jeune homme entrant alors dans la vie se livrât sans trouble à toutes les espérances de son âge. Le discours du roi, prononcé à l'ouverture des Chambres, au lendemain de ces élections qui avaient alarmé les ultras et satisfait les libéraux, eut pour effet de transporter notre étudiant. Irrité des menaces de la droite, il vit dans ce langage loyal l'expression véritable d'une bienveillance et d'un espoir qu'il sentait dans son cœur. C'était, en effet, un beau spectacle que celui de ce vieux roi qui proclamait les mérites de la Charte, déclarait qu'en délivrant la France du despotisme, elle avait mis un terme aux révolutions et promettait que « les projets de lois s'inspireraient de son esprit afin d'assurer les droits publics des Français et de préserver toutes les libertés qui étaient chères à son peuple ». Ce langage était digne du souverain qui avait dissous la Chambre introuvable.

Les actes suivirent de près les paroles ; un ministère, tout inspiré du souffle de la Charte, se forma pour lutter contre les réactions qui se montraient à découvert et qui prenaient pour drapeau l'ancien régime : entre M. Decazes, M. de Serre et le maréchal Gouvion Saint-Cyr, il y eut une émulation d'activité sage et de politique conciliante. En peu de mois, on vit présenter la loi de recrutement et la loi de presse. Pour mieux assurer le triomphe de ces projets, la Chambre des pairs reçut soixante nouveaux membres dont l'éclatante adhésion amenait à la Restauration tous les hommes distingués qui depuis quatre ans se tenaient à l'écart.

La jeunesse aime ce qui est grand et généreux. Des marques de confiance succédant à des tiraillements intérieurs et la vue du drapeau français flottant seul sur toute l'étendue du territoire, c'en était assez pour provoquer chez les jeunes gens un élan d'enthousiasme qui semble avoir échappé aux historiens, enclins à juger l'esprit d'un temps d'après les faits extérieurs, les discours des Chambres, les flagorneries ou la mauvaise humeur des feuilles publiques. Ceux qui à distance cherchent à rendre la vie à une époque, observent et écoutent trop exclusivement les acteurs qui occupent le premier rang de la scène, les hommes mûris par l'âge ou par l'étude spéciale de la politique. Souvent l'état intime de la nation leur échappe ;

les souvenirs qui devraient le leur présenter sont d'ordinaire rédigés longtemps après les événements, aussi portent-ils moins l'empreinte des impressions premières que le reflet projeté sur l'esprit de l'écrivain par les déceptions de la vie. C'est la supériorité des correspondances sur les mémoires que la vérité y est absolue.

Au printemps de 1819, notre étudiant marque une satisfaction sans mélange. Il respire plus librement. « On sent, dit-il, aux débats de nos deux Chambres que nous ne sommes plus sous un gouvernement où c'était une rébellion de parler. » Il étudie avec soin les procédés d'éloquence des nouveaux orateurs, admire Manuel, et note qu'il « rappelle tout pour réfuter tout ». Après avoir recherché si son éloquence n'aurait pas de grands rapports avec celle de Barnave, il se reporte aux débats du parlement britannique qu'il étudie dans le passé et qu'il suit dans le présent, les compare à ceux de l'Assemblée constituante, et s'étonne qu'on place les discussions anglaises au-dessus des nôtres. Il voit en Angleterre une habitude des affaires publiques qui nous fait défaut, mais il admire l'élévation plus grande des discours en France « où il a tout fallu créer, où tout était nouveau ». A la chaleur du style, à l'entraînement de la pensée, on devine la place toute nouvelle que tenaient ces lectures dans la vie de l'étudiant. Il s'aperçoit lui-même qu'il s'est laissé emporter : « Cette digression, écrit-il à son père, te prouve que les idées politiques commencent à circuler parmi nous. » (13 mars 1819.)

Il retourne bien encore à la littérature, qui demeure la principale distraction de son esprit. A certains jours il se rend au Théâtre-Français. Ce sont ses plus coûteuses soirées. Il a vu *Nicomède* et *les Fourberies de Scapin*. La mâle énergie de Corneille et la verve comique de Molière l'ont enchanté. « Malgré ce spectacle, je ne fais pas de folles dépenses. Je sais que tu te prives pour moi. Je ne crois pas les bons spectacles inutiles et je crois ce plaisir le meilleur de Paris. En fait d'art oratoire, ce sont de bons maîtres que Corneille et Racine. Les beautés y vivent. Elles ne sont pas refroidies par la lecture. Elles sont secondées par le feu du spectateur. Aussi ce n'est pas perdre mon temps. »

Il n'avait garde de demeurer oisif. M. Villemain venait de publier son *Cromwell* et, pour être en mesure de l'apprécier, notre étudiant s'était hâté de lire l'*Histoire d'Angleterre* de Hume. Dans son impatience de connaître l'ouvrage du professeur dont il était épris, il était parvenu à louer le nouveau volume pour quelques heures. La dédicace à M. de Lally-Tollendal, en réveillant ses souvenirs des origines de la Révolution et en lui montrant un hommage du talent à la vertu, l'avait charmé; mais sur l'ouvrage lui-même il conserve toute sa liberté d'esprit et annonce à son père qu'il veut réfuter quelques-uns des jugements, que le style est admirable, mais qu'il « n'y a pas assez de vues politiques sur une révolution si singulière qui en permettait de si profondes ».

Ainsi ses enthousiasmes ne l'aveuglent jamais; son esprit demeure libre et aussi ouvert à l'admiration que prêt à la critique. La littérature lui semble abandonnée pour la politique. M. Villemain s'en plaint. C'est l'éloquence de la tribune qui en est la vraie cause, écrit notre étudiant en droit; « il faut convenir que *le Moniteur* est le meilleur livre qui paraisse. Lainé, Royer-Collard, Manuel sont des modèles ». Le matin, il relit les discussions de la Constituante dans l'exemplaire du *Moniteur*, dont il rassemble pour son père les numéros épars; il assiste aux cours de l'École de droit et revient par la Chambre des députés, où il se rendait aussi souvent que les députés, rencontrés chez son oncle, lui en fournissaient l'occasion.

Les discussions des Chambres échauffaient peu à peu son esprit. S'il était animé en rentrant du Palais de Justice ou de la Sorbonne, son ardeur était tout autre lorsqu'il quittait le Palais-Bourbon. Il souffrait de ne pouvoir répondre aux orateurs qu'il avait entendus. Comment exprimer sa pensée? La presse quotidienne était soumise à la discipline des partis. Il ne voulait pas d'entraves. Il fit une brochure. « Chaque citoyen, dit-il, doit, non comme un esclave qui se plaint, non comme un maître qui commande, mais comme un observateur inquiet, comme un moraliste sévère, réclamer sans relâche la pratique de la vérité, en revendiquer les bienfaits. »

A cette époque, la Chambre ne comptait que deux cent cinquante députés. Cette représentation insuffisante était l'objet des critiques des libéraux. Nous avons même appris de nos jours que M. de Serre, d'accord avec M. Decazes et M. Royer-Collard, avait préparé, vers cette époque, un projet demeuré secret et destiné à porter le nombre des députés à quatre cent cinquante-six[1]. M. Dufaure attaqua cette disposition vicieuse de la Charte dans un écrit de trente pages où se reflète, dans un style déjà vigoureux, toute l'ardeur du jeune homme[2]. La constitution de l'Angleterre, son histoire, le nombre des membres de la Chambre des communes croissant avec les progrès de la liberté et atteignant alors le chiffre de six cent soixante pour une population de douze millions d'âmes, lui servaient d'exemple. Avec un goût de pénétrante analyse qui ne laisse de côté aucune objection, M. Dufaure les aborde de front et les réfute avec force. Le style se ressent de l'école de Rousseau; à l'enthousiasme, à l'ardeur généreuse qui entraînent l'auteur, on devine sa jeunesse. « Plus le nombre des députés sera élevé, écrit-il, et plus seront grandes les chances de voir entrer au sein des Chambres des hommes supérieurs; une assemblée n'a de puissance que par les talents qu'elle renferme. Dans une Chambre peu nombreuse, les membres risquent

---

1. Duvergier de Hauranne, *Hist. parlementaire*, t. V, p. 260.
2. La correspondance avec son père ne fait nulle allusion à cette brochure dont aucun des siens ne soupçonnait l'existence et qui vient d'être retrouvée. En voici le titre : *De la nécessité d'augmenter le nombre des députés, dédiée à MM. les membres des deux Chambres par M. J... D...* Paris, Plancher, 1819, in-8°, 32 pages.

d'être plus aisément corrompus : ils sont inféodés à un parti et leurs opinions faites à l'avance ne leur laissent aucune liberté. Augmentez le nombre des représentants, ces inconvénients ou disparaissent ou diminuent, les députés se connaissent moins, les haines sont moins individuelles ; enfin les partis sont moins prononcés, moins immuables, il y a plus de nuances de partis ; il y a plus d'hommes vertueux qui n'ont d'autre parti que la patrie et la vérité. L'enthousiasme commence par eux et se communique plus facilement dans une grande foule ; l'éloquence de l'orateur s'accroît de sa puissance ; il est permis enfin d'espérer quelque influence de la sagesse, du patriotisme et des vertus. »

Ainsi, dès la première année où il appliquait son esprit à la politique, M. Dufaure semble n'avoir eu qu'un but : chercher des « hommes qui accueillent la vérité de quelque part qu'elle vienne ». Il préludait de la sorte à ce qui devait être la pensée de toute son existence politique.

Entre la Chambre des députés, la Sorbonne, la Faculté de droit et le Palais de Justice, le jeune étudiant ne connut pas un instant l'ennui. L'année 1819 s'écoula vite au milieu de cette vie si intelligente et si pleine. La conférence de droit était devenue sa principale occupation ; il y rencontrait de jeunes hommes d'esprit et de talent comme Chaix d'Est-Ange et Plougoulm, des intelligences ouvertes comme M. Vivien, auquel un plein accord de sentiments et d'idées devait l'attacher intimement. L'importance des débats avait répandu au loin la réputation de la conférence ; l'émulation y était fort vive. Les étudiants en droit cherchaient à y être introduits. Un concours fut établi entre les candidats et plus d'une fois Jules Dufaure en présida les opérations. Chaque mois, une commission de quatre membres était nommée pour le choix des causes. Il cherchait à être élu le premier. Il y parvenait presque toujours, et cette sanction de ses efforts était sa plus chère récompense.

« Je m'intéresse autant à ces élections, écrit-il, que je m'intéressais aux places quand j'étais au collège. Je sens que l'émulation est de tous les âges et toujours sous les mêmes formes. Je sens que, si j'étais jamais député, j'aspirerais à la place de président, comme j'aspirais à celle de premier dans mes classes, comme j'aspire à celle de premier membre de la commission des causes. » Il sentait bouillonner en lui-même une puissance de travail, il faut bien le dire, une ardeur d'ambition qui embrassait tout et que sa volonté restreignait aux deux buts qu'il s'était assignés : atteindre à l'éloquence et adoucir la vieillesse de ses parents. Pour toucher à ce terme idéal de tous ses efforts, rien ne lui coûte; aucun labeur n'est trop aride. A chacun des sacrifices que son séjour à Paris arrache à sa famille, il renouvelle les regrets et les promesses d'avenir; il hésite à faire son doctorat de peur de prolonger les dépenses; il n'achètera pas tel ouvrage de crainte de gêner son père; il cherchera des causes dès qu'il sera licencié pour diminuer le poids toujours trop lourd de sa modeste pension. Cependant, quitter Paris sans être docteur, ce serait folie. Il faudrait renoncer à un grand barreau. Il ne pourrait pas, il l'avoue, s'établir à Saintes; il serait près des siens, mais la scène serait trop étroite, le tribunal sans importance; il a longtemps hésité, mais il croit que le choix de Bordeaux concilierait les besoins de son cœur et le soin de son avenir; il serait encore près de ses parents, il pourrait les attirer, leur « rendre ce qu'il a reçu d'eux et recueillir peut-être quelques rayons de gloire. Qu'importent les longs travaux? Si on obtient après tant de désirs le prix de tant d'efforts, il me semble qu'on n'a plus à regretter d'avoir sacrifié la moitié de cette vie mortelle pour rendre l'autre moitié toute divine. » Il vivait ainsi dans un idéal d'enthousiasme qui maintenait son âme dans une sphère supérieure aux petitesses et aux découragements des hommes.

En poursuivant un si noble but, en tournant toutes ses pensées vers le travail, Jules Dufaure avait acquis un grand ascendant sur ses camarades; on en vit la preuve lors des troubles qui eurent lieu à l'École de droit. A la veille des examens, à la fin de juin 1819, un professeur de procédure criminelle, M. Bavoux, traitant de la liberté individuelle, montra combien elle était mal protégée par nos lois et évoqua le souvenir de la Déclaration des droits de l'homme. Aux acclamations d'une partie des auditeurs répondirent les sifflets d'un grand nombre; à dater de ce jour, la salle des cours devint le rendez-vous des passions les plus ardentes. La lutte s'engagea entre les deux partis, qui se qualifiaient mutuellement de « jacobins » et « d'ultras ». Le cours fut suspendu. Le 1ᵉʳ juillet, à l'heure où il devait avoir lieu, l'intérieur et les abords de l'école étaient encombrés par une foule ameutée. Il y avait « autant d'officiers à demi-solde et d'étudiants en médecine que d'étudiants en droit. » Un commissaire de police qui avait pu pénétrer, fut aussitôt chassé et les portes furent fermées derrière lui. L'École de droit était au pouvoir des étudiants, qui songeaient à assiéger le doyen. Jules Dufaure était là avec toute sa conférence. Il n'hésita pas; il avait applaudi le professeur, mais haïssait le désordre. Il rassembla ses camarades, et contribua à faire respecter avec eux la porte du doyen. Un étudiant en médecine venait de saisir un garde du corps et le maltraitait; il le fit délivrer. Appelé par ses camarades, il monta dans la chaire du professeur pour s'efforcer d'apaiser les esprits, « sermonna les étudiants en médecine qui prenaient l'École de droit pour champ de bataille, » et fit si bien qu'aucun acte coupable ne fut accompli. Pendant que ces scènes se passaient à l'intérieur, les troupes cernaient l'École; elles reçurent pour consigne d'empêcher la foule d'entrer et de permettre aux étudiants de sortir : la fatigue, l'absence de but et surtout la faim diminuèrent peu à peu le nombre des perturbateurs et, avant le soir, les plus mutins avaient cédé.

L'École fut fermée, le jeune étudiant en fut désolé; mais s'il n'arrivait pas à Vizelle, comme il l'avait espéré, avec son titre de licencié, il emportait le souvenir bien autrement précieux du devoir accompli et d'une heureuse influence exercée. Les vacances si impatiemment attendues depuis deux ans se trouvèrent avancées d'un mois. Comment sut-il les remplir? Quelles furent ses lectures? Si nous nous en rapportons aux projets de toutes sortes formés pendant les mois d'attente, ses loisirs durent être aussi laborieux que son séjour à Paris. Il avait emporté des livres, médité des recherches, formé suivant son habitude mille projets. Un point le troublait : en trois mois de repos, n'allait-il pas perdre l'habitude d'improviser? Aussitôt, il conçut la pensée de faire un cours d'histoire; il lirait et préparerait ses leçons le matin, puis le soir son père et les siens lui serviraient d'auditeurs et, sous cette forme à coup sûr originale, il plierait sa parole à un nouvel et utile exercice.

V

LE DOCTORAT EN DROIT.

1820.

Lorsque M. Dufaure revint à Paris, vers la fin de 1819, pour y passer une dernière année et faire, comme il l'avait souhaité, son doctorat en un an, il trouva les esprits de plus en plus excités. De nouvelles élections menaçantes pour le parti royaliste avaient rempli de joie les libéraux et jeté en même temps entre les partis des ferments de discorde. Aux espérances de l'année précédente avaient succédé de graves inquiétudes. Le ministère modéré était ébranlé, puis bientôt remanié et la loi des élections se trouvait menacée. Sur les bancs de l'École de droit courait une pétition que le gouvernement fît saisir. Cette maladresse irrita les esprits. « La conduite du ministère, écrit-il à son père, est d'une étourderie despotique : nous avons le droit de signer la pétition pour que la loi des élections ne soit pas attaquée et que la révolution ne recommence pas ; mais je ne la signerai pas, parce que je vois bien qu'elle est inspirée par l'esprit de parti. » Ainsi toute son ardeur, l'expression la plus vive de ses convictions ne l'entraînaient jamais au-delà de la mesure que la rectitude de son jugement lui imposait. Et cependant l'émotion était profonde. « Il y a presque tous les jours des réunions chez M. de Lafayette. On y nomme un président, on y discute les plans, les projets. Tout le côté gauche est convenu de garder la modération. Tous les discours qui seront prononcés sont soumis à une commission de cinq membres. Si l'orateur refuse les corrections, un membre de la gauche lui répondra et le désavouera. »

C'est avec envie que le jeune licencié parle de ces délibérations, où les députés seuls étaient admis ; lui qui a toujours fui le monde, qui lutte contre son père pour lui démontrer l'inutilité de se rendre aux grands bals de M. Laffitte ou de M. Ternaux, songe sans cesse à ces « réunions vraiment intéressantes et peu nombreuses », où il ne peut avoir accès. Ne voyant dans la société qu'un attrait frivole, il était résolu à la fuir et déclarait « qu'il est sage d'attendre pour se faire connaître du monde que la renommée soit établie ». Noble et singulier orgueil qui devait retarder l'heure de ses succès politiques, contribuer en même temps à tremper son caractère et qui nous fait comprendre les contradictions d'une vie destinée à être à la fois si publique et si renfermée. N'est-on pas tenté de se demander ce que serait devenu M. Dufaure si, au travail acharné de ses laborieuses matinées, il avait joint, non les veilles prolongées des grands bals, mais les visites chez M. Casimir Perier, M. Laffitte, ou M. de Lafayette, s'il avait pu voir le baron Louis, avoir le bonheur d'écouter M. Royer-Collard, ou de rencontrer M. Villemain ailleurs que dans sa chaire de la Sorbonne? D'autres jeunes hommes de son âge les approchaient; à l'heure où, retiré dans sa chambre solitaire, il écrivait ces lettres tout enflammées d'admiration pour leur éloquence, d'autres recueillaient de leurs bouches ces enseignements que la tribune ne donne pas et se préparaient à entrer dans l'action. En attendant que la

Chambre leur fût ouverte, ils faisaient leur éducation politique. Si M. Dufaure les avait vus de près, il fût resté à Paris, il aurait pris le premier rang dans le barreau de la Restauration, se serait rencontré avec les rédacteurs du *Globe*, aurait été leur allié et leur défenseur, et c'est au milieu d'eux, en apprenant ce que valent pour le développement de l'esprit les liens de l'amitié politique, qu'il aurait planté son drapeau et vu grandir ses forces.

Ce rêve hanta souvent l'imagination de l'étudiant. Lorsque, dans ses lettres, il parle de Paris, lorsqu'il pousse des soupirs de regret à la perspective de son départ, quand il énumère les ressources de tous genres qui sont offertes à l'intelligence, qu'il dépeint la médiocrité du jeune barreau, la possibilité de s'y faire une place et « de se tirer de la foule », qu'il s'enflamme à la pensée des succès, aucune des jouissances intellectuelles que nous venons d'énumérer n'était étrangère à son imagination. Le fond de son caractère n'aurait pas changé; il n'aurait jamais aimé à vivre dans les salons, mais, malgré lui, il aurait été attiré par les hommes de son âge, par la communauté des opinions et des goûts.

La rareté de ses relations à Paris, l'absence complète de réunions où il pût goûter, dans le commerce des hommes, les plaisirs de l'esprit, a exercé sur le développement de ses grandes facultés une influence qui explique son attrait un peu sauvage pour la solitude. Au contact d'esprits supérieurs, quelles ardeurs n'eût-il pas ressenties! Veut-on le savoir? écoutons-le, lorsque, dans une de ses rares heures de découragement, il annonce à son père qu'il laisse le droit empiéter sur la littérature :

« D'ailleurs, disait-il, n'est-ce pas l'avant-coureur de ma vie? Je parie bien que M. Tripier n'a pas le temps d'ouvrir un ouvrage de littérature dans une année. Et celui qui veut la même vogue doit s'imposer les mêmes privations. Cependant, je te l'avoue, je ne crois pas que je me l'impose jamais. Il me semble que les lettres rendent la jurisprudence moins aride, ennoblissent le barreau et donnent plus d'éclat au savoir, elles font le charme de la bonne société, et un avocat n'est pas emprisonné au Palais; elles sont une ressource dans toutes les afflictions de la vie. Un avocat qui n'est que jurisconsulte n'est bon que sous sa robe. Il n'a travaillé que pour le barreau; le barreau seul a quelque agrément pour lui. Qu'il soit transplanté ailleurs, et tout ce qui l'environne sera étranger pour lui. Qu'il soit frappé du malheur, ses livres accoutumés lui seront-ils une consolation? Que pourra-t-il y trouver qui parle à son cœur? Je conçois bien que Dion Chrysostome, errant dans l'exil, sous les haillons de la misère, puisse se consoler avec un dialogue de Platon ou une harangue de Démosthène, mais je ne concevrai jamais que le recueil de nos lois ou le meilleur de leurs commentaires ait pu sécher une larme ou faire oublier une douleur. Je sais bien qu'on traite tout cela de folie de l'imagination, d'illusions de la jeunesse, qu'on parle aux avocats de clients et d'écus. Cela est dégradant. Je crois ne jamais en venir là. »

Évidemment il se réfugiait en lui-même pour y trouver la poésie du désintéressement et l'idéal du beau, tandis que, dans les salons où il se rendait de loin en loin, il rencontrait une prose banale et sèche qui étouffait ses aspirations. Il en sortait mécontent et froissé, s'en prenant aux hommes, ne ramenant sa pensée avec joie que sur ses auditeurs et ses rivaux de conférence. Son silence était pour les autres une énigme. L'un de ceux qui l'avaient accueilli, cherchant à cette époque à peindre son caractère, écrivait à son père : « Votre fils est laborieux; il a l'ambition de parvenir. On m'en fait un grand éloge. Je ne lui reproche qu'une chose, c'est d'être trop réservé et trop resserré en lui-même, enfin de n'être pas assez expansif. Son moral est trop mûr; vous voyez que le défaut n'est pas grand. »

Tel est pourtant le charme qu'exerce Paris que ce jeune homme fuyant toutes les distractions du monde, ne voyait pas approcher sans inquiétude le terme de son séjour. Ce fut pour lui un cruel sacrifice de quitter la vie paisible et libre qu'il y menait, de renoncer aux bibliothèques et aux cours pour se transplanter à Bordeaux. Il ne songea en s'y décidant qu'à son père et à sa mère, à leur solitude de Vizelle, à la joie de les attirer au chef-lieu de la Gironde, qui leur semblait une capitale.

D'ailleurs l'année 1820 lui apportait des tristesses. M. Villemain, dont les complaisances pour M. Decazes l'avaient plus d'une fois inquiété, venait de cesser son cours.

« Nous perdons M. Villemain, écrit-il; indifférent à nos applaudissements, il tente une nouvelle gloire; conseiller ou courtisan, il va dans les Chambres ou dans les antichambres oublier la jeunesse, » et quelques jours plus tard : « Je continuerai seul mes travaux; l'ambition m'a enlevé le professeur que j'aimais; l'esprit de parti lui a donné un successeur que je ne suivrai pas. »

Pendant que la Sorbonne se fermait pour lui,

l'horizon politique se chargeait de nuages; aux tentatives de réaction timide, avait succédé, le lendemain de l'assassinat du duc de Berry, un mouvement rétrograde qui avait donné le pouvoir à la droite et qui menaçait d'emporter toutes les mesures de sage politique prises depuis quelques années.

« Dans les circonstances actuelles, écrit-il en mars 1820, il n'y a pas une place d'armes où il y ait plus d'effervescence et d'irritation que dans la jeunesse. Nous avons assez vu Bonaparte pour être échauffés des rayons de sa gloire, mais pas assez pour prendre sous lui l'habitude de l'obéissance et le pli de l'esclavage. Depuis qu'il est tombé, la liberté revenue avec la Charte a tenu nos pensées dans une perpétuelle agitation. Nous avons perfectionné dans nos esprits tout ce qui était encore incomplet; nous nous sommes emparés de cet avenir que nous avions créé. Lorsqu'on veut nous faire rétrograder, lorsqu'on flétrit nos illusions, lorsqu'on détruit nos rêves, pouvons-nous le voir sans regret? sans désespoir? sans indignation? Voilà l'esprit de presque toute la jeunesse française. »

Quel trait de lumière projeté sur l'opinion des jeunes gens au printemps de 1820! Quelles explications des colères, des excès, des imprudences qui allaient jeter les plus ardents dans la voie coupable des conspirations! Jules Dufaure était trop maître de lui pour se mêler à de telles violences.

« Pour moi, ajoute-t-il, habitué à rester en moi-même, je veux rester encore. Je méprise les attaques contre cette noble liberté, le premier besoin de l'homme. Comme elle est dans la nature, je ne crois pas que des hommes puissent la détruire. J'espère qu'un jour, qui n'est pas loin, elle prévaudra sur eux, et, comme mon imagination avait réalisé son existence, elle réalise maintenant son triomphe. Tu vois qu'en me tenant dans cette sphère, les lettres de cachet ne viendront pas m'atteindre. »

Malgré cette belle philosophie, il y a des jours où il éclate. « Il me semble que, si j'étais à la Chambre, je ne me concevrais pas muet. Je croirais toujours que la tribune est à moi par droit de colère. » Ces ardeurs inquiètent les siens. Ne va-t-il pas se lancer dans quelque échauffourée? Dans chaque lettre, il les rassure, promet de ne se mêler à aucun trouble, recommande à son père de ne pas faire allusion à la politique en lui répondant, afin que leur correspondance parvienne, laisse entendre de quelles inquiétudes son âme est agitée, parle des discours de Royer-Collard qui le transportent et des rassemblements qui entourent le Palais-Bourbon; pour défendre les députés libéraux. Enfin, après un mois d'émeutes presque quotidiennes, les esprits se calmèrent.

Si sa famille se rassura vite sur les événements de Paris, elle n'était pas sans préoccupations au sujet de l'accueil que le libéral du quartier Latin trouverait dans la ville de Bordeaux, dont les opinions royalistes étaient demeurées si vives. On chercha à le prévenir.

« Je me doutais bien, répondit-il, que les partis étaient très exaltés à Bordeaux. Lorsque le gouvernement lui-même lève l'étendard de la révolte et appelle les orages, comment pourrait-il y avoir du calme quelque part? Je sais aussi la difficulté qu'il y a, dans une ville aussi divisée que Bordeaux, d'y montrer un caractère modéré sans le faire croire servile. Cela sera difficile, surtout pour moi, qui ne dois y voir que des personnes dont je ne partage pas l'opinion, et qui ne veux ni changer ni déguiser la mienne. »

Cette ferme déclaration d'indépendance n'était faite ni pour surprendre, ni pour choquer son père, avec lequel il s'entendait si bien. « En Saintonge, s'empressait-il d'ajouter, je n'aurai pas besoin de cacher mes opinions. » Puis il revient naturellement sur les avantages de Paris :

« Il n'existe pas une ville où il y ait plus de modération ; la tolérance y est générale ; on vit avec les siens ; rien n'apaise l'âme comme l'œil de l'homme, tout le monde a l'air si affairé qu'on souffre beaucoup d'hommes sans opinion ; ils servent de contrepoids, puis les sujets de discussion varient sans cesse entre libéraux ou ultras ; on se dispute sur deux acteurs, deux musiciens. Je ne parlerai de rien, conclut-il, cela m'évitera les discussions ; ou si on me parle Lainé, je répondrai affaires locales. »

Tels étaient les regrets au milieu desquels s'acheva le séjour à Paris du jeune docteur en droit. Il terminait en même temps que sa thèse les ballots qui contenaient ses chers livres, précieux et pesant trésor, que les transports lents et coûteux du roulage devaient conduire à Bordeaux. Le 12 août 1820, il quittait Paris en se promettant d'y revenir souvent revoir ses camarades et, surtout, rechercher dans ce grand mouvement d'esprit, des forces et des idées. Il ne devait y rentrer que quatorze ans plus tard pour obéir au mandat des électeurs de Saintes.

VI

LE BARREAU DE BORDEAUX.

Le barreau bordelais avait depuis quarante ans jeté un éclat qui laissait dans l'ombre tous les autres barreaux de France. Quatre générations d'orateurs s'étaient suivies, et il s'était formé toute une tradition de gloire locale dont la Gironde était fière. Au souvenir du génie de Montaigne et de Montesquieu, elle aimait à joindre cette phalange d'avocats qui plaidaient déjà sous Louis XV et Louis XVI, et qui avaient fait connaître les noms de Dupaty, de Jean de Sèze et de Martignac père. Puis, à l'aurore de la Révolution, on avait écouté avec admiration la voix des Vergniaud, des Guadet, des Gensonné. Quand ils eurent péri sur l'échafaud, tandis que la colère contre leurs faiblesses ou la pitié pour leurs malheurs partageaient en adversaires ou en partisans également passionnés tous ceux qui parlaient de leur mémoire, à Bordeaux on ne songeait qu'à leur incomparable éloquence; amis ou ennemis de la Révolution étaient d'accord pour l'admirer, tous répétaient que le barreau bordelais avait perdu sa force et sa gloire. Dès que le calme était revenu, dans cette armée décimée apparut, à la surprise générale, une nouvelle élite; néanmoins, sous l'Empire, la renommée de Lainé, Ravez, Ferrère, Emerigon, de Saget, Peyronnet et Martignac fils n'aurait pas dépassé les limites de la province, si l'un d'eux, député au Corps législatif, n'avait eu l'honneur de résister le premier, on sait avec quel éclat, aux ordres de Napoléon. Revenu et acclamé dans Bordeaux, Lainé y avait retrouvé cette haine de l'Empire qui allait s'exhaler dans le soulèvement royaliste de 1814. A dater de ce jour, il n'y eut plus assez de faveurs pour récompenser la cité qu'on appelait *la ville du 12 mars*. Ses plus fameux avocats furent appelés à Paris. Non seulement M. de Sèze, qui s'était imposé silence depuis l'héroïque et impuissante défense de

Louis XVI, alla présider la Cour de cassation, mais M. Lainé devint président de la Chambre des députés, et M. Ravez ne tarda pas à lui succéder dans cette charge, pendant que leurs confrères s'apprêtaient à prendre le chemin des Chambres ou du ministère, en justifiant le mot de Louis XVIII : « Si je n'étais roi de France, en vérité, je voudrais être avocat à Bordeaux. »

C'est au milieu de ce barreau dispersé par l'ambition, à l'heure où l'arrivée à la chancellerie de M. de Peyronnet, devenu tout d'un coup garde des sceaux, allait ouvrir les portes de la magistrature à tant d'avocats, que M. Dufaure se faisait inscrire sur les listes du stage[1]. L'année précédente, à Paris, il avait prêté serment d'avocat devant le premier président Séguier[2].

Au moment où il entrait pour la première fois au Palais de Justice de Bordeaux, il se disait enfin que la voie lui était ouverte et que son succès ne dépendait plus que de son talent. Mais aurait-il des causes? Quel débutant ne connaît cette anxiété? et combien devait-elle être plus poignante quand elle suivait un

---

1. Il fut admis au stage le 13 novembre 1820.
2. Le 11 novembre 1819.

premier établissement dans une ville où tout était nouveau ? Après une série de visites aux membres du conseil de l'ordre, il avait entendu plaider M. de Saget, et, tout en le jugeant inférieur à Hennequin, il avait été frappé de son talent. « Seul, écrit-il, il conserve un peu de l'antique gloire du barreau de Bordeaux. » Un instant, il pensa entrer auprès de lui comme secrétaire, mais il ne tarda pas à abandonner ce projet. Il voulait ne devoir son succès qu'à lui-même et répugnait au rôle de protégé. Il tenait à honneur de conserver son caractère. « Un an, disait-il, deux ans perdus pour la gloire et pour la fortune peuvent se regagner. Une bassesse ne s'efface jamais. »

Sa première cause fut plaidée devant le conseil de guerre. Deux soldats avaient battu un maréchal des logis à la suite de quelque brutalité. Tous les stagiaires avaient refusé de plaider. Le bâtonnier chargea le nouveau venu de la défense. Il fit acquitter les deux prévenus. Le lendemain, trente soldats du régiment vinrent en députation le remercier au nom de leurs camarades; telle fut à la caserne la popularité de l'avocat, que quelques jours plus tard il était appelé par cinq accusés à les défendre devant le conseil de guerre. On avait annoncé qu'il n'y aurait pas d'honoraires. Le défenseur en reçut pourtant, et il en gardait le souvenir à un demi-siècle de distance, car il aimait à raconter qu'un des jeunes soldats avait été si content de lui qu'il l'avait forcé à accepter l'objet auquel il attachait le plus de prix : la mèche de cheveux de sa fiancée.

Il suivait assidûment les audiences, il voulait apprendre comment plaidaient les avocats de Bordeaux, mais son oisiveté lui pesait ; le feu couvait dans son cœur et il lui fallait des efforts pour l'empêcher d'éclater. Un jour, aux assises, le stagiaire écoutait le réquisitoire de l'avocat général ; il avait suivi les débats et sentait la faiblesse de l'accusation. L'accusé n'avait pas de défenseur, celui qui avait été commis d'office était absent. Quoique sans robe, il se lève et obtient du président la permission de parler. Rarement improvisation avait été plus soudaine.

Est-ce à cette hardiesse généreuse que fut due sa première cause civile ? Après deux mois d'attente, elle lui parvint enfin. Il était temps : ses ressources s'épuisaient. Lui qui avait rêvé de ne plus coûter aux siens de nouveaux sacrifices était contraint de tout recevoir de Saintonge. La bonne nouvelle est annonçde à son père avec un cri de joie : « Il est arrivé deux dossiers. J'espère bien ne plus te gêner longtemps ! » Que ce double envoi est d'heureux augure ! Il commence donc à être connu ! Des deux clients, l'un est ruiné, sa cause est excellente : il la plaidera ; l'autre est riche, mais son procès est mauvais : il l'a renvoyé. Ainsi, dès le premier jour, il accomplit simplement ce devoir supérieur de l'avocat, celui qui fait de sa charge, quand il en comprend la dignité, une première magistrature. Mais que son père se rassure. Ne va-t-il pas recevoir le lendemain ses premiers honoraires ? Il a plaidé au tribunal correctionnel, et on lui a promis trente francs. Avant même de les toucher, il écrit à madame Dufaure ; il n'oublie pas la destination du premier argent gagné ; il doit l'employer à acheter une montre pour sa mère. Il en renouvelle la promesse et s'engage pour en hâter l'accomplissement à ne pas aller au spectacle. Peu de mois après, arrivait à Vizelle une montre qui, aujourd'hui encore, est précieusement conservée. Assurément, elle le mérite, quand on songe au sentiment filial qui en a inspiré l'achat, au nombre de plaidoyers qu'elle représente et à l'effort qu'il dut faire pour demeurer fidèle à son engagement.

Le goût des livres, si vif à Paris, était devenu à Bordeaux une passion. Dans les premiers mois, le stagiaire avait vécu de privations. Quand les honoraires commencent à paraître, rien n'est changé dans la vie matérielle, mais les livres affluent dans les petites chambres transformées en bibliothèque.

Son père, en apprenant ses premiers succès, lui avait proposé de s'installer plus largement. Il ne souffre pas qu'on lui parle d'un appartement plus élégant, il lui manque encore des milliers de volumes. D'ailleurs, le logement qu'il occupe n'est-il pas bien situé, vis-à-vis la grosse cloche qui lui montre l'heure le jour et le réveille de bon matin? Il y restera; seulement il demande à son père de lui avancer la somme nécessaire pour acheter une collection d'arrêts; il lui promet, en février 1821, que ce sera le dernier argent employé en livres. Sur ce serment de collectionneur, le père savait à quoi s'en tenir, mais il lui pardonnait aisément, car il commençait à voir ce qu'il savait faire de cet instrument de travail.

Vivant entre ses dossiers et ses livres, le jeune avocat négligeait à dessein la société de Bordeaux. Il y paraissait fort peu, assez cependant pour la scandaliser, lorsqu'en plein carnaval on vit un jeune homme de vingt-quatre ans, venu de Paris et ne sachant pas danser.

« Pour réussir à Bordeaux, écrit-il avec indignation, il faut voltiger; de quel siècle suis-je donc ? Les entrechats seraient-ils le prélude des grands mouvements d'éloquence ? »

Habituée sous l'Empire aux grâces de M. de Martignac et du jeune barreau que la Restauration devait entraîner à Paris, la société un peu frivole de Bordeaux ne voyait pas sans surprise une vie de travail qui repoussait toute distraction. De leur côté, les stagiaires examinaient l'avocat arrivé de Paris avec une défiance quelque peu intéressée. Des amis maladroits l'avaient fait précéder d'une réputation qui n'était pas de nature à lui concilier les sympathies de ses nouveaux confrères. N'était-ce pas un étranger que cet enfant de la Saintonge, né si près d'eux, mais venu de si loin pour usurper leur place ? On le lui fit sentir durement dans les premiers mois. « Ici, dit-il, il semble qu'il faille avoir l'accent gascon pour mériter de la gloire. Heureusement, je trouve mon approbation en moi-même, et je m'en console; » puis, avec un retour sur ses hésitations passées : « A Paris, continue-t-il, on ne demande pas de quel département on vient! » Il n'était pas d'humeur à répondre à des froideurs par des avances. C'est à la barre, en se faisant redouter de ses adversaires, en se montrant aussi impitoyable pour leurs erreurs qu'indulgent pour leurs personnes, qu'il entendait triompher de leurs dédains. L'année ne s'acheva pas sans qu'il eût pris pied, par droit de conquête, dans le barreau de Bordeaux. Il y avait fait sa place; sous un aspect sévère, ses confrères avaient discerné autant de cœur que de talent. Une affaire contribua bientôt à changer sa situation et à faire comprendre ce qu'il valait.

On sait que nos lois proclament qu'un citoyen arrêté doit être interrogé dans les vingt-quatre heures qui suivent son arrestation. Parmi les règles légales, il en est peu qui aient été plus ouvertement et plus constamment violées. L'administration arrête un citoyen et le livre, quand il lui plaît, à la justice. Suivant le degré de respect porté sous différents régimes à la liberté individuelle, la détention administrative est plus ou moins longue. A Bordeaux, en 1821, un officier de marine que défendait M. Dufaure avait été détenu, avant d'être amené devant un juge d'instruction, quatre-vingt-quatre jours. C'était un acte arbitraire que dénonça le défenseur, dès le début de son plaidoyer. « Vous insultez les autorités, s'écrie le président ; je vous rappelle à l'ordre. »

L'avocat pâlit de colère, mais il sut se contenir :

« Monsieur le président, je cite un fait et j'invoque une loi ; je suis dans les bornes d'une légitime défense ! — Non, répliqua-t-il, car vous oubliez le respect que vous devez aux magistrats. — Je ne connais d'autre règle que la loi et je croyais que les tribunaux pensaient de même. »

Le rappel à l'ordre fut maintenu ; le procureur du roi, dans son réquisitoire, rejeta la faute sur l'autorité municipale et conclut en faisant observer qu'en qualité d'étranger, il n'était pas étonnant que l'avocat ignorât le respect dû aux magistrats devant lesquels il parlait.

Cet incident, bientôt connu dans le Palais, avait attiré tous les jeunes avocats dans la salle du tribunal correctionnel, et ce fut devant un nombreux auditoire que le défenseur termina ainsi sa réplique :

«Après avoir montré et réfuté tant d'erreurs dans le réquisitoire de M. le procureur du roi, il ne me serait pas difficile d'en montrer et d'en réfuter de plus graves encore, si la parole m'était permise sur certains sujets. Je lui dirais que, si l'autorité administrative est auteur de la détention arbitraire que j'ai dénoncée, je me suis plaint de l'autorité administrative et non de lui, ni de son confrère, car je n'ai nommé personne en particulier. Je lui dirais qu'il est servile de prétendre que l'autorité municipale peut emprisonner à son gré les citoyens qu'elle trouve dangereux; je lui dirais que le contraire est prouvé par la loi même qui, l'an dernier, autorisa ces emprisonnements sur la signature de trois ministres. Mais, je le répète, on permet ces principes dans la bouche de l'accusateur public et on ne souffre pas leur réfutation dans celle du défenseur; aussi, je me tais. Toutefois, je dois lui déclarer, avant de finir, qu'il n'est pas besoin d'être de sa ville pour savoir le respect que l'on doit aux magistrats et aux lois, mais aussi qu'il suffit d'avoir quelques gouttes de sang français dans les veines pour savoir ce que l'on doit de haine à l'arbitraire et de protection au malheur. »

L'effet de cette péroraison fut considérable. Si l'avocat perdit sa cause devant ses juges, il la gagna devant ses confrères. Le barreau s'émut; le conseil de discipline s'assembla chez le bâtonnier; on résolut de faire une protestation contre ce rappel à l'ordre, comme blessant l'indépendance de la robe, mais en même temps on exigea une plainte du défenseur. Jules Dufaure refusa.

« J'aime bien, écrit-il à son père, être indépendant des avocats comme des magistrats; aussi je ne veux pas les appeler à mon secours. Ils doivent connaître leur devoir; qu'ils le fassent. Moi, j'ai soutenu mes droits, à l'audience, j'ai fait le mien. »

Tant de vigueur unie chez un stagiaire à tant de fierté ne pouvait passer inaperçue. En juin 1821, la défense aux assises de deux accusés de propos séditieux acheva de le mettre en relief. Il obtint un acquittement qui fit quelque bruit. Le journal libéral parla pour la première fois de l'avocat, prononça son nom avec éloges [1]. Cette affaire fut fort utile à sa réputation, et, avant la fin de juin, il avait reçu dix causes nouvelles.

Aussi quelles acquisitions de livres! que de rayons nouveaux dans sa bibliothèque! La place manquait.

---

1. Le journal *l'Indicateur*, dans son numéro du 7 juin 1821, termine par ces mots le compte rendu de l'affaire : « M. Dufaure, avocat, a déployé un rare talent dans la défense des accusés. »

Il fallut, cette fois, changer de demeure et en prendre une où les in-folio pussent tenir. Dès cette époque, s'il avait su se faire payer, il aurait conquis cette indépendance matérielle qu'il rêvait pour les siens plus encore que pour lui-même; mais ses clients étaient inexacts. « Une fois la cause plaidée, écrit-il, je ne les vois plus, jusqu'à ce qu'un nouveau procès leur rafraîchisse la mémoire. » C'est ainsi qu'il toucha après de longues années des honoraires gagnés pendant son stage.

Les avocats commençaient à tenir en grande estime le jeune stagiaire, si délaissé d'abord. M. de Saget, qui marchait à la tête du barreau et qui avait coutume de faire sentir sa supériorité, eut occasion de l'avoir pour adversaire. « Il m'a traité honnêtement, écrit avec joie Jules Dufaure, ce qu'il fait rarement avec les jeunes. » Les anciens eux-mêmes comprenaient à qui ils avaient affaire. Quant aux stagiaires, le talent les avait désarmés, la politique acheva de les séduire. Ils étaient libéraux et ne voyaient autour d'eux, à la cour et dans les chefs de leur ordre, que de fougueux royalistes. Comment repousser une nouvelle recrue qui leur apportait autant de force que d'éclat, un confrère qui ne concevait pas la monarchie sans la Charte et que nul ne pouvait accuser de pactiser avec les ennemis de l'ordre et des lois?

Parmi les magistrats, les plus ardents demeuraient seuls hostiles au stagiaire, dont ils redoutaient la parole. On le vit bien devant les assises, lors d'une poursuite contre trois jeunes gens accusés de rébellion à la suite d'une sérénade donnée au député libéral. L'esprit de parti s'en était mêlé. Le parquet triomphait d'avance en annonçant que les trente-six jurés désignés par le sort étaient royalistes. Les débats durèrent deux jours. M. Dufaure défendait l'un des accusés; c'était le plus compromis. Il redoubla d'efforts, et son client fut acquitté, ainsi que les deux autres.

« Quelques personnes, écrit-il le lendemain, me reprochent d'avoir laissé percer du libéralisme dans mes moyens de défense, mais cela ne m'a point fait de peine, et beaucoup de mes jeunes confrères m'en ont remercié. »

Il ne dit pas alors à son père qu'il a encore reçu du président de la cour d'assises un rappel à l'ordre; ce nouvel incident ajouta à sa popularité au barreau, sans parvenir à lui aliéner la magistrature.

Quelques mois plus tard, la cour de Bordeaux était convoquée, suivant l'usage aujourd'hui aboli, pour désigner les deux avocats qui s'étaient le plus distingués dans leur année de stage. Le parquet se fit honneur en proposant Ravez fils et Dufaure. Le président de la cour d'assises lui gardait rancune. Il s'opposa au choix, se bornant à dire que le second candidat était libéral. L'avocat général eut le courage de répliquer que lui aussi était libéral et qu'il s'en faisait gloire. Aussitôt grande rumeur : le premier président vit que l'affaire risquait de s'aigrir et fit substituer le fils d'un magistrat au stagiaire contesté.

L'année suivante, le talent était reconnu, et nul ne faisait de réserves sur le caractère. Bien que personne n'ignorât la ferme détermination du jeune avocat de ne pas entrer dans la magistrature, le nom de Jules Dufaure fut de nouveau soumis à la cour. La discussion fut chaude et toute politique ; malgré l'opposition la plus vive des royalistes, la majorité l'emporta sur eux, à la grande joie des libéraux.

Si M. Dufaure paraissait absorbé par les affaires, sa pensée, quand il était en dehors du Palais de Justice, retrouvait toute l'ardeur qu'il avait montrée à Paris. Il se tenait fort au courant des livres nouveaux, les annonçait et les envoyait à son père, exprimant son sentiment avec autant de liberté que de justesse ; mais le temps de lire lui manquait bien plus qu'à Paris. Quand arrivait le mois de juillet, la fatigue l'envahissait. « Les procès, écrit-il, me répugnent. Je sens le besoin d'aller me rafraîchir dans des méditations plus libres et plus élevées. » Dans les dernières semaines du séjour à Bordeaux, il vivait dans cette atmosphère idéale de projets qui était pour lui le plus doux des repos.

« Je n'ai plus que six causes, annonce-t-il avec joie ; je n'emporterai pas mes livres de droit, mais mon petit code. J'ai invité, je te l'avoue, d'autres amis à faire avec moi le voyage de Saintonge : Cicéron, Tacite, Addison et le Tasse, Montesquieu, Byron et M. Say m'ont promis d'être du voyage. En les réunissant tous autour de moi, je n'oublierai pas que ce sont des puissances jalouses qui ne souffriraient pas que je les entretinsse à la fois ; je tâcherai de partager mon temps de manière à en donner une partie à chacun d'eux en particulier, à recueillir séparément et à conserver sans confusion les idées que leur conversation pourra me fournir. Mes compagnons de voyage trouvés, il ne me reste qu'à partir. »

Pendant les séjours à Vizelle, il s'occupait plus qu'à Bordeaux des affaires publiques. La Restauration, rejetée dans la voie de la compression, avait rompu avec les amis de M. Royer-Collard qui avaient fait l'honneur et la force des années précédentes; elle marchait vers M. de Villèle, dont la rare habileté dénuée de scrupules devait prolonger le ministère sous deux règnes. Le mécontentement était général.

M. Dufaure fit, en 1822, un petit voyage sur les côtes de la Charente-Inférieure. Il rencontra partout le même sentiment. « Aux tables d'hôte, écrit-il à un de ses confrères de Bordeaux, comme aux repas de famille et partout, les conversations n'étaient que des plaintes et des regrets. Tous ceux à qui nous avons parlé, avocats ou militaires, marins ou négociants, riches ou misérables, jeunes ou vieillards, tous s'accordaient contre notre gouvernement actuel, et ce qu'il y a de plus déplorable, c'est que leur haine les rejetait dans les rêves du despotisme, qui leur donnait de l'ordre, ou de la république, qui leur donnait une espèce de liberté. » Il se désolait que le ministère ne troublât pas seulement la situation présente, qu'il corrompît l'avenir. « Il surexcite nos intérêts, écarte nos idées et gouverne avec les passions. » Il voyait avec douleur la monarchie s'éloigner de plus en plus du pays et le système de M. de Villèle inspiré par l'esprit de délire lui faisait entrevoir une nouvelle révolution. « Tout marche, écrivait-il, à la ruine de la royauté. Il n'y a plus que le jour qui soit incertain. »

L'approche des élections de 1824 donna un instant d'espérance; mais on s'aperçut bien vite que le ministère était prêt à tout pour altérer l'opinion publique. « Il n'est pas de moyens qu'on n'invente, disait-il, pour lasser, pour rebuter les électeurs, pour rendre leurs certificats irréguliers, pour se ménager les moyens de repousser leurs réclamations. Il n'est pas de puérilités qu'on ne commette pour diminuer le taux de leurs contributions et rendre leurs droits contestables. Ainsi cette Chambre, dont la mission proclamée d'avance est de violer la Charte et de consommer la ruine du gouvernement constitutionnel, ne sera obtenue qu'à force de ruses, de fraudes et de petitesses. » Plus l'heure de la réunion des collèges électoraux s'approchait, et plus il devenait évident que le mouvement libéral était restreint aux villes. Dans les arrondissements, l'inertie était déplorable : M. Dufaure adressait à Vizelle les lettres les plus vives, mais il apprenait que l'indifférence des électeurs résistait aux efforts de son père comme aux siens. Lorsqu'il se produisait un commencement de réveil, la violence ou la fraude en avaient promptement raison.

« A Bordeaux, écrivait-il, toutes les manœuvres sont en usage, les fonctionnaires se couvrent de honte. Un percepteur hors les murs reçoit une carte pour le collège *intra muros*, avec l'ordre de voter. Il obéit à son supérieur. M. Desgranges-Bonnet, l'avocat général, qui n'a pas d'autre fortune que les émoluments de sa place, a reçu une carte, il l'a renvoyée, en répondant que sans doute on s'était trompé. Comme l'administration a été effrayée des voix qu'avaient eues les libéraux le premier jour, elle a fait tous ses efforts pour le second, et une nouvelle carte a été envoyée à M. Desgranges avec ordre de venir voter. Il a répondu que les fonctions qu'il tenait de la volonté royale lui imposaient l'obligation de recommander et de réclamer sans cesse le respect dû aux lois, que c'était une infraction formelle aux lois existantes de voter sans avoir le cens que la Charte exige ; qu'il n'oublierait pas ses devoirs au point de violer lui-même les lois qu'il a mission de faire observer. On prétend qu'il est menacé de destitution pour prix de sa résistance. »

Ces émotions n'éloignaient pas Jules Dufaure du barreau. Il recueillait les fruits de son travail et sentait qu'il devenait de plus en plus maître de sa parole et de son talent ; il était heureux de ses succès, mais il redoutait presque qu'ils ne le missent trop tôt au premier rang. L'étudiant en droit, dont nous avons vu naguère les ardeurs impatientes, s'était mûri au feu des débats judiciaires : son ferme bon sens l'avait rendu modeste, sans refroidir ses efforts et sans rabaisser son but. Il écrivait à son père, en annonçant la nomination prochaine de M. de Saget dans la magistrature et la retraite de quelques avocats en renom : « Leur disparition soudaine sera un grand malheur ; nous serons accablés d'affaires avant de les avoir méritées. » Liberté d'esprit bien rare chez un avocat de vingt-six ans qui sait ajourner le succès pour le rendre plus solide !

Tel était à ce moment décisif de sa vie son désir non de réussir, mais de s'élever, qu'il avait déterminé ses jeunes confrères à former une conférence. Il craignait que le flot des affaires criminelles et correctionnelles ne le détournât des discussions de droit civil. On se réunissait autour de M. Roullet, jurisconsulte distingué, alors bâtonnier, et qui devait, peu d'années après, être porté par la voix publique à la première présidence; le nombre des membres ne dépassait pas huit. Les études y étaient approfondies. Plus tard, lorsque l'âge des conférences sembla passé, la coutume de se réunir était prise; elle avait créé des liens que nul ne voulut rompre, et la littérature vint transformer en un repos pour l'esprit, ce qui avait été au début un exercice laborieux et fécond.

Sa clientèle augmentait d'ailleurs si rapidement qu'il avait pu devenir propriétaire de Vizelle et alléger ainsi les charges de ses parents qui continuaient à y résider. Ses épargnes n'étaient plus toutes transformées en livres, et plus d'une fois, au cours de ses vacances, s'éprenant d'un bois ou d'un clos de vigne, il avait grevé l'avenir en arrondissant d'une nouvelle parcelle la terre qui devait lui représenter à la fois l'héritage paternel et le produit de ses veilles.

VII

PLAIDOYERS POLITIQUES.

Ainsi s'écoulait sa vie de 1824 à 1827. Ce qui eût été pour tout autre le terme des vœux et un but définitivement atteint, n'était pour cette intelligence intérieurement si active qu'une nouvelle préparation. Il n'est pas un mot dans la correspondance qui prouve que M. Dufaure ait compté dès cette époque sur la vie publique, mais tout nous démontre qu'il l'avait plus d'une fois entrevue dans les rêves d'avenir dont il avait contracté l'habitude.

A son gré, c'était le plus noble emploi des facultés humaines, et son enthousiasme pour les orateurs politiques, demeuré aussi vif au milieu du fracas des affaires bordelaises qu'aux premiers jours de 1819, ne peut nous laisser à cet égard aucun doute. Attentif à toutes les productions de l'esprit public, il attendait avec impatience et lisait avec une sympathie sans réserve le journal qu'avaient fondé à Paris de jeunes et courageux libéraux. C'était une des joies de ce temps que l'arrivée d'un numéro du *Globe*, apportant au milieu des tristesses de la politique et de l'indifférence d'une société un peu engourdie, l'écho des préoccupations les plus graves, faisant parvenir au fond des départements ce que pensaient sur la littérature, les arts et l'économie sociale, de jeunes et vigoureux esprits, tout animés du souffle de la philosophie spiritualiste, tels que MM. Jouffroy, Duchâtel, Vitet, Duvergier de Hauranne. De loin, l'avocat de Bordeaux voulut s'associer à leur œuvre, et dans un temps où les moindres sacrifices étaient méritoires, celui qui devait être le collègue et l'ami des rédacteurs vint en aide à leur entreprise.

Il se préparait de la sorte aux premières crises de sa vie politique. Ce fut en 1827 que, tout d'un coup, M. Dufaure prit à Bordeaux le rang que les événements devaient lui donner dans la vie. Jusque-là, on pouvait le deviner; à partir de ce moment, il n'y eut plus de doute sur l'avenir qui lui était réservé. Deux journaux, *l'Indicateur*, rédigé par Henri Fonfrède, et *le Mémorial*, étaient poursuivis pour avoir attaqué M. de Peyronnet. Quoique d'opinion différente, les journalistes choisirent à la fois M. Dufaure pour défenseur. Le 20 janvier 1827, il les défendit devant la police correctionnelle. La lucidité de sa discussion frappa tout d'abord l'assistance, mais la péroraison excita des transports unanimes.

« Ma tâche est finie, dit-il, et la vôtre va commencer. Elle est belle et digne de vous. Deux hommes sont accusés, mais ils sont les représentants de deux opinions honorablement confondues; leur voix a été l'écho de la voix publique; ils ont parlé comme la France; des magistrats français ne sauront pas les punir.

» L'histoire nous montre souvent la puissance ministérielle jalouse de l'inviolabilité royale; sa responsabilité lui pèse; son règne serait paisible et heureux au milieu d'une population muette; ses actes ne seraient plus discutés, censurés : accueillis par des acclamations, ils ne seraient soumis qu'à l'examen sévère des courtisans. Alors, du moins, la morale publique, le respect des lois, l'intérêt du pays, termes importuns, ne seraient plus invoqués. Pendant ce temps, le monarque vivrait relégué sur son trône solitaire et les cris de son peuple ne monteraient plus jusqu'à lui.

» J'ignore si ces récits du temps passé doivent se réaliser de nos jours; je ne sais si nos ministres méditent de tels projets. A voir les lois qu'ils proposent, les poursuites qu'ils exercent et les destitutions qu'ils prononcent, ils semblent attacher beaucoup de prix au silence de la presse. Mais s'ils ont conçu ces desseins, le jugement que vous allez rendre ne les secondera pas. Interprètes fidèles des lois, francs et inflexibles comme elles, vous ne les ferez pas servir à la funeste ambition qui les invoquerait. Vous qui consacrez avec tant de dévouement les efforts de votre esprit et les rapides instants de votre vie à la découverte de la vérité; vous qui, dans les débats privés dont vous êtes les juges, la recherchez avec anxiété, la demandez avec ardeur, l'accueillez avec bonheur de quelque part qu'elle vienne, vous ne verrez qu'avec une surprise profonde les garanties que, dans un autre ordre de choses, l'on semble prendre contre elle; vous déplorerez la haine dont on la poursuit; pour la gloire de votre roi, comme pour le repos de votre pays, vous lui rendrez un nouvel hommage, en flétrissant sans crainte les passions qui voudraient l'étouffer.

» Qu'ai-je parlé de crainte, messieurs? elle ne peut pénétrer dans cette enceinte. Vous atteindrait-elle, vous que la main royale a conduits sur votre siège, dont aucune puissance ne peut vous faire descendre? M'atteindrait-elle, moi qui, au sortir de cette audience, n'ai d'autres juges que mes pairs? Vous et moi nous remplissons un facile devoir, et nous ne pouvons prétendre à la gloire du courage.

» Ah! si ces prérogatives nous manquaient, croit-on que l'on verrait notre cœur se troubler, notre voix trembler et faiblir? Non, non! La vertu devient plus séduisante par les sacrifices qu'elle impose. Ne le sentez-vous pas? Une âme généreuse s'élève et s'anime, alors qu'on veut la comprimer; elle méprise les menaces, elle brave les persécutions, elle sourirait dans les fers; également inaccessible à l'attrait des caresses, de la fortune et des honneurs, frivoles ornements de cette scène d'un jour qu'on appelle la vie. L'homme de bien, esclave énergique de sa conscience, marche inébranlable dans les routes qu'elle lui trace; rien ne l'effraie et rien ne le séduit, car il sait, comme l'a dit un philosophe illustre, qu'il n'est que deux belles choses dans l'univers : le ciel étoilé sur nos têtes, et le sentiment du devoir dans nos cœurs. »

L'émotion des assistants fut profonde et, contrairement à toutes les prévisions, les prévenus furent acquittés.

La joie des libéraux se transforma en enthousiasme pour l'orateur qui venait de se révéler. On avait entendu à Bordeaux des voix éloquentes, mais on ne soupçonnait pas la puissance d'une émotion contenue qui remuait les auditeurs et les entraînait plus fortement que les grands mouvements oratoires. « En ce genre, répétaient ceux qui sortaient de l'audience, il n'a eu ni modèle ni exemple. » La satisfaction des partis politiques fut bien dépassée par les sentiments qui éclatèrent à Vizelle quand, plusieurs jours après le succès, on reçut les journaux qui en contenaient le récit. « Je les conserverai à jamais, écrit M. Dufaure père. Ce sont des titres bien plus précieux qu'un vieux parchemin rongé de vers. » Quelque temps après, une autre joie était réservée au père de famille. Le hasard le mettait en présence du procureur du roi sur le bateau à vapeur de Royan. En quelques mots, ce magistrat lui peignit la situation que Jules Dufaure occupait à Bordeaux : « La première fois qu'il plaida devant M. Ravez, dit-il, sa cause ne roulait que sur des chiffres; le premier président dit en sortant de l'audience : « Ce jeune avocat a bien de la mémoire. » La seconde fois, il dit : « Il a bien du talent. » M. Dufaure père parla au magistrat de la défense des journalistes de Bordeaux et ne lui cacha pas la crainte qu'il avait eue que son fils ne parvînt pas à les faire acquitter, puisque, dans un beau plaidoyer, M⁰ Mérilhou avait échoué quelques jours auparavant. Le procureur du roi répondit vivement qu'il y avait une distance immense entre Dufaure et Mérilhou : « Votre fils, dit-il, serait le premier avocat de Paris comme il l'est du barreau de Bordeaux. Je désirais quelques jours de prison pour les journalistes. Ils méritaient cette légère punition. Les juges étaient d'avis de la leur infliger, mais votre fils enleva tous les suffrages. Il fut superbe, et les journalistes furent acquittés. Il ira loin ; il peut faire une belle fortune, et lorsqu'il aura atteint l'âge prescrit, il faudra qu'il paie mille francs de contributions, car il devra être député. Il sera encore plus beau à la tribune qu'au barreau, tant il a de facilité pour l'improvisation. Nous avons eu quelques discussions ensemble lorsque je portais la parole, mais jamais je n'ai cessé de l'estimer. A Bordeaux, plus que partout ailleurs, une intimité parfaite règne entre les magistrats et les avocats qui joignent à du talent une conduite irréprochable, et, sous l'un et l'autre rapport, votre fils ne laisse rien à désirer. »

A ce témoignage que peut-on ajouter? Nous savons désormais à n'en pas douter qu'à vingt-huit ans M. Dufaure était en pleine possession de son talent.

Ses occupations de plus en plus nombreuses ne pouvaient plus le détourner des affaires publiques. Il les suivait avec anxiété et s'apprêtait à la lutte contre le ministère Villèle. Condamné, ainsi que ceux de son âge, à ne pas prendre part aux opérations électorales, il s'ingénia comme eux pour trouver un emploi de son activité.

Tandis qu'à Paris les jeunes gens multipliaient les brochures, les répandaient par milliers, formaient des associations, M. Dufaure profita des relations que le procès de *l'Indicateur* avait resserrées pour publier quelques articles.

La liberté électorale, les meilleurs moyens de la garantir, les résistances aux tentatives de corruption, tel était le sujet politique et légal que préférait la plume du jurisconsulte. Il s'indignait contre les fraudes qui multipliaient au gré de l'administration les électeurs ministériels et rappelait les peines qui pouvaient atteindre les auteurs et les complices de ces actes alors fréquents et aujourd'hui si rares.

Si le pouvoir en ce temps osait porter la main sur les listes d'électeurs, il n'avait pas la témérité de toucher à la magistrature; mais les journaux royalistes attaquaient les juges avec violence et les mena-

6.

çaient d'un châtiment prochain, c'est-à-dire de la suspension de l'inamovibilité afin d'épurer les compagnies et de chasser les magistrats libéraux.

« La magistrature existe encore, écrivait M. Dufaure, mais demandez aux écrivains que le ministère soudoie : ils vous diront que la magistrature est *trop forte pour la monarchie;* que son inamovibilité leur pèse et que le magistrat ne sera digne des respects de ses justiciables, que le jour où le ministère pourra lui dire : « Tu connais mes volontés : condamne selon mes ordres ou je te condamne à mourir de faim [1]. »

Fonfrède avait obtenu que des initiales transparentes permissent aux lecteurs de reconnaître le jeune et brillant membre du barreau. A Vizelle, ce ne fut pas sans surprise qu'on lut sous cette forme nouvelle la manifestation de sentiments qu'on partageait. N'écoutait-il pas trop son zèle ? Ne devait-il pas se réserver pour les luttes de la barre ? Quelles que fussent les qualités de clarté et de force déployées dans les deux articles, était-il bon de déserter l'audience pour la plume ? Un avocat ne devait-il pas conserver un peu de la dignité de la magistrature ?

1. *Indicateur* du 16 novembre 1827.

Les objections étaient faites avec autant d'hésitation que d'indulgence. La réponse fut à la fois forte et respectueuse. Il n'avait garde de désavouer les deux articles signés : il en avait fait « beaucoup d'autres non signés ».

« Que je ne vote pas, ajoutait-il, parce que je n'ai pas l'âge, la loi m'y contraint ; mais, tout aussi intéressé que personne au maintien de nos institutions et à la chute de nos ministres, pourquoi dans ce double but ne parlerais-je pas? n'userais-je pas du peu d'influence que je peux avoir sur les électeurs? Je n'en trouve pas la raison. »

Il continua à écrire, mais sans que les initiales reparussent. La jeunesse de Bordeaux n'ignorait pas sa collaboration. Il était mêlé à tout ce qui se faisait pour empêcher le retour des manœuvres de 1824, se désolait de l'insuccès des efforts de son père au collège de l'arrondissement de Jonzac, prenait part à sa joie quand, au grand collège de la Rochelle, M. Duchâtel l'emportait sur les royalistes ministériels, apprenait avec intérêt ce qu'avait fait pour cette candidature l'activité filiale du rédacteur du *Globe*, et répondait aux bulletins de son père en lui envoyant des nouvelles de Bordeaux.

« Il règne ici une incroyable agitation. Jamais il n'y eut tant de passion, mais jamais la cause ne fut plus importante. C'est la France en lutte avec son odieux ministère. » Et quelques jours plus tard : « Sur cinq collèges nous avons fait passer quatre libéraux. M. Ravez est le seul ministériel élu. Si tous les électeurs ont agi comme à Bordeaux, le ministère sera renversé. Tu ne saurais croire combien de faux électeurs nous avons écartés par nos menaces. Il me faudrait vingt pages pour te conter l'histoire de nos élections de Bordeaux. »

En rétablissant la paix, le ministère Martignac le rendit tout entier à ses dossiers; une foule de clients assiégeaient son cabinet. Il était rassuré sur l'avenir et revenait avec joie à sa profession. L'année 1829 revit de nouveaux orages.

L'avènement de M. de Polignac fut le signal de la reprise des procès de presse. Dès la fin d'août 1829, M. Dufaure se retrouve sur la brèche. Il défend *le Mémorial* et fait acquitter M. Duperrier de Larsan. Une élection partielle a lieu; cette fois l'âge de trente ans a sonné : il est électeur; il faut que Bordeaux exprime ce que sent la France entière. Le ministère comprend l'importance de la lutte; il remportera un triomphe ou recevra un coup terrible. « Nous avons un démon de préfet, écrit-il. Les fraudes ont été nombreuses. » De l'extrémité de la France on avait obligé des électeurs à faire en poste plusieurs centaines de lieues en plein hiver. Dans toute la Gascogne on avait fait arriver des hobereaux qui, « depuis le retour de l'émigration, n'avaient pas quitté leurs antiques castels ». Peine perdue. Le candidat favorable au maintien de la Charte fut nommé.

Cette épreuve n'était que le prélude des élections générales, lutte bien autrement ardente, qui devait passionner à la fois l'opinion publique de Dunkerque à Marseille. Le printemps de 1830 fut consacré aux apprêts du combat. La revision des listes électorales sembla dès le début l'occasion d'une première escarmouche. Sur l'opinion des nouveaux inscrits nul n'avait de doute. Des comités se formèrent pour assister les électeurs : pendant quelques semaines, M. Dufaure se réunissait chaque soir à ses amis, recevant toutes les réclamations, « écrivant à tous les électeurs, les relançant, mettant leurs pièces en règle, rédigeant leurs mémoires, et, le jour, pressé de consultations, partout, dans son cabinet et au barreau, dans les rues et sur les places publiques ».

Tant d'efforts furent couronnés de succès; à Bordeaux comme dans le reste de la France, une majorité dévouée à la monarchie constitutionnelle se dressa en face d'un ministère résolu à toutes les violences pour déchirer la Charte.

Toujours prêt pour la résistance légale, M. Dufaure, quelle que fût l'ardeur de ses convictions, ne prévoyait ni n'admettait la rébellion. Il ne prit aucune part aux troubles et s'efforça de prévenir une collision. Dans sa correspondance, il raconte de quelle exaspération avait été suivie la nouvelle d'abord vague des Ordonnances, puis leur confirmation par l'arrivée du texte, comment le 28 juillet le préfet fit saisir les presses des journaux libéraux, et quelle irritation provoqua cet acte dans la matinée du 30. « L'anxiété était générale, lorsque, vers la fin du jour, parvint le courrier apportant un seul journal, *le Messager des Chambres :* le sang coulait à Paris, les rues étaient jonchées de cadavres, le roi et ses ministres ordonnaient froidement ce massacre de leurs concitoyens. » A cette lecture, « les esprits s'échauffent, on se transporte à la préfecture; on en brise les portes; on jette tous les meubles par les fenêtres; on en arrache le préfet, qui n'échappe à la mort que par miracle et par l'humanité de quelques libéraux, car pas un des hommes de son parti ne s'est présenté pour lui épargner quelques moments de souffrance ».

Sur aucun point, il ne se produisit de résistance, et le soir même tout semblait achevé; toutefois M. Dufaure n'était pas d'humeur à voir l'émeute maîtresse de la ville; il souhaitait le châtiment des auteurs du coup d'État, mais il n'admettait pas que l'anarchie lui succédât.

« Dans la nuit, écrit-il, plus effrayés de l'ardeur du peuple que du pouvoir méprisé dont nous nous sentions débarrassés, nous demandons à la mairie d'autoriser la formation de la garde nationale. Deux fois on nous refuse, ce ne fut que le 31 à dix heures qu'on y consentit. Nous nous étions bien passés de ce consentement. Les compagnies étaient déjà organisées; à une heure, notre garde nationale occupait tous les postes importants. Elle a dissipé peu à peu tous les rassemblements populaires. »

L'activité qu'avait déployée M. Dufaure ne se borna pas à l'organisation d'une force armée, sauvegarde indispensable de l'ordre public dans les heures de troubles populaires; il fut appelé à exercer une charge à laquelle le destinait l'autorité qu'il avait acquise.

« Tu ne devinerais certainement pas, dit-il, à son père, le 4 août, d'où je t'écris? de la mairie, où je me trouve seul parce que mes collègues dorment et d'où par conséquent, je commande en ce moment à toute la ville de Bordeaux. La tante de M. Corbière assurait que la révolution n'était pas finie, puisque son neveu se trouvait au ministère. Tu croiras sans doute qu'il s'en est opéré une grande, puisque je me trouve ici. Quoi qu'il en soit, il faut que, dans un moment aussi critique, chacun apporte le tribut de ses efforts. On m'a demandé les miens ici. J'ai laissé le fusil pour y venir. Nous avons formé une commission municipale de douze membres qui administre la ville. Nous avons hâte que le préfet et le maire définitifs soient nommés. »

Le calme rentra peu à peu dans les esprits, et la cité que les légitimistes avaient baptisée de ville du 12 mars, accepta franchement la révolution et la royauté qui en était sortie. « Le gouvernement nouveau, écrit-il le 6 août, inspire une confiance presque générale. Nous le reconnaissons surtout aux changements qui s'opèrent dans les déterminations de nos royalistes; avant-hier, ils nous envoyaient tous leurs démissions; aujourd'hui, ils s'empressent tous de les retirer. Ils voulaient tuer le gouvernement en interrompant les services publics : ils sont tous maintenant d'un dévouement sans bornes. »

Le « pouvoir extraordinaire et dictatorial », dont il avait hâte d'être délivré, et qui en gouvernant la ville de Bordeaux au milieu des circonstances les plus difficiles, n'avait pu être accusé d'un seul acte arbitraire, fut bientôt remis entre les mains du préfet, et M. Dufaure, en allant jouir du repos à Vizelle, put emporter les témoignages de la reconnaissance publique.

Aussi eut-il à résister à plus d'un assaut en cette heure de nominations hâtives. Un avocat qui eût été moins attaché à sa robe eût accepté l'une des fonctions que la révolution rendait vacantes. Il les refusa toutes. On répétait qu'il allait être nommé préfet, procureur général, maire de Bordeaux. Les vainqueurs acclamaient son nom, et plus d'un vaincu de la veille colportait malicieusement ces bruits; il fut inébranlable, estimant que des fonctions acceptées au lendemain d'une révolution mettent en doute la sincérité des convictions et le dévouement aux principes, qui n'est pur que s'il est désintéressé.

Ce noble attachement à sa profession reçut sa plus belle récompense. Les avocats venaient d'être mis en possession du droit d'élire le conseil de discipline : le 10 novembre 1830, aux premières élections, le barreau de Bordeaux élut M. Dufaure. En le nommant, ses confrères devançaient de quelques jours les dix années d'exercice qui devaient le rendre éligible. L'année judiciaire ne s'achevait pas sans qu'ils lui rendissent un hommage plus éclatant en le mettant à leur tête. Il était bâtonnier à trente-deux ans.

Le barreau lui avait donné toutes ses couronnes. Il semblait qu'il dût se diriger aussitôt vers Paris et chercher dans la vie publique un horizon plus large et de nouveaux succès. Les électeurs de La Réole tentèrent de le déterminer en 1831, mais la raison le détourna d'une campagne qu'il jugeait prématurée. Il n'avait pas encore constitué par son travail cette indépendance qu'il ambitionnait. En abandonnant le barreau, il savait qu'il tarirait la source presque unique de ses revenus; il ne crut pas que les circonstances exigeassent de lui un sacrifice aussi onéreux.

Quelques années auparavant, alors qu'un ministère menaçait la France des plus grands périls, il eût accepté par patriotisme; mais sous un régime qui avait réalisé ses espérances, il lui semblait déraisonnable d'aller à Paris pour s'y ruiner, ou fort au-dessous de sa dignité d'accepter une place dont les émoluments tiendraient lieu des produits de son état.

« Je ne voudrais pas pour tout au monde, écrit-il, qu'on puisse me reprocher d'avoir spéculé sur ma réputation pour obtenir une place quelconque. J'ai trop peu de goût pour les places, et j'aime mon indépendance. »

Heureusement un temps vint où ces motifs d'abstention devaient disparaître, affaiblis d'année en année par une clientèle que la vigilance de son père trouvait par moments « hors de proportion avec sa santé ». M. Dufaure avait refusé le mandat des électeurs de la Gironde; mais le jour où les offres lui vinrent de Saintes, lorsqu'il s'agit de représenter le pays où il était né et auquel le rattachaient les liens les plus chers, il se sentit incapable de résister. Il fut nommé aux élections générales de 1834.

Celui dont nous avons observé l'enfance studieuse, la sévère jeunesse et les éclatants débuts au barreau, entra dans une nouvelle phase de sa vie. C'est sur la scène politique que nous aurons désormais à suivre son action et à écouter sa parole.

VIII

LA CHAMBRE DES DÉPUTÉS.

En arrivant à Paris quatre ans après la révolution de Juillet, M. Dufaure se trouvait dans une situation d'esprit qu'il importe de définir, parce qu'elle exprime assez exactement ce que ressentait une partie de la génération à laquelle il appartenait.

Sincèrement attaché aux formes constitutionnelles, il avait accueilli le changement de dynastie comme le renouvellement solennel d'un contrat scellant l'alliance entre le roi et la nation qui l'avait élu. Toutes les convictions formées, toutes les espérances conçues sous la Restauration, il les avait vues arriver au pouvoir avec les hommes de son âge et de son temps. Comme eux, il avait entamé dès la première heure la lutte contre l'anarchie, n'admettant pas qu'à la faveur des événements de 1830 le désordre s'installât sur la place publique. Le péril d'une opposition qui arrive aux affaires est de ne pas comprendre l'esprit de gouvernement et de le confondre avec l'abus du pouvoir. Ce fut la gloire de Casimir Perier, de ses collègues et de ses successeurs de demeurer de grands libéraux en assurant l'inflexible respect de l'ordre. La persistance des troubles populaires avait attristé M. Dufaure, mais il était surtout inquiet du contre-coup qu'ils avaient provoqué autour de lui dans la province.

Chaque émeute excitait l'esprit de répression ; on se montrait disposé à dépasser le but ; les électeurs étaient prêts à sacrifier les principes aux expédients et à faire bon marché des revendications libérales de la Restauration. M. Dufaure considérait que l'honneur du gouvernement issu de la révolution de Juillet était de demeurer obstinément fidèle aux maximes libérales. Il haïssait l'émeute, mais il voulait la vaincre par la force des lois et sans recourir aux mesures d'exception. N'ayant vu que de loin ce qui se passait à Paris, il arrivait à la Chambre plein de défiance contre les séductions du pouvoir, attribuant à l'influence de la cour ou des ministres les conversions ou les désaveux qui l'avaient blessé, résolu néanmoins à soutenir le gouvernement, mais sans jamais lui sacrifier une de ses convictions.

Il allait retrouver, pour le confirmer dans ses sentiments, un des amis les plus fidèles de sa jeunesse, devenu un des membres les plus écoutés de la Chambre, M. Vivien. Heureux de s'asseoir, comme à l'École de droit, sur le même banc et de fuir ensemble les petites intrigues, ils se mirent au travail avec l'ardeur qu'ils déployaient, seize ans auparavant, dans leurs conférences. Beaucoup de députés arrivant du fond de la province avaient déjà coutume, à cette époque, de partager leur temps entre les bureaux et les salons des ministères. M. Dufaure embrassa la vie parlementaire comme une tâche laborieuse, se refusant aux sollicitations et évitant les plaisirs. Il parut aux Tuileries et chez le président de la Chambre, mais, hors ces deux soirées, il consacra toutes ses heures à préparer les discussions. Chaque projet était pour lui un client dont il adoptait la cause et auquel il dévouait ses études et ses soins.

Pour qui connaît l'activité intérieure de nos assemblées délibérantes et la multiplicité de leurs travaux, il est aisé de juger ce que devait être la tâche. Il n'en fut pas rebuté; c'était, à ses yeux, le seul moyen de se former aux labeurs variés du parlement. Il prévoyait bien qu'avec le temps il serait amené à faire un choix, à se dévouer plus spécialement à certaines questions, mais il voulait avant tout être initié à l'ensemble. « Depuis le commencement de la session, écrit-il à son père, j'ai été prêt à parler sur tout. » Malgré cette forte préparation, il montait rarement à la tribune; c'était chez lui une disposition naturelle; il ne se doutait guère qu'en s'abstenant il faisait le meilleur des calculs.

L'écueil des nouveaux venus, et surtout des improvisateurs, est de fatiguer les assemblées et d'aborder les questions générales avant d'avoir établi leur autorité. Plus d'un homme de talent a vu son influence dans une Chambre détruite ou ajournée par l'intempérance de ses débuts. M. Dufaure avait horreur de la légèreté d'esprit qui prend la facilité pour l'éloquence : « Il y a beaucoup de mes collègues, écrivait-il, qui se contentent de savoir à demi, au quart, au dixième, au centième, une chose et puis qui ont la merveilleuse faculté d'en parler autant que l'on voudrait. Moi je ne sais pas faire cela et je suis d'ordinaire à même de traiter un sujet le lendemain du jour où le débat qui l'a occasionné est fini. » Dans cet état d'esprit, il était certain que M. Dufaure ne ferait pas une entrée bruyante sur la scène politique; une conviction profonde et le sentiment d'un devoir pouvaient seuls le déterminer à parler.

Il arrivait de Bordeaux convaincu que le commerce, en facilitant les débouchés, était la meilleure protection de l'agriculture. Pendant la discussion de l'adresse, il entendit soutenir les intérêts agricoles au détriment des intérêts commerciaux. Il se leva pour la première fois et répondit en des termes si brefs et si nets que nul ne songea à répliquer. Point de phrases générales; il semble se les interdire. S'il parle du mode d'interprétation des lois par le pouvoir législatif, des capitaines au long cours, de la nécessité de réduire le contentieux administratif au profit de l'autorité judiciaire, de la faillite ou des caisses d'épargne, c'est toujours à propos d'un article de loi, d'un point précis, d'un amendement limité, sa parole a le ton qui convient à un rapporteur. Lorsqu'il n'en porte pas le titre, il semble s'en être donné la mission, on sent qu'il a étudié à fond les procédés et la pratique du parlement anglais et, à l'entendre, on se croit transporté à la Chambre des communes dans ces séances de comité où les *debaters* se forment aux grandes luttes en discutant pied à pied le texte des lois.

Soutenu par la sympathie de la Chambre, M. Dufaure aborda de plus vastes sujets. Une loi sur la responsabilité des ministres avait été présentée par le gouvernement; il en examina à la tribune toutes les parties en cherchant, grâce à elle, les moyens de faire pénétrer dans les esprits les maximes du droit constitutionnel. Il tenait surtout à substituer à l'article 75 de la Constitution de l'an VIII un système de garanties qui protégeât les fonctionnaires publics sans compromettre les droits des citoyens. Pour la première fois, ce débat mit en présence M. Thiers et M. Dufaure. Au ministre de l'intérieur attaché aux prérogatives gouvernementales avait répondu le député de Saintes, voué au culte du droit et disposé à traiter toutes les affaires d'État en jurisconsulte. M. Thiers avait qualifié de préjugés les opinions soutenues sous la Restauration contre l'article 75.

M. Dufaure releva le mot. Il soutint que cette doctrine avait été adoptée et professée par les esprits les plus réfléchis et que rien ne permettait de l'abdiquer à la légère. Devait-on changer d'opinion parce que les membres du conseil d'État présentaient toute espèce de garanties? « Est-ce que la composition de ce corps, disait-il, est permanente? Le conseil d'État mérite aujourd'hui notre confiance, mais pouvons-nous dire qu'il en sera de même dans dix, dans vingt ans? » Ses défiances étaient si vives qu'il les exprimait malgré l'opinion contraire de son ami, M. Vivien, montrant pour la première fois à la Chambre cette pleine indépendance dans la vie parlementaire qui ne mit jamais sa conduite et sa parole au service d'un parti ni d'une coterie, mais de ses convictions librement adoptées et vaillamment défendues.

Il y avait un an que M. Dufaure était à la Chambre, et son influence n'avait cessé de grandir. Sa compétence, rapidement admise dans les questions d'affaires, avait été reconnue dans le droit et la pratique parlementaires. Il crut le moment venu de faire un pas de plus et de marquer clairement ses convictions politiques. Les lois présentées à la suite de l'attentat Fieschi et destinées à armer plus fortement le pouvoir l'avaient moins blessé que le langage des orateurs qui les défendaient.

« On se plaint tous les jours, dit-il, j'entends des esprits fort graves se plaindre de ce que notre pays actuel est sans convictions et sans croyances; c'est là le désordre moral dont on le dit affligé. Eh bien ! veuillez vous le rappeler : pendant les quinze années de la Restauration, en face des fautes immenses que le pouvoir commettait, il s'était élevé une génération d'hommes honnêtes et éclairés qui répandirent dans la société les principes les plus purs, les plus sacrés de la morale et de la politique. Ces principes étaient proclamés partout, ici à la tribune par des orateurs puissants et par des professeurs distingués du haut de leurs chaires. Ces principes se répandaient par toute la France; ils se popularisèrent, ils ont fait notre éducation. Le bonheur de la révolution de Juillet a été de se faire sous leur influence ; c'est par là qu'elle a été grande, modérée, généreuse. Elle a eu la sagesse d'en faire passer quelques-uns dans nos lois; ils se sont fortifiés, ils ont reçu dans l'opinion une nouvelle consécration. Permettez-moi d'en prendre un exemple dans la loi même qui fait le sujet de cette discussion. Les doctrines d'humanité qu'elle a adoptées étaient depuis longtemps populaires. Eh bien ! quatre ans après, les voilà comme tant d'autres qui sont contestées, attaquées, flétries et sans motif. Je le demande, où désormais le pays doit-il chercher ses convictions ? Il en avait qui étaient toutes faites ; c'était son symbole politique, c'était sa croyance. Quel courage mettez-vous à la détruire ? Que leur donnerez-vous à la place¹ ? »

Il n'était pas seul à ressentir une profonde tristesse. M. Royer-Collard avait inspiré jusque-là un certain groupe soucieux de concilier l'autorité et la liberté. La discussion des lois de septembre vit se séparer des doctrinaires celui qui, sous la Restauration, avait porté si haut le drapeau du centre gauche. En tenant ce langage, M. Dufaure avait à cœur de s'appuyer sur un nom qui était respecté de tous les partis et d'invoquer l'opinion d'un homme dont depuis vingt ans il admirait le caractère et partageait si complètement les opinions.

En quinze mois, M. Dufaure avait marqué sa place et indiqué clairement la voie dans laquelle il entendait marcher et poursuivre librement une politique qui ne relevait de personne.

Il ne se faisait l'allié d'aucun des ministres tombés ni futurs, continuait à étudier passionnément les

---

1. Discours du 17 août 1835.

questions en elles-mêmes et, bien qu'il eût repris sa robe pendant les vacances parlementaires, il trouvait entre ses causes le temps d'examiner à Bordeaux les projets de lois dont M. Vivien et lui s'étaient partagé l'étude. De retour à Paris, il prit part à plusieurs discussions. Il se montra vif sur les questions, jamais sur les personnes. En relisant l'un de ses discours en faveur de la conversion des rentes, nul ne se douterait que le sort du ministère fût attaché au vote. Et cependant, lorsqu'une majorité de deux voix détermina, le 5 février 1836, le duc de Broglie à se démettre, la parole si ferme du député de Saintes n'avait pas été étrangère à la chute.

L'avènement de M. Thiers imposa à M. Dufaure des obligations nouvelles. Le rôle trop facile d'une opposition sans réserve était passé. Le devoir commandait de soutenir le cabinet, de multiplier autour de lui des appuis dans la Chambre.

M. Dufaure n'hésita pas à lui apporter son concours. La session finie, le ministère résolut de donner satisfaction aux libéraux et de fortifier le conseil d'État en y faisant entrer celui d'entre eux dont la capacité était le plus reconnue. L'hésitation de M. Dufaure fut grande ; il avait une profonde répugnance pour tout ce qui semblait porter atteinte à son indépendance. Mais outre qu'en ce temps les députés pouvaient faire partie du conseil d'État, ces fonctions étaient toutes politiques; il s'agissait de s'initier aux matières administratives, de préparer les questions de législation; c'était un moyen d'étude incomparable. Cette considération le détermina. Le jour où l'ordonnance parut (juin 1836), le nouveau conseiller d'État put se rendre le témoignage qu'il ne lui en avait pas coûté une demande, pas même l'expression d'un désir. C'est à M. Thiers que revenait tout l'honneur de l'initiative. D'ailleurs le passage de M. Dufaure au conseil d'État fut de courte durée. Le mandat qu'il avait reçu des ministres, il tint à honneur d'y renoncer le jour où ses amis quittèrent les affaires. Il lui plaisait de ne pas s'attarder dans les fonctions publiques et de se retrouver, assis comme simple député, sur les bancs de la Chambre à l'ouverture de la session de 1837.

Ce fut avec un esprit parfaitement libre de toute arrière-pensée qu'il discuta le projet présenté par M. Guizot pour consacrer la liberté d'enseignement. Il était de ceux qui souhaitaient sincèrement l'entrée dans nos lois de cette liberté promise par la

Charte. Il avait hâte de voir tenu l'engagement solennellement souscrit en 1830; il prit une large part à la délibération. Comme M. Saint-Marc Girardin, dont le rapport avait exercé sur la Chambre une profonde influence, il crut, au cours de la discussion, que l'instruction secondaire en France allait faire un pas décisif vers l'affranchissement. Cette sage conciliation entre l'Université qu'il entendait maintenir et la liberté qu'il voulait fonder à côté d'elle aurait prévalu en notre pays quatorze ans plus tôt et serait sans doute entrée dans nos mœurs, si des passions jalouses n'en avaient, au dernier moment, altéré le caractère en inspirant le vote d'un article qui excluait les religieux du bénéfice de la loi. L'ensemble du projet fut voté, mais il était atteint d'un coup mortel. Après les espérances qu'avait conçues M. Dufaure, la déception était rude. Ce n'était pas la dernière que devaient causer aux libéraux les questions relatives à la liberté d'enseignement.

M. Dufaure demeura étranger aux premières attaques contre le ministère Molé. Absorbé par ses travaux parlementaires, membre de toutes les commissions de travaux publics, rapporteur de quelques-unes, il préférait de beaucoup les débats d'affaires aux combinaisons secrètes qui sont dans les assemblées l'unique préoccupation des esprits étroits. Il secondait les grands projets sans se soucier des critiques mesquines de son parti. Avec un profond attachement aux traditions, il était rare de rencontrer une ardeur d'imagination plus aisément prête aux nouveautés. Loin de s'alarmer des découvertes, il aimait à en mesurer l'avenir et se plaisait à prévoir ce qu'elles apporteraient à l'homme de force pour le bien. Aussi fut-il, dès 1837, rapporteur du projet de chemin de fer de Lyon à Marseille. Il commençait ainsi des études qu'il devait mener fort loin.

Ces travaux, qui en apparence l'éloignaient de la politique, loin d'affaiblir son influence, l'avaient en réalité accrue. Réélu aux élections de novembre 1837, pour la première fois membre de la commission de l'adresse, il prit la parole pour définir le rôle de la nouvelle Chambre. A ceux qui attisaient les querelles personnelles, il répondit en suppliant ses collègues de se dégager des compromissions du passé et de se tourner vers l'avenir. M. Dufaure était sur les confins des deux camps et il employait tous ses efforts à prévenir la rupture en défendant auprès de ses amis la politique de M. Molé. Il avait hautement approuvé l'amnistie, était satisfait de la conversion; la plupart des lois présentées lui semblaient bonnes. Tout au plus trouvait-il que la part faite à la Chambre des députés dans la composition du ministère était insuffisante et qu'il en résultait un défaut de confiance entre les ministres et les députés. C'est ce grief, habilement exploité par les meneurs de la coalition, qui détermina M. Dufaure à lui prêter son concours. Il prit plusieurs fois la parole dans cette mémorable lutte, mais sans prononcer une parole irritante :

« Je n'agissais pas alors, eut-il occasion de dire plus tard sans recevoir un démenti, je n'agissais pas alors par une hostilité personnelle; aucun des membres du cabinet n'a pu voir en moi un ennemi, il a vu toujours un adversaire parlementaire, cédant à ses convictions, montant à la tribune pour ce qu'il croyait l'intérêt du pays, ne l'oubliant jamais et redoutant, avant tout, de blesser les hommes lorsqu'il n'aspirait qu'à défendre les principes[1]. »

Il devait demeurer fidèle à cette règle de conduite dans toute sa vie parlementaire.

1. Discours du 15 janvier 1840 (*Moniteur*, p. 111).

IX

LE MINISTRE DES TRAVAUX PUBLICS.

1839-1840.

Lorsque la coalition eut triomphé, les difficultés commencèrent. C'est le périlleux attrait des oppositions de rencontrer des alliances trop faciles; l'honneur du pouvoir, au contraire, et sa supériorité sont de ne pas tolérer les compromis équivoques, de dissiper les obscurités et de rendre à chacun sa place. Dès les premiers pourparlers, M. Barrot et M. Guizot devaient mutuellement s'exclure. Entre eux, à cette époque, tout était différent. Au premier moment, le roi regarda, non sans une malicieuse ironie, les embarras des vainqueurs; mais, en se prolongeant, la crise déconsidérait le gouvernement. Lorsque la pensée vint de former un ministère sans les trois chefs de la coalition, M. Passy, alors président de la Chambre, reçut la mission de composer le cabinet et s'empressa de faire appel à M. Dufaure. Il n'entre pas dans notre plan de raconter ici les incidents de la crise ministérielle, les longues négociations, les susceptibilités, les ruptures qui fatiguèrent pendant cinquante jours les spectateurs les plus patients.

Les hommes politiques avaient été impuissants à trouver une solution. Ce fut l'émeute qui la précipita. En pleine paix et en plein jour, au milieu de Paris, des forcenés s'étaient jetés sur les postes, avaient désarmé les sentinelles et tenté de soulever une insurrection. Cet acte de criminelle folie fut réduit à l'impuissance par l'accord des troupes et de la garde nationale. Le soir de l'émeute, pairs de France et députés se pressaient dans les salons des Tuileries; une telle audace faisait sentir le prix d'un gouvernement capable de résister à toutes les surprises. Le maréchal Soult eut l'idée de profiter de ce sentiment pour former dans la soirée un ministère. Il la fit agréer au roi, et à mesure qu'arrivait un des personnages qui devaient entrer dans la combinaison, il était appelé : dans un pareil moment, personne ne refusa. La soirée s'avançait. On avait hâte de terminer la formation du cabinet avant l'heure où s'imprimait *le Moniteur*. Un officier d'ordonnance du roi reçut l'ordre d'aller chercher M. Dufaure, qu'il dut réveiller. « Il fut un peu plus long que les autres à se décider, dit un témoin oculaire, mais la gravité des circonstances triompha de ses doutes[1]. »

Sans dédaigner les satisfactions que donne le pouvoir à une âme éprise du bien, il répugnait aux ambitions vulgaires. « Ce n'est pas un ministère que j'ai accepté, disait-il à son ami Vivien, c'est un fusil dont je me suis armé pour aider au salut du pays en faisant face à l'émeute. » Du reste, le cabinet où il entrait répondait bien à ses vues. Les esprits chagrins pouvaient penser que le centre droit y était trop fortement représenté. Appuyé sur M. Passy, M. Dufaure ne jugeait pas que le centre gauche eût à se plaindre du concours de MM. Duchâtel et Villemain. Heureux de s'asseoir au conseil près de son voisin de Saintonge, et fier d'y retrouver l'illustre profes-

---

[1]. Notes du marquis de Dalmatie, citées par M. Guizot (*Mémoires*, IV, p. 308).

seur qui avait instruit et charmé sa jeunesse, il avait avec eux, suivant la belle expression de M. Guizot, « des liens de raison et d'intégrité communs et se sentait prêt à affronter en leur compagnie toutes les responsabilités ». Pour assurer la majorité, il fallait marcher d'un pas ferme et recueillir des adhésions par d'utiles réformes mûrement préparées et publiquement défendues. A ce point de vue, nul département n'était appelé à jouer un rôle plus fécond que le ministère des travaux publics.

A la crise commerciale et financière de 1830 avait succédé une période de prospérité prodigieuse; le gouvernement comprit qu'il devait seconder cet essor de l'activité nationale et, de bonne heure, il se montra prêt à y consacrer de grandes ressources. En formant un ministère nouveau avec les travaux publics, qui avaient fait partie jusque-là du ministère de l'intérieur, il signalait l'importance croissante de ce service et reconnaissait publiquement l'influence politique qu'il avait conquise dans l'État. Développer le réseau des routes, les améliorer ou en créer de nouvelles, étendre et relier les canaux, creuser le lit des rivières, attirer le commerce du monde en offrant aux flottes des ports vastes et sûrs, assainir le sol et trouver dans les entrailles de la terre les richesses minières, tels étaient les premiers problèmes qui s'imposaient à l'esprit laborieux du nouveau ministre. Il n'ajourna pas leur examen.

Les immenses ressources que lui offraient les études accumulées des ingénieurs lui permirent de préparer rapidement les éléments d'un exposé destiné à frapper l'esprit des députés. Quelques jours après la formation du cabinet du 12 mai, M. Dufaure déposa un projet qui consacrait quarante-quatre millions à l'amélioration des grands ports de commerce : Marseille, le Havre et Calais, aussi bien que Nantes, Rouen et Bordeaux, étaient compris dans ce vaste plan. Depuis deux ans, un budget extraordinaire des travaux publics avait été créé pour offrir aux Chambres les moyens de recourir à l'emprunt toutes les fois qu'une entreprise serait commandée par un grand intérêt national. Il n'en existait pas, à ses yeux, de plus impérieux que la protection du commerce maritime. A ceux qui l'accusaient d'avoir préparé avec une hâte fébrile un projet dont les chiffres paraissaient en ce temps hors de proportion, il répondit, en discutant pied à pied, avec une compétence technique, les détails des travaux. La fertilité des ressources qu'il déploya dans les deux Chambres pour assurer le vote de ce projet ne contribua pas, dans une faible mesure, à augmenter son crédit.

Toutefois, en présentant ce plan, il n'avait rien créé. Un problème bien autrement compliqué s'imposait à son examen. La construction des chemins de fer languissait.

Aucune entreprise n'avait à coup sûr traversé de plus singulières vicissitudes. La France, à laquelle on reproche avec raison d'avoir atteint le but fort tard, avait tenté, avant toutes les nations du continent, cette mystérieuse expérience. Le chemin de fer de Saint-Étienne à Andrezieux était ouvert depuis deux ans, celui de Rive-de-Gier à Givors était en activité depuis trois mois, lorsque les premiers trains circulèrent le 15 septembre 1830 sur la fameuse ligne de Liverpool à Manchester. Mais tandis que les Anglais, dont les forces étaient multipliées par l'esprit d'association, commençaient avec enthousiasme quatre mille kilomètres, il semble que parmi nous tous les projets aient été successivement desséchés au souffle de la routine; les chemins de fer perdus sur les pentes du Forez étaient bien éloignés; on les confondait avec les entreprises de houille dont ils étaient l'instrument. Longtemps il fut de mode de se moquer des routes nouvelles, puis, quand la vue des progrès accomplis par l'illustre ingénieur Stephenson ne permit plus de doute, lorsque chaque voyageur revenant d'Angleterre eut excité par ses récits l'ardeur et la curiosité, on se décida à voter, comme expérience, le chemin de fer de Saint-Germain. Alors à l'indifférence succéda sans transition une période d'engouement. En 1836, l'agiotage s'empara des actions et on se soucia moins de la construction que du jeu et des bénéfices.

Les promesses en vue de soutenir les cours furent aussi exagérées qu'étaient mensongères les critiques destinées à les faire tomber ; malheureusement ces dernières étaient faciles : les difficultés techniques apparaissaient de plus en plus nombreuses, les calculs étaient déjoués, les devis mal faits partout dépassés. A des espérances folles succédèrent des alarmes qui ne l'étaient pas moins, et lorsque, le 15 mai 1837, le ministère Molé vint proposer aux Chambres, par l'organe de M. Martin (du Nord), l'exécution de six grandes lignes, l'opposition accueillit avec défiance des plans dont la reconnaissance publique aurait dû proclamer la hardiesse. Le gouvernement avait décliné la charge de la construction et adopté le système des compagnies. On le soupçonna de favoriser la spéculation. Il avait indiqué les chemins les plus importants et proposé de commencer le travail en ouvrant les têtes de lignes. On l'accusa de n'avoir pas de plan d'ensemble. En vain, réduisit-il ses exigences au vote de la ligne du Nord qui, en rendant plus intimes les relations avec l'Angleterre et la Belgique convenait à la politique du gouvernement de Juillet ; sur ce nouveau terrain les intérêts de clocher se donnèrent rendez-vous et firent perdre de vue le bien public. Il faut relire les débats de 1837, pour se figurer le désarroi des idées, le mélange d'absurdités techniques et d'erreurs économiques que peut seule expliquer une ignorance générale.

Ajournée par la Chambre pour de nouvelles études, la question des chemins de fer fut soumise à une commission dont M. Dufaure fit partie et que présidait le ministre. Elle se réunit dans l'intervalle des sessions, examina le problème sous toutes ses faces et se rallia au système absolu, mais parfaitement net, qu'avait conçu l'esprit mathématique du directeur général des ponts et chaussées : à la construction par les compagnies M. Legrand substituait l'exécution par l'État de toutes les grandes lignes dont le tracé, assez semblable à celui que nous possédons, était fixé avec une sûreté de vues qui faisait honneur à la science de l'ingénieur.

La session de 1838 vit s'ouvrir cette discussion à laquelle le rapport défavorable d'Arago et les ardeurs de l'opposition donnèrent le plus saisissant intérêt.

A l'État ayant la hardiesse d'entamer une si colossale entreprise pour assumer sur lui tous les risques et doter le pays, sans scandales financiers, du plus puissant instrument de richesse, les adversaires du cabinet opposaient la cause des associations. Le comte Molé comprit bien vite qu'une transaction était nécessaire, et il se borna à revendiquer pour l'État la construction du chemin de fer qui devait relier Paris à la Belgique, abandonnant les autres lignes à l'esprit d'initiative des intérêts privés ; c'était entrevoir la solution et se placer sur le terrain vrai du débat. Mais la coalition en plein combat n'entendait pas désarmer si vite et les projets furent rejetés avec un dédain et une imprévoyance qui trahissaient l'esprit de parti.

M. Dufaure ne trouvait donc, en entrant au ministère, aucun projet d'ensemble qui engageât sa conduite. En revanche, il était forcé de chercher un prompt remède à la crise qui venait de se déclarer ; les compagnies qui avaient obtenu depuis peu de mois quelques sections du grand réseau dont la Chambre n'avait pas osé voter l'ensemble, traversaient une période critique.

Pour les sauver, il n'y avait pas de temps à perdre : les cahiers des charges avaient été mal faits ; les concessions étaient onéreuses pour les compagnies. Il fallait reprendre l'œuvre. Le nouveau ministre n'hésitait pas : à ses yeux, l'avenir des chemins de fer était brillant et certain.

« Il n'y aurait, disait-il, ni moralité, ni grandeur à abandonner les entrepreneurs à la ruine. On a repoussé l'exécution exclusive par l'État. Que l'État se garde de repousser, en l'abandonnant à elle-même, l'association privée ; que toute idée d'une étroite rivalité disparaisse devant des intérêts communs. Ce serait pour l'État un noble rôle que de rendre la confiance à l'esprit d'association, de le faire sortir victorieux d'une première et périlleuse épreuve : c'est l'œuvre que nous voulons tenter[1]. »

---

1. Exposé des motifs présenté le 10 juin 1839 à la Chambre de députés (*Moniteur*, p. 943).

A ce langage vraiment libéral, certains partisans de l'État opposaient déjà la singulière prétention de réserver à la puissance publique non seulement la construction, mais l'exploitation des nouvelles voies de communication. Contre un tel empiétement, M. Dufaure ne perdit pas l'occasion de protester.

« Il faudrait doubler les impôts, disait-il, ils sont assez forts. N'allons pas tarir la source qui est entre les mains des contribuables; laissons à l'action privée le soin de faire quelque chose; ne désoccupons pas, si je puis ainsi parler, nos concitoyens; laissons-leur les moyens en même temps que la responsabilité de faire quelque chose pour le pays. Ne prétendons pas tout donner à l'État. Je représente ici l'État, je ne l'oublie pas; mais je ne veux pas qu'il ait la prétention de tout faire, de tout donner. J'appelle l'industrie privée à concourir avec lui; je veux que la gloire des grands travaux appartienne à la fois et aux citoyens et à l'État. C'est pour cela que je n'entends pas déshériter soit l'intérêt collectif, soit l'intérêt individuel du soin de faire quelque chose; et lorsqu'on peut trouver des compagnies sérieuses, qui veulent se réunir, qui veulent agglomérer elles-mêmes des capitaux que nous ne pouvons pas nous procurer par la voie de l'impôt, laissons-les agir; contentons-nous de les surveiller; ayons soin qu'elles soient sérieuses; ne leur laissons entreprendre que des travaux réellement utiles, mais ne cherchons pas à étouffer leur action pour agir seuls nous-mêmes ». (Discours du 6 juillet 1839, *Moniteur*, p. 1262.)

M. Dufaure avait entrevu des doctrines que son respect de l'initiative individuelle ne tolérait pas, et il avait eu à cœur d'en faire justice. A l'heure où il s'exprimait de la sorte, deux dangers en apparence contradictoires menaçaient les chemins de fer : d'un côté, le génie civil qui aurait voulu les absorber, d'autre part, l'indifférence malveillante de la Chambre se défiant à la fois de l'État et des compagnies. Le ministre des travaux publics fit tête aux assaillants de quelque côté qu'ils vinssent.

Il n'avait jamais conçu cette défiance de la fortune bien acquise qui est une des formes de la jalousie populaire. Il voulait que la démocratie eût toutes les ardeurs qu'excite l'émulation, mais il ne se lassait pas de combattre chez elle les passions que souffle l'envie :

« Lorsqu'une grande entreprise d'utilité publique, disait-il, a été poursuivie et achevée aux risques et périls d'un capitaliste, quand même il en aurait retiré un profit, je ne comprends pas que le pays ne crût pas lui devoir quelque reconnaissance pour les travaux qu'il aurait faits. (*Exclamations.*)

» Messieurs, nous sommes sous l'empire d'un sentiment tout différent, ceux de mes collègues qui m'interrompent et moi.

» Quant à moi, je le dis hautement, lorsque je vois dans le pays un beau travail d'utilité publique, je ne m'enquiers pas de savoir si ceux qui l'ont fait ont pu retirer quelque bénéfice de leur entreprise: je crois leur devoir quelque reconnaissance pour l'avoir fait. (*Mouvement.*) Je me rappelle que Riquet qui a fait le canal du Languedoc a enrichi sa famille et que sa famille est encore riche et puissante; mais il a fait du bien à son pays, et je ne crois pas que le pays ait à regretter la gloire et l'immortalité qu'il s'est acquises. (*Marques nombreuses d'adhésion.*)

Cet hommage rendu à ce qui était grand, et cette leçon donnée aux petitesses des hommes, M. Dufaure revint à la loi en elle-même ; il s'agissait en effet de sauver les compagnies.

Aux pouvoirs publics, il se borne à demander de voter certaines mesures urgentes pour préserver d'un désastre les sociétés naissantes : modifications sur certains points du cahier des charges, avances de capitaux par l'État, et par-dessus tout limitation du tracé à construire. Au nord, Pontoise, au midi, Corbeil et même Juvisy devenant provisoirement les points extrêmes, tels étaient les remèdes héroïques et cruels mis en usage pour éviter la liquidation des compagnies.

La Chambre accepta ces expédients nécessaires, mais qui dissimulaient mal l'impuissance des pouvoirs publics. M. Dufaure souffrait de cette situation et il avait hâte de marquer son passage aux affaires par un effort visible qui ranimât les courages. En réunissant autour de lui les hommes les plus compétents pour examiner les diverses questions relatives à l'établissement des chemins de fer, le ministre des travaux publics était déterminé à faire sortir de leurs études poursuivies en commun une série de principes qui fixeraient sa marche.

Dès la première séance de la commission qu'il tint à honneur de présider, M. Dufaure montra le but à atteindre : sur le continent comme en Angleterre l'impulsion était générale.

« Seuls, dit-il [1], nous ne pouvons rester immobiles au milieu de ce mouvement... Comment et par qui se feront

---

1. *Moniteur*, p. 1262.

les chemins de fer en France? C'est la première question qui vous sera soumise; sera-ce par l'État? Dans ce cas, il ne faut pas perdre de vue que déjà des sommes considérables sont affectées sur les deniers du trésor, aux travaux publics, aux routes, aux canaux, aux rivières, aux ports de mer et que ces sommes ne s'élèvent pas à moins de trois cent cinquante millions. Si ce sont les compagnies, on devra se demander si les ressources de l'industrie privée suffiront à de pareils travaux et si les capitaux considérables qu'ils exigeront pourront sortir de la circulation sans danger et sans perturbation industrielle. S'il convient qu'il y ait concours de l'État et des compagnies, quelle sera la nature, quel sera le mode de ce concours? L'État accordera-t-il une subvention aux compagnies? leur garantira-t-il un minimum d'intérêts? Viendra-t-il à leur secours par un prêt comme en Angleterre? Se rendra-t-il actionnaire dans l'entreprise comme en Amérique? Ou bien les départements, les villages même accorderont-ils une subvention comme en Irlande?»

A ces questions si nettement résumées, M. Dufaure joignait l'étude du cahier des charges à imposer aux compagnies, la constitution des sociétés et la réforme de la législation qui régissait l'expropriation pour cause d'utilité publique.

L'œuvre fut poursuivie pendant tout l'intervalle des sessions avec une rare persistance. Entre les commissaires qui préparaient les questions et le ministre qui prenait part à tous les débats, il y avait une émulation laborieuse qu'attestent les longs procès-verbaux manuscrits que nous avons sous les yeux et sur lesquels nous retrouvons les corrections de la main de M. Dufaure[1].

Il demeure évident que les travaux de cette commission aidèrent à dégager plusieurs règles de conduite. Le ministre des travaux publics souhaitait trop vivement le développement de l'association pour hésiter à défendre l'exécution par les compagnies, mais les chances à courir étaient telles, l'expérience si nouvelle et si obscure, qu'il fallait rétrécir le champ des risques pour tenter les capitaux. C'est à M. Dufaure que revient l'honneur d'avoir imaginé et fait prévaloir une transaction dont la sagesse a été reconnue depuis.

1. Nous devons au dernier survivant de la grande commission de 1839, la communication de précieux manuscrits dans lesquels revivent des discussions que les procès-verbaux imprimés ont en quelque sorte refroidies, en supprimant les noms des orateurs et quelques-uns de leurs plus heureux développements. M. Valentin Smith a bien voulu mettre à notre disposition des notes qui rendent la vie à cette étude faite en commun par des hommes si compétents. Nous sommes heureux d'exprimer ici notre reconnaissance au possesseur de ces documents qui nous ont permis d'assister pour ainsi dire au prodigieux travail dirigé par M. Dufaure.

Toutes les déceptions, tous les mécomptes avaient porté jusque-là sur le prix imprévu des terres expropriées et sur la construction des travaux d'art. Le corps des ingénieurs avait sans doute l'expérience des ponts et des canaux, mais quoique un homme d'esprit eût appelé les chemins de fer un canal au fond duquel on met des rails, tout un monde séparait des nouvelles voies les procédés en usage dans la vieille vicinalité. A coup sûr, l'expérience se formerait rapidement, mais il fallait la prendre à la charge de l'État et éviter de faire peser les conséquences de faux calculs sur des actionnaires que découragerait la moindre erreur. L'État devait donc assumer toutes les chances; il exproprierait à ses risques et périls, exécuterait les terrassements et élèverait les travaux d'art, tandis que les compagnies n'auraient qu'à étendre le ballast et à poser les rails. Pour elles aucune surprise n'était à craindre; elles pourraient établir leurs calculs sur des bases certaines. Dans le partage des dépenses, l'État se réservait l'inconnu, assumait tous les risques.

M. Dufaure eut à vaincre des résistances sérieuses, mais il parvint à triompher des préjugés, à convaincre ses amis et à déterminer la majorité de la commission.

Pour rendre à l'esprit d'association le courage qui lui manquait, on avait proposé divers remèdes : l'État, disait-on, devait prêter aux compagnies ou même se faire actionnaire. Avec sa lucidité ordinaire, M. Dufaure comprit qu'il fallait préférer, à tous les autres modes de concours, la garantie d'intérêt. C'était le seul moyen de secourir les sociétés privées sans leur enlever leur énergie. On rassurait les capitaux et on maintenait en haleine les compagnies en leur assurant le profit des bénéfices futurs. Il soutint vivement ce système appuyé par M. Vivien, mais sur ce point la commission ne partagea pas ses vues et il ne put obtenir que la majorité lui donnât la préférence sur toutes les autres formes du concours de l'État. L'avenir devait singulièrement justifier ses prévisions.

Une question urgente dont le ministre des travaux publics pressait la solution, prit bientôt le premier rang dans les débats de la commission. M. Dufaure avait signalé les réformes à apporter à la loi d'expropriation ; depuis longtemps il en avait conçu la pensée. Sur le rapport fort étendu de M. Vivien, et après une discussion qui occupa plusieurs séances (du 20 novembre au 24 décembre 1839), la commission décida que les délais seraient abrégés et les formalités simplifiées, sans que les garanties accordées à la propriété fussent affaiblies[1]. Tout en respectant le jury dont le législateur de 1833 avait eu l'honneur d'établir la compétence en matière d'expropriation, elle en limita l'omnipotence en interdisant de donner aux propriétaires des indemnités supérieures à leur demande. En un mot, elle pénétra dans le mécanisme de la loi pour en corriger toutes les imperfections, sans en changer l'économie et en ayant soin d'en maintenir l'ordre général. De toutes les innovations, la plus importante était la création de moyens spéciaux pour permettre à l'État, en consignant le prix attribué au propriétaire, de se mettre en cas d'urgence en possession provisoire.

Ce fut à la Chambre des pairs que M. Dufaure présenta la loi. Malgré l'étendue du projet, il n'avait pas la prétention de faire sur cette matière une législation nouvelle. La loi de 1833 avait servi de

---

1. Deux ans auparavant M. Dufaure, rapporteur d'une pétition, soutint que la loi d'expropriation devait être revisée (voy. séance du 1ᵉʳ juillet 1837).

base, tous les articles dont l'expérience avait démontré la sagesse furent reproduits textuellement. A vrai dire, c'était une édition revisée de la législation pratiquée depuis six ans. M. Dufaure tenait pour indispensables ces revisions inspirées par l'expérience et qui loin d'ébranler l'autorité des lois, servent à la consolider.

Il avait été frappé de ce que valaient en Angleterre ces lois d'amendement qui redressent les pratiques tout en maintenant les principes. Son goût de progrès y rencontrait autant de satisfaction que de sécurité et la Chambre des pairs, à laquelle il avait eu soin de confier le premier examen du projet, était bien faite pour accueillir avec faveur et pour étudier avec autorité un tel genre de réformes.

M. Dufaure ne bornait pas ses études à cette œuvre considérable des chemins de fer et du développement de nos ports de commerce : dans la session de 1839, il avait présenté plusieurs projets relatifs aux routes royales et en avait soutenu la discussion pied à pied avec une connaissance des détails qui rendait sa compétence indiscutable.

On s'est étonné plus d'une fois en France de voir des ministères spéciaux pourvus de titulaires dont les services jusque-là tout politiques ne promettaient aucune science des questions techniques et par conséquent aucune influence efficace sur les discussions. Les adversaires du régime parlementaire ont fait grand bruit de cette critique, mais nul n'a adressé ce reproche à celui qui dirigeait au commencement de l'année 1840 le département des travaux publics, tant étaient incontestées l'autorité de ses connaissances, la valeur des discours spéciaux qu'il avait prononcés depuis 1835 et la ténacité laborieuse avec laquelle il préparait les affaires soumises au parlement.

Pendant l'automne de 1839, le ministre des travaux publics ne se borna pas à élaborer les projets qui devaient imprimer une si heureuse impulsion à l'activité nationale; il suivait personnellement les grandes entreprises qui se rattachaient à son ministère. Non seulement il posait la première pierre de l'hospice des Jeunes-Aveugles, achevait la colonne de Juillet, surveillait l'extension de l'hôtel des Sourds-Muets, la construction de l'Asile des aliénés, mais il inspectait lui-même les progrès des grands travaux qu'il avait défendus à la Chambre; une semaine ne se passait pas sans qu'il se rendît sur l'un des chantiers ouverts à Ivry, aux Batignolles et à Asnières, afin d'encourager par sa présence les ingénieurs et de presser l'achèvement des voies de communication qui préparaient selon lui toute une révolution économique.

Ces entreprises, qui satisfaisaient à la fois son amour du bien et l'inclination qu'il avait pour les créations nouvelles, n'absorbaient pas à ce point son esprit qu'il ne fût très mêlé à la politique active du cabinet. Le sentiment de la solidarité ministérielle était trop développé à cette époque pour que les ministres fussent tentés de s'isoler et de s'abstraire dans leur spécialité. Plus d'une fois, il eut à défendre ou à engager la politique du ministère. Il intervint dans les affaires d'Algérie pour déclarer que le drapeau français n'abandonnerait pas la Régence, multiplia les projets relatifs à nos possessions africaines, et ne se montra satisfait que lorsqu'il eut fait voter, au milieu de l'hésitation de ses amis surpris de sa témérité, un amendement au projet d'adresse portant que la France voulait conserver ses établissements « sur une terre que sa domination ne quittera plus [1] ».

Sans pousser le gouvernement dans les voies de

---

1. Discours du 15 janvier 1840.

la politique belliqueuse que lui conseillait la gauche, M. Dufaure ne voulait pas que la volonté de maintenir la paix en Europe semblât un mot d'ordre imposé aux ministres par une volonté supérieure. Il était prêt à reconnaître l'heureuse influence exercée par l'esprit si ferme et si éclairé du roi, mais il redoutait par-dessus tout que le cabinet parût privé de cette indépendance qui, à son gré, pouvait seule inspirer le respect. Son langage sur les affaires d'Espagne[1], sur les circonstances dans lesquelles l'ébranlement du trône constitutionnel et l'appel pressant de la reine Isabelle pouvaient déterminer une intervention est net sans cesser d'être politique, et fier sans l'ombre d'une provocation.

La politique intérieure le trouvait non moins résolu. Entré dans le cabinet comme représentant du centre gauche, il y tenait, par l'autorité de sa parole toujours prête, une grande place. Les membres de la gauche groupés soit autour de M. Thiers, soit autour de M. Barrot, avaient vu, non sans déplaisir, leurs chefs exclus de la combinaison. Ils observaient ceux qui semblaient avoir usurpé leur rôle et ne cher-

---

1. Discours du 22 juin 1839.

chaient pas à rendre facile la tâche du ministère. M. Dufaure ne s'en alarmait pas. Il ne méprisait pas les petites passions par morgue; il les négligeait par une disposition de sa nature, s'en apercevait à peine et n'aimait pas qu'on les lui fît voir. Aussi n'essayait-il jamais de ramener un homme aigri en exerçant sur lui une action personnelle et directe. Il n'avait de goût pour agir et gouverner que du haut de la tribune.

« Ce n'est ni par des sacrifices d'opinion, dit-il un jour, ni par la corruption qu'on peut bien gouverner; c'est par la sincérité, par la loyauté, par le religieux dévouement à ses opinions qu'on peut obtenir la considération et la force morale dont il est nécessaire d'être revêtu quand on a l'honneur d'être dépositaire du pouvoir [1]. »

Il avait une très haute idée du rôle qu'assumaient les ministres entre la royauté et les Chambres. A ses yeux, la fiction constitutionnelle de l'irresponsabilité royale devait être absolue, et il dépendait entièrement des ministres qu'elle fût une réalité.

1. Discours du 9 janvier 1840.

« Nous nous sommes dit, déclarait-il au nom du ministère, que les moyens d'éteindre les passions qui menaçaient la personne du roi, de les étouffer, de les prévenir dans l'intérêt de la Constitution autant que de la royauté, c'était d'attirer sur nous tous les dangers qui pouvaient résulter de la responsabilité des affaires que nous allions entreprendre ; nous avons pensé que notre premier devoir était d'être parlementaires, non pas pour contrarier la couronne, mais pour la mettre à l'abri, pour la sauver, et, quoi qu'il arrive, monter à la tribune et déclarer du fond de notre conscience, en toute sincérité, que ce qui se fait émane de notre volonté et nous appartient[1]. »

Vis-à-vis du roi, M. Dufaure se montrait non moins jaloux de son indépendance qu'à l'égard de la Chambre. Il ne tolérait pas que le caractère de ses relations toutes politiques avec les Tuileries fût l'objet d'une équivoque. Depuis son arrivée à Paris, il n'avait paru chez le roi que dans les réunions officielles, non qu'il s'abstînt par un sentiment d'opposition — il aimait trop la Charte pour ne pas respecter le premier des pouvoirs qu'elle avait institués — mais son austérité était ombrageuse ; elle s'alarmait de

---

1. Discours du 28 mai 1839.

tout ce qui ressemblait à une faveur et risquait de confondre un visiteur avec un courtisan. Le ministère modifia les habitudes, sans affaiblir les répugnances de M. Dufaure. Lorsque le roi se rendit à Eu, il pressa son ministre de l'y accompagner; celui-ci résista pendant huit jours, puis il céda. On raconte qu'en partant de Paris, il ne voulut pas monter dans l'une des berlines royales et qu'il fit le voyage dans sa propre voiture. Ce trait de caractère ne blessa que les écuyers de service, mais n'enleva rien à l'estime du roi. Il lui répugnait d'attirer l'attention, il se montrait simple dans ses actes comme dans sa tenue. Sa sincérité, dénuée de tout apprêt, désarmait les critiques et personne ne songea à attribuer ce fait à la recherche malsaine d'une popularité qu'il ne poursuivait pas.

Représentant la gauche du cabinet, il tenait pour son devoir le plus étroit et en quelque sorte pour sa mission spéciale de faire tête aux attaques dirigées par les groupes les plus avancés contre le ministère. M. d'Alton-Shée s'attira un jour à la Chambre des pairs une riposte d'une rare vigueur :

« Vous êtes un ministère de dévouement, nous dit-on. La patrie était en péril, on vous a appelés, vous avez bien voulu accepter le pouvoir. Ministres de dévouement, vous n'êtes point des ministres parlementaires. — Qu'entends-je, messieurs? Quelle singulière idée entendez-vous donner d'un ministère parlementaire? Comment, l'émeute gronde dans nos rues, le 12 mai, elle doit recommencer le lendemain ; la nuit même, la royauté nous appelle, nous demande de l'aider à rétablir la paix publique ; nous acceptons, nous aurions considéré comme une lâcheté de ne pas accepter, et on vient dire que nous ne sommes pas parlementaires ! — Messieurs, nous vous avons tous vus le lendemain aux Tuileries, assurant le roi de votre adhésion dévouée, au milieu des dangers que courait le pays.

» Enfin, vous dites que nous sommes insuffisants à couvrir la couronne. Mais en quoi ? déclarez-le. Je vous somme de monter à la tribune pour le dire. Pourquoi sommes-nous insuffisants? En quoi avons-nous décliné la responsabilité qu'en toutes occasions nous devons prendre? Nous avons dit l'année dernière à l'autre Chambre, et nous répétons ici, que notre premier devoir après les attaques violentes dont la couronne avait été l'objet, était d'être des ministres sérieusement responsables, d'attirer à nous toute la responsabilité, toutes les conséquences que pourrait avoir la situation du pays. Ce principe de notre administration que nous avons posé comme notre programme, lorsque nous nous sommes présentés pour la première fois devant les Chambres, nous ne l'avons jamais méconnu ; tout ce qui a été fait depuis huit mois dans le gouvernement, le ministère en prend la responsabilité : tout a été fait de sa volonté ; toute action est émanée de lui ; c'est lui qui doit en avoir la responsabilité : il entend couvrir la couronne. On dit qu'il est transparent. En quoi ? recherchez dans tout ce qui s'est fait depuis huit mois, signalez ce que le ministère n'a pas voulu. Montrez le jour où le ministère a faibli, où il a cédé à une autre volonté contre ses convictions. Je vous somme de le dire, car, depuis huit mois, nous avons été des ministres responsables, c'est-à-dire des ministres dont le premier devoir était de couvrir l'inviolabilité de la royauté [1]. »

Par un contraste singulier et qui mérite d'être relevé, ce ministère composé d'hommes politiques si éloignés de toute complaisance envers la couronne devait être renversé pour avoir présenté un projet où l'on crut voir le désir d'être agréable à la cour. Nul n'ignore aujourd'hui l'emploi de la liste civile. Le temps a emporté les calomnies, et les pamphlets de M. de Cormenin n'ont plus d'écho. Les satisfactions patriotiques que donnait au roi la création du musée de Versailles charmaient ses heures de repos et le grevaient de telle sorte qu'il avait grand'-

---

1. Discours du 6 janvier 1840, (*Moniteur*, p. 29).

peine à fournir aux dots des princesses. Le mariage prochain du duc de Nemours réveilla les inquiétudes paternelles. Le maréchal Soult proposa au conseil de soumettre aux Chambres un projet d'apanage en faveur du prince. MM. Duchâtel, Passy et Dufaure luttèrent longtemps et se soumirent des derniers.

Les conseillers les plus éclairés de la monarchie de Juillet redoutaient l'effet d'une telle demande. Un projet semblable déposé par d'imprudents amis avait été retiré en 1837 par des ministres clairvoyants. Le cabinet du 12 mai se crut assez fort de son indépendance reconnue pour faire passer une loi équitable en elle-même et qui eût dû être votée, si la France avait eu pour la royauté cet attachement héréditaire qui fait, dans une contrée voisine, la force de la monarchie. Malheureusement, le pays ne comprenait pas les conditions de la royauté; il se plaisait à refuser aux princes des apanages, comme il voulait une pairie sans lui accorder l'hérédité. En ne discernant pas ces contradictions, le ministère alla au-devant d'un échec. De crainte de compromettre la personne royale, les partis convinrent de voter sans débat. Le ministère ne vit pas le péril de cette conspiration du silence, et quand une majorité de vingt-six voix eut rejeté le projet, il ne lui resta qu'à donner sur-le-champ sa démission afin de couvrir autant que possible la couronne en prenant pour lui tout l'échec.

X

TRAVAUX PARLEMENTAIRES.

1840-1847.

M. Dufaure revenait à son banc de député l'esprit libre et la conscience très nette. Il avait hâte de suivre et de contribuer à mener à bien les travaux qu'il avait entrepris comme ministre. Ce fut la tâche à laquelle il se dévoua, devenant presque aussitôt rapporteur des lois qu'il avait présentées, et ne prenant aucune part aux débats politiques. Plus que jamais il s'affranchissait des coteries.

Dans une discussion sur la question d'Orient, il venait de juger tour à tour la politique suivie par

M. Thiers, celle adoptée par M. Barrot ou défendue par M. Guizot, lorsque, élevant la voix :

« Je n'appartiens, quant à moi, dit-il, à aucune des politiques qui croient se distinguer dans ce débat. Je ne connais aucun parti dans la Chambre qui puisse m'imposer son opinion : je dis franchement ce que je crois vrai et national. »

Ce jour-là, M. Dufaure proclamait son isolement : il relâchait certains liens, il en rompait d'autres et se déclarait affranchi de tout joug. Pour qui agit de la sorte, toute ambition est abandonnée, ou du moins de longtemps ajournée. Il y a des âmes qui se plaisent à ces sacrifices. M. Dufaure avait vu de près les jeux changeants de la scène politique; il avait conquis l'influence, exercé le pouvoir, puis l'avait quitté sans regrets. Il n'était ni découragé, ni dégoûté de la lutte, mais il confondait aisément les combinaisons et les intrigues et il mettait une joie secrète à dérouter les unes et les autres par sa rude franchise.

L'année 1841 s'ouvrit par le mémorable débat sur les fortifications de Paris. Ce ne fut pas, à vraiment parler, l'œuvre d'un ministère ou d'un parti politique. Conçu sous l'inspiration du roi, le projet présenté par le maréchal Soult et défendu par M. Guizot eut pour rapporteur M. Thiers, qui parut oublier qu'il était tombé du pouvoir et qui l'y avait remplacé. M. Dufaure ne faillit pas à ce rendez-vous du patriotisme.

Aussitôt après M. Odilon Barrot, qui avait attaqué le projet, il prit la parole. Il croyait que Paris devait être fortifié, que cela importait à la France tout entière, mais il se contentait des forts détachés et pensait que l'enceinte continue était inutile.

Son discours ne porta pas sur les détails du projet de loi. M. Dufaure s'éleva surtout contre ceux qui opposaient la liberté à l'indépendance nationale, qui en faisaient deux forces contraires, deux besoins opposés auxquels, suivant les temps et tour à tour, il était bon d'accorder la préférence.

« J'ai entendu, dit-il, répéter de différents côtés dans cette discussion : Avant la liberté, l'indépendance nationale; quand celle-ci le réclame, demandez pour elle des sacrifices à la liberté ; ne les refusez pas.

» Messieurs, c'est un mot important parce que ces maximes, jetées en apparence sans motif et sans but, peuvent, souvent répétées, altérer peu à peu les principes de notre gouvernement représentatif.

» Je suis fâché de me rappeler de fâcheux souvenirs. Mais quand je recherche quelles étaient les paroles de Bonaparte, annonçant le 18 brumaire, et, plus tard, l'Empire, c'était toujours au nom de l'indépendance nationale qu'il demandait des sacrifices à la liberté. (*Sensation.*)

» Je ne veux pas laisser ce prétexte à ceux qui voudraient trouver plus tard dans nos discussions des armes fatales pour arriver à un but, sinon pareil, du moins analogue. Je veux dire ma pensée à cet égard.

» L'indépendance nationale, je me flatte d'y tenir autant qu'aucun de vous. L'indépendance, c'est l'existence nationale ; quand l'étranger devient notre maître, je trouve bien encore un sol sous nos pieds, des individus épars, isolés, sans relations, sans lien politique; mais la nation, je ne la trouve plus; l'indépendance, c'est, je le répète, l'existence nationale. (*Mouvement.*)

» Et cette idée, au nom du ciel, ne faisons pas croire qu'elle existe en France, seulement parmi quelques esprits distingués, parmi quelques hommes d'élite. Non! j'ai besoin de le dire, elle est partout. Je suis heureux de rendre ici un hommage public à l'entrain, à la vigueur des paysans saintongeais lors de l'appel des classes de 1837 et de 1838.

» Je le dis avec dessein, ce n'est pas un sentiment

d'élite, c'est un sentiment tout national, écrit dans le cœur de tous les Français qu'on retrouve partout, ici et au dehors. Mais à côté de ce grand et noble sentiment, il y en a un autre que nos cinquante années de révolution ont imprimé dans nos esprits, qui s'y est ancré par les obstacles qu'on a voulu lui opposer, et aussi par les moments de triomphe qu'il a obtenus, c'est l'amour de la liberté ! Il est également indestructible.

» L'indépendance nationale et la liberté sont deux saintes et grandes choses qui méritent nos respects, que nous ne devons jamais songer à sacrifier et que nos paroles à cette tribune ne doivent jamais profaner. (Sensation.)

» J'ajoute que ces deux sentiments se fortifient mutuellement ; ils sont nécessaires l'un à l'autre ; ils sont inséparables : sans indépendance nationale, vous n'aurez pas de liberté ; car je n'appelle pas liberté un repos qu'un maître me laisserait. Sans liberté, craignez pour votre indépendance nationale ; elle sera bien menacée le jour où, après avoir, peu à peu, sacrifié les droits des citoyens, après leur avoir enlevé les droits de la liberté au nom de l'indépendance nationale, vous n'aurez plus à opposer à vos ennemis que des esclaves au lieu de citoyens libres[1]. »
(Très bien ! très bien !)

M. Dufaure avait pu critiquer les détails du projet relatif aux fortifications de Paris, mais il n'entendait

---

1. Discours du 28 janvier 1841 (*Moniteur*, p. 227).

point être confondu avec les adversaires du cabinet. Ce qu'il méprisait le plus après l'attachement au pouvoir, c'était la rancune ou la mauvaise humeur chez ceux qui en étaient sortis. Il tenait à conserver, vis-à-vis de ses successeurs, la liberté de son jugement, et à ne le subordonner ni aux calculs de l'intérêt personnel, ni aux injonctions d'un parti dont les mots d'ordre auraient dû être subis sans contrôle.

M. Dufaure, qui avait trop d'intelligence pour n'être pas un libéral sincère, avait trop d'ordre et de méthode dans l'esprit pour ne pas apprécier le ministère du 29 octobre. Il lui en donna une preuve manifeste lors de la discussion des fonds secrets.

A ses yeux, il y avait quatre questions qui lui semblaient d'un intérêt capital : rentrer dans le concert européen, réorganiser nos forces militaires, transformer notre marine et s'occuper de nos finances. A ces questions, il était disposé à tout subordonner. Il croyait les ministres prêts à les étudier et à les résoudre. Il votait donc pour le cabinet en expliquant toute sa pensée.

« Je me demande, dit-il, quelle est notre situation politique. Je conçois qu'il y ait des esprits plus impatients que le mien qui veuillent voir réaliser immédiatement toutes les améliorations qu'ils croient désirables ; j'excuse cette impatience, mais je demande qu'on me permette de parler suivant ma nature, suivant ma conviction, d'après le degré d'importance que j'accorde aux questions, suivant ce que je crois utile à mon pays, la seule règle des opinions que je soutiens et des votes que j'émets [1]. »

Cet acte marquait l'entière indépendance que M. Dufaure entendait garder et que dès lors nous allons lui voir mettre tous ses soins à conserver. En échappant à la tyrannie des partis, il se plaçait dans une situation difficile, acceptait et consacrait son propre isolement. Il ne pouvait se faire désormais pardonner qu'en s'écartant de la politique pour revenir aux questions d'affaires dans lesquelles on sait déjà qu'il excellait.

Cependant il ne put résister à apporter son aide au cabinet, le jour où s'engagea un débat sur les affaires d'Algérie. Abandonnant ses amis qui critiquaient la conduite du gouvernement et le développement donné à la conquête, il déclara qu'il voterait

---

1. 27 février 1841 (*Moniteur*, p. 491).

avec le ministère et lui accorderait les subsides que lui refusait l'opposition [1].

Dans tout le reste de la session, il s'occupa presque exclusivement [2] des travaux publics.

Il avait déjà consacré plusieurs séances à défendre comme rapporteur la loi sur l'expropriation qui devait être si utile aux entreprises de l'État [3]. Il voulut faire davantage pour le département dont il avait été titulaire. Persuadé que la dotation de ce service était insuffisante, que la transformation des voies de communication devait attirer au plus haut degré l'attention des pouvoirs publics, il poursuivit avec une grande persistance l'extension de ce budget. Aussi, lorsque le cabinet présenta une loi relative aux travaux extraordinaires, M. Dufaure fut-il nommé rapporteur. Son rapport fut énergique et son langage plus décisif encore. Après avoir rappelé la création des ressources spéciales auxquelles la loi Duchâtel avait donné naissance en 1837, le rapporteur expliqua l'économie du projet et convia la Chambre à

---

1. 15 avril 1841 (*Moniteur*, p. 998).
2. Il n'y eut d'autre exception que le rapport sur les sucres, 15 mai 1841 (*Moniteur*, p. 1379).
3. Séances des 4 janvier, 1er, 2, 3, 4, 5 et 9 mars 1841.

se mettre au-dessus des partis pour en assurer le succès. En réalité, il s'agissait d'une entreprise d'une rare hardiesse : emprunter 450 millions, combler les découverts et appliquer aux travaux publics ce qui demeurerait liquide, telle était l'opération qui glaçait d'effroi les esprits timides. Il fallut, pour enlever le vote, l'autorité de M. Duchâtel qui soutint la discussion et le langage élevé de M. Dufaure, conjurant la Chambre de se dégager de toutes les misérables querelles et de tous les préjugés de partis [1].

Sous le langage de l'orateur, derrière les réticences de sa pensée, il est aisé de deviner qu'à cette époque de sa vie M. Dufaure se sentait triste.

Malgré son activité laborieuse et les succès qu'il avait remportés à la tribune, M. Dufaure n'avait pas trouvé dans la vie parlementaire tout ce qu'il avait rêvé. Ses lettres peignent plus d'une fois son découragement : la Chambre n'est pas en nombre ou est inattentive aux discussions sérieuses; à part une élite, ses membres ignorent la plupart des questions; les querelles personnelles, les luttes de partis, les espérances d'ambition parviennent seules à la réveil-

---

1. 18 mai 1841 (*Moniteur*, p. 1391).

ler de sa torpeur. Ni l'influence croissante de l'orateur, ni les travaux féconds d'un ministère de dix mois n'avaient pu effacer cette impression que laisse après elle une grande déception. Il cherchait à secouer cette mélancolie en multipliant ses travaux; mais il n'arrivait qu'à surcharger une existence triste et solitaire que l'excès du labeur rendait fiévreuse.

C'est vers cette époque que la Providence lui envoya ce qui fit le charme et l'équilibre de sa vie. En s'unissant à la fille du célèbre orientaliste Jaubert, M. Dufaure rencontrait un esprit d'élite qui semblait fait pour le comprendre et l'aimer. Habituée à l'activité et au mouvement de l'esprit, mademoiselle Jaubert avait un goût inné pour les travaux de l'intelligence et la passion du dévouement. Elle était de ces natures supérieures qui savent remplir la vie de ceux qui les entourent, sans les absorber ni les détourner un seul jour des travaux féconds. Au contact de cette âme dont l'élévation devait se révéler avec les épreuves de la vie, le découragement, la fatigue morale, le dégoût de la lutte, disparurent. M. Dufaure trouvait en même temps une famille dans laquelle allait se confondre son existence. Ceux qui ont connu M. Jaubert en ont gardé un souvenir que le temps n'a pas effacé. Il avait été témoin d'événements qu'il racontait avec un charme incomparable. L'expédition d'Égypte, la mission que lui avait donnée Bonaparte alors qu'il rêvait les conquêtes d'Alexandre, son séjour en Perse, ses souvenirs de voyage mêlés aux légendes d'Orient étaient bien faits pour exciter l'imagination de ceux qui aimaient les projets. M. Dufaure, qui avait passé sa vie à faire des plans de voyages sans jamais sortir de France, ne se lassait pas d'interroger son beau-père. Son esprit curieux trouvait une satisfaction profonde à écouter les longs récits d'un homme qui avait autant d'ardeur d'enthousiasme que de goût pour le devoir. C'est sous de tels auspices que s'ouvrirent pour lui les joies d'un intérieur de famille qu'il était fait pour aimer, qui devint le fond même de sa vie, le refuge et le repos de sa pensée, et dont les plus cruelles séparations ne lui ont jamais enlevé l'image.

L'heureuse intimité du foyer ne détend que les relations factices et resserre au contraire les attachements solides. Dans les années qui suivirent, la sympathie qu'il avait ressentie pour quelques-uns de ses collègues se changea en une véritable amitié. Là où il voyait de fortes convictions, où il trouvait la fermeté de l'esprit et l'indépendance du caractère, il se sentait invinciblement attiré. A son plus ancien ami, M. Vivien, à M. Hippolyte Passy, avec lequel il marchait en plein accord, s'étaient joints quelques autres députés. Ils n'étaient pas assez nombreux pour former un parti, mais ils suppléaient au nombre par la valeur, philosophes politiques ne poursuivant pas d'utopies, redoutant également de paraître les courtisans du roi ou du peuple, jugeant sévèrement le ministère et la gauche, et regardant les événements de haut et de loin, en discernant les fautes avec une clarté pour ainsi dire prophétique. Ils avaient grand besoin de trouver un refuge dans leur mutuelle estime, car la Chambre se partageait de plus en plus en deux camps qui brûlaient chaque jour d'en venir aux mains.

C'est le malheur des luttes qui divisent les hommes de tendre toujours à la formation d'armées adverses et irréconciliables. La discipline des partis est le plus impitoyable des jougs. A certaines heures, tout homme qui veut y échapper pour conserver la liberté de son jugement et de son vote, risque d'être appelé transfuge. Il y a des esprits d'une trempe particulière qui n'ont jamais pu se plier, ni dans le gouvernement, ni dans l'opposition, à cette règle toute militaire, qui ont mis leur honneur à n'aliéner à aucun prix et en aucun cas la pleine indépendance de leur volonté.

Ne suivant ni M. Guizot, ni M. Thiers, ni M. Barrot, M. Dufaure et ses amis n'étaient aimés d'aucun des groupes de la Chambre. On les redoutait moins pour l'appoint de leurs votes que pour l'influence toujours considérable de leur parole. Il n'y avait chez eux ni dédain du pouvoir, ni dépit d'en être éloignés; ils croyaient sincèrement que le gouvernement marchait dans une voie funeste qui devait précipiter sa chute. Cette conviction était chez quelques-uns assez ancienne. M. Dufaure, qui avait soutenu pendant deux ans le cabinet du 29 octobre, s'éloignant de ses amis et sacrifiant ses préférences personnelles au rétablissement du concert européen et à la reconstitution de nos forces nationales, pensait qu'il était temps de songer aux inquiétudes croissantes de l'opinion publique. Il lui semblait que la plupart des députés concentraient leur attention sur le groupe infiniment restreint de leurs électeurs, que l'aspect des intérêts généraux échappait souvent à leurs regards en quelque sorte bornés par les limites du

10

pays légal. Pendant l'automne de 1841, il étudia particulièrement la réforme électorale.

Il voyait poindre entre les deux cent vingt mille électeurs qui composaient le pays légal et les influences de toutes sortes qu'excluait la loi électorale, ce terrible malentendu qui devait aboutir à une catastrophe. C'est à éviter de tels chocs que servent, sous une constitution parlementaire, les ministères *whigs* qui prennent à temps les affaires, quand le pays est fatigué du bon sens un peu prosaïque des *tories*. Pour favoriser ces relais salutaires, il fallait sortir de la réserve où l'on s'était maintenu.

Lorsque M. Dufaure revint à Paris à la fin de l'année 1841, il trouva ses amis non moins résolus que lui. Il se décida à prendre part au débat qui allait s'ouvrir.

M. Ducos avait proposé que la qualité d'électeur fût conférée à tous ceux qui faisaient partie de la seconde liste du jury. Ce qu'on demandait était précis : l'adjonction des capacités fut débattue de part et d'autre avec élévation et autorité. Les tendances des électeurs qu'il s'agissait d'ajouter avaient été soumises à une expérience décisive dans les collèges départementaux où déjà ils participaient à l'élection des conseils généraux. C'était donc une réforme graduelle, mesurée, et dont les résultats n'avaient rien d'obscur.

En la soutenant à la tribune, M. Dufaure déclara que sa conviction était ancienne, mais que, jusque-là, il avait cru préférable d'ajourner la modification de la loi électorale. Après dix ans de fidélité à la loi de 1831, l'heure lui semblait venue d'accomplir un nouveau pas dans une route que la Charte de 1830, dans sa sagesse, avait laissée ouverte aux progrès de la loi, comme aux espérances du pays. Il n'attaquait pas en lui-même le cens, mais il montrait l'insuffisance d'une mesure uniforme s'attachant à la fortune comme à l'unique garantie politique. Il passait en revue les catégories omises, montrait les officiers en retraite ayant consacré toute leur vie au service de l'État et n'ayant pas eu le temps de songer à amasser quelque bien.

« Ils ont reçu, disait-il, au milieu de leur carrière, cette éducation du caractère, si virile, si énergique, que fortifie le dévouement de tous les jours aux intérêts du pays; eh bien! les voilà rendus au repos et vivant de la retraite nécessaire que l'État leur assure. Je vous le demande, présentent-ils des garanties d'intelligence et d'indépendance égales à celles que présentent les censitaires à 200 francs négociants ou propriétaires?

» Voici le magistrat voué à cette carrière généreuse et digne, dont la noblesse consiste surtout, avant tout, à bannir de son esprit toute idée de spéculation privée, le magistrat à qui, par les traditions de notre magistrature et par les lois mêmes, sont interdites — et c'est ce qui a élevé la magistrature française si haut dans la considération des peuples — à qui sont interdites toutes préoccupations trop vives de fortune, à qui cela est défendu; voilà ce magistrat, honoré, considéré, qui ne s'est pas borné aux études de sa jeunesse, mais qui les continue toute sa vie, tous les jours, je vous le demande, vous offre-t-il, sans fortune, toutes les garanties que vous trouvez dans un propriétaire payant 200 francs de contributions? — Voici les membres de l'Institut, les membres des sociétés savantes, les docteurs de toutes les facultés, les voici élevés avec soin par les attentions d'un gouvernement qui plus que jamais cherche à élever l'instruction en France; les voilà après de longues études, après des épreuves successives, représentants de tout ce qu'il y a d'éminent dans les lettres, dans les sciences. Je vous le demande, mettez-les en regard du censitaire propriétaire ou négociant, payant 200 francs. Je ne les mets pas au-dessus, il n'est pas dans mon intention d'abaisser personne; mais je vous demande s'ils ne présentent pas les mêmes garanties d'indépendance et de lumières. »

Ce que craignait la majorité, c'était de mettre en péril l'ordre public. M. Dufaure passa en revue les diverses catégories d'électeurs en réfutant, pour chacune d'elles, l'objection qui semblait décisive. L'orateur ne pouvait admettre que la fortune dût être la condition unique de tous les honneurs, de toutes les charges dans le pays.

« Perdez de vue Paris pour un moment, disait-il, et entrez dans nos arrondissements ruraux ; vous y verrez à côté du petit propriétaire, du négociant patenté, le magistrat, le notaire, l'officier en retraite qui ne payent pas la même contribution, mais qui ont une intelligence plus développée, qui jouissent incontestablement d'une situation plus élevée, plus répandue ; eh bien ! ils sont exclus du collège. Pourquoi exclus? Parce qu'ils ne payent pas 200 francs de contributions. Mais le droit d'électeur est donc uniquement attribué à la fortune ; c'est donc uniquement en considération du droit de propriété que vous accordez le droit d'élire? C'est donc une classe à part que vous voulez faire des propriétaires? Ce n'est donc pas au plus capable que vous attribuez le droit électoral, ni à qui peut le remplir que vous imposez ce devoir?

» Je respecte autant que personne le principe sacré et puissant de la propriété, mais ne l'élevons pas au-dessus de tout, ne donnons pas lieu à l'opinion publique de s'élever contre lui, de s'inquiéter, et faisons en sorte qu'on soit bien convaincu que la loi électorale donne la faculté d'élire, non pas seulement à celui qui a le bonheur d'être propriétaire, mais à quiconque est capable de comprendre et de remplir ce devoir?

» On parlait tout à l'heure des enseignements que la proposition de M. Ducos pourrait donner au corps électoral. Elle apprendrait à tout le monde qu'il suffit de passer sur les bancs de l'école et d'y acquérir une éducation brillante et qu'au moyen de cela on obtiendra le titre d'électeur.

» Je n'y verrais peut-être pas un grave inconvénient, mais savez-vous l'enseignement contraire que donne votre loi? C'est que pour parvenir aux honneurs dans le pays, il faut devenir riche.

» Votre système électoral actuel pousse donc tout le monde à chercher la fortune? Et quand on se met à la recherche de la fortune, quand c'est uniquement à la condition de la fortune que le droit électoral s'acquiert, savez-vous si cette ambition que vous jetez dans toutes les âmes sera bien réglée, si elle ne s'appuiera pas sur de mauvais moyens?

» Messieurs, j'admire votre sécurité, si vous croyez qu'en disant à tous les citoyens que, pourvu qu'ils deviennent riches, ils auront les honneurs du droit électoral, ce sera toujours les plus légitimes moyens qu'ils emploieront pour y parvenir[1]. »

---

1. Disc. du 14 février 1842 (*Moniteur* du 15, p. 310).

Puis, avec une profondeur prophétique, M. Dufaure montrait à quelles conséquences pouvait mener le refus de toute réforme. Placer le pays entre des innovations ardentes et téméraires et l'immobilité systématique était la plus dangereuse politique. Tout autrement sages que leurs devanciers, les auteurs de la Charte de 1830 avaient voulu substituer aux conditions inflexibles posées par la Charte de 1814, la méthode des améliorations successives. Le régime électoral avait cessé de faire partie de la Constitution, et il était entré dans la loi afin de permettre au législateur de le modifier suivant les nécessités variables de chaque époque. Il s'agissait, non d'un changement radical, mais d'accomplir un des progrès que la loi elle-même avait prévus.

Le discours de M. Dufaure avait ému la Chambre, M. Guizot sentit le besoin de détruire l'impression qu'il avait produite, et, à la séance suivante, le ministre des affaires étrangères prit corps à corps chacun des arguments de l'orateur. La proposition fut rejetée, mais elle avait réuni cent quatre-vingt-treize voix sur quatre cent vingt-sept.

Quelle que fût sa conviction sur les questions politiques, l'ancien ministre des travaux publics avait hâte de revenir aux grandes études qui le préoccupaient constamment depuis cinq ans. Le cabinet avait saisi la Chambre d'un projet de loi sur les chemins de fer : il s'agissait de déterminer les grandes lignes, de fixer leur direction et leur mode d'exécution. La commission n'avait pas hésité à charger M. Dufaure du rapport[1]. Écrit dans un style précis, sans phrases, sans développements inutiles, ce document, l'un des plus considérables de ce temps, produisit sur les membres des deux Chambres une profonde impression. Presque tout le rapport semble au premier aspect consacré à la défense du tracé des grandes lignes; les considérations générales occupent à peine quelques paragraphes au début et un seul à la fin; cependant telle est l'habileté du rapporteur, que tout est disposé pour faire pénétrer la conviction dans l'esprit. Rappelant avec une juste fierté, que, depuis douze ans, le gouvernement de Juillet avait consacré au développement des voies de communication quatre cent cinquante-deux millions, il montrait la création de ce nouveau mode de trans-

1. Une note, au *Moniteur* du 22 mars 1842, annonçait sa nomination et, le 16 avril, le volumineux rapport qui ne contient pas moins de vingt-trois colonnes du *Moniteur*, était déposé sur le bureau de la Chambre.

port comme le couronnement d'une œuvre qui avait si largement contribué à la prospérité générale. Tout autre aurait fait le tableau de ce que promettaient les chemins de fer : la répugnance du rapporteur pour ce qui était banal, ne le lui permit pas.

« Vous nous dispenserez, Messieurs, écrit-il, d'insister sur l'utilité des chemins de fer, sur les merveilleux résultats qu'ils peuvent produire, sur les considérations de travail intérieur, d'activité commerciale, de richesse publique, de puissance et d'honneur national qui doivent nous engager à les entreprendre résolument ; tout ce que nous pourrions dire à cet égard est écrit dans vos délibérations des dernières sessions. Nous en appelons à vos souvenirs : ce que vous avez pensé, ce que vous avez dit, nous vous demandons de le pratiquer. »

Après ce début d'une éloquente sobriété, le rapporteur explique la nécessité d'un travail d'ensemble. En montrant les fautes commises dans les autres pays, les hésitations et les tâtonnements de la France depuis six ans, il établit que le réseau des chemins de fer doit être conçu et tracé d'un seul jet. Il expose le mode d'exécution qu'il avait défendu le premier en 1839, et auquel les meilleurs esprits s'étaient ralliés depuis. A l'État, incomberaient les risques si lourds et si incertains de l'expropriation, de la construction et des travaux d'art; aux compagnies appartiendrait la pose du ballast et des rails, opérations qui ne peuvent pas déjouer les calculs; ainsi, grâce à cette division, les capitalistes, délivrés des charges aléatoires, reprendraient confiance et le pays serait, en peu d'années, doté de lignes ferrées. Dix années devaient suffire à l'achèvement des grandes voies projetées; quatre cent soixante-quinze millions empruntés à la réserve de l'amortissement permettraient à l'État de construire les chemins de fer et d'en tirer parti, en les affermant, par la suite, à des compagnies concessionnaires.

Jamais rapporteur n'avait fait plus d'efforts pour élever le niveau des débats : on en jugera par les dernières lignes.

« La commission, disait-il, le déclare en finissant, elle a été fermement et constamment unanime pour désirer que le projet de loi ait un utile résultat, que toutes les opinions de détail, après avoir cherché à obtenir par la discussion un légitime triomphe, se soumettent au jugement souverain de la Chambre; que la création d'un réseau de chemin de fer soit considérée par nous tous comme une grande œuvre nationale; et qu'au moment où nous émettrons notre vote définitif sur la loi qui nous est présentée, chacun de nous s'éclaire aux idées générales et de bien public qui élèvent nos délibérations et les rendent fécondes, au lieu de céder à des passions de localité qui les abaisseraient et les rendraient stériles. »

La discussion fut fort longue, et le rapporteur dut se tenir à toute heure sur la brèche. Comme il l'avait prévu, il trouva en face de lui une coalition de petits intérêts, de jalousies mesquines soutenues par des esprits étroits et arriérés; il eut plaisir à mettre en déroute cette union de rencontre et lorsqu'il entra dans le détail des tracés, il soutint le projet avec une vigueur, une abondance de ressources, une connaissance de la topographie, des besoins et des courants commerciaux, qui étonna la Chambre et assura sur tous les points le succès de la commission.

Ce n'était pas sans une secrète satisfaction qu'une année plus tard, M. Dufaure invoquait le souvenir de ce grand débat. Pour la première fois, la loi avait créé un système général de constructions pour nos chemins de fer; pour la première fois, elle avait déterminé leur tracé général; pour la première fois, elle avait pénétré avec résolution dans une voie où l'honneur de notre pays lui commandait d'entrer. Après cinq ans d'hésitation, elle trouvait dans la division du travail, entre l'État et les compagnies, dans le partage de la « substructure » et de l'exploitation, le secret d'une transaction qui devait attirer les sociétés. Lorsqu'en juin 1843, M. Dufaure s'applaudissait de l'œuvre inaugurée par la loi du 11 juin 1842, des capitalistes s'étaient en effet présentés et avaient offert d'affermer les lignes en partie construites. Lors de la concession du chemin de fer d'Orléans à Tours, il fit voter le projet, et sa confiance était si profonde qu'il prévoyait le moment où les revenus dépasseraient 10 pour 100 du capital et qu'il réclamait, en ce cas, le partage des bénéfices au profit de l'État. Malgré les membres de la commission et le ministre des travaux publics qui souriaient de ses illusions, il obtint, à trente-deux voix de majorité, l'insertion de la clause [1].

La bataille était gagnée et l'année 1842 marquait dans le développement des chemins de fer une date décisive. Rapporteur dans les années suivantes de plusieurs lois de concession [2], M. Dufaure eut la légitime satisfaction de constater le plein succès du

1. Juillet 1842 (*Moniteur*, p. 1571).
2. Orléans à Bordeaux, 13, 18 juin 1844. Dijon à Mulhouse, 5 mai 1846. Lyon à Avignon, 24 mai, 8 juin 1847.

plan dont il avait contribué à tracer les premières lignes.

Il ne tenait pas seulement au succès de ses prévisions techniques, mais il cherchait à réprimer divers abus qui avaient accompagné l'établissement des chemins de fer. Un moment calmé, l'agiotage avait reparu ; M. Dufaure pensa qu'il appartenait au défenseur des compagnies de s'élever un des premiers contre le désordre de la spéculation et contre les cupidités qu'il excitait. Que les conseils d'administration fussent composés de gens expérimentés, il y tenait absolument, mais que les députés et les fonctionnaires se fissent un titre de leur qualité pour remplir les conseils, cela lui semblait un détestable abus. Il l'exprima en termes fort vifs :

« Que les députés, dit-il, administrateurs de chemins de fer, se consultent, qu'ils rentrent en eux-mêmes ? Lorsque la participation aux chemins de fer n'est pas une conséquence de leurs affaires ordinaires, de l'industrie qu'ils exerçaient lorsqu'ils ont été honorés du mandat de leurs concitoyens et à laquelle ils n'ont pas renoncé, lorsque cet honneur leur a été fait, lorsqu'ils sont sortis de rangs tout différents pour devenir tout d'un coup administrateurs de chemins de fer, je le répète, qu'ils rentrent en eux-mêmes et qu'ils se demandent si c'est là un acte que leur mandat législatif n'aurait pas dû leur interdire.[1] »

Pour les hauts fonctionnaires de l'État, l'orateur se montre encore plus sévère. Il ne peut admettre qu'un membre de la magistrature cumule ses fonctions judiciaires et la qualité d'administrateur.

« S'il est une chose, dit-il, que nous ayons apprise au sein du barreau, ce sont ces antiques traditions de la magistrature qui l'isolent, dans l'intérêt de la justice, de toutes les affaires industrielles de la société ! Pour remplir sa grande et sainte mission, la magistrature a besoin de deux choses : indépendance de travail et indépendance de fortune[2]. »

M. Dufaure avait acquis, en portant la robe, un trop grand respect de la justice pour n'avoir pas souci du rôle et de la dignité de ceux qui en sont les interprètes. Il ne manqua pas de profiter d'un projet de loi sur l'augmentation des sièges de magistrats pour faire connaître, en 1843, ses vues à ce sujet.

1. Juillet 1842, *Moniteur*, page 1571.
2. 26 janvier 1846, *Moniteur*, page 204.

« Pour maintenir la dignité de la magistrature, disait-il, il vaut mieux resserrer les rangs que les élargir et cela sous deux rapports. D'abord pour ne la peupler que de magistrats capables. En vérité, il semble qu'il suffise de créer des places de juge et qu'on est sûr de trouver qui les remplira. Le vrai juge est un personnage qui, de jour en jour, devient plus rare parmi nous. C'est celui qui connaît toutes nos lois, non seulement celles que vous faites chaque jour, mais celles de toutes les époques qui régissent encore notre société civile et celles qui les ont précédées et qui sont nécessaires pour les faire bien entendre et bien interpréter ; c'est un homme qui se pénètre et se nourrit de cette étude, qui en fait la seule occupation et la seule passion de sa vie. Ils deviennent chaque jour plus rares ces hommes, emportés que nous sommes par le mouvement politique, économique, industriel, commercial de notre temps[1]. »

Il laissait entrevoir qu'il serait nécessaire de réduire prochainement le nombre des magistrats et qu'auparavant il faudrait relever leur situation, en augmentant leurs traitements.

Le choix des fonctionnaires publics semblait à ses yeux l'une des questions les plus dignes de préoccuper l'homme d'État. Pour M. Dufaure et ses amis,

---

1. 3 avril 1843, *Moniteur*, p. 678.

qui attachaient tant de prix à la moralité parlementaire, il n'y avait pas de plus grave souci. Ils avaient vu se développer les abus que les sollicitations de cinq cents députés entraînaient à leur suite, l'influence de ceux-ci s'augmenter avec les changements de cabinets, et l'ambition des places s'accroître au grand dommage des fonctions et des caractères. D'année en année, le mal faisait des progrès : les digues qu'avait essayé d'élever l'honnêteté de certains ministres étaient enlevées ou menacées. La réforme que le duc de Broglie avait tentée en 1833, afin de soumettre à un examen les élèves consuls, était tombée en désuétude, et les garanties prises, en 1839, par M. Passy pour les percepteurs des contributions directes, étaient sans cesse attaquées par les sollicitations. M. Dufaure voulait non seulement les fortifier, mais les étendre aux autres branches du service public.

« Il est dans l'intérêt du pouvoir, dit-il en 1844, lors de la discussion de l'adresse, comme dans l'intérêt de toutes les parties de l'administration, qu'il y ait des règles d'admissibilité et des règles d'avancement. Je n'admets pas ce que j'ai entendu dire, qu'on affaiblirait ainsi le pouvoir. Je soutiens au contraire que cet arbitraire laissé entre ses mains est pour lui plus dangereux qu'utile et que lorsque le pouvoir, par des règles bien étudiées, bien mesurées, sagement établies, aura défendu les conditions d'admissibilité et d'avancement, dans presque toutes les parties de l'administration publique, il se sera donné une force, il aura créé pour son administration, une dignité, une moralité qui lui manque quelquefois.

» Qui y perdra quelque chose, messieurs ? Je le dirai très franchement et j'espère que la Chambre me le pardonnera. C'est nous qui perdrons le pouvoir fatal que nous avons d'influer irrégulièrement sur la distribution des emplois publics ; d'introduire tantôt dans les rangs inférieurs de l'administration quelqu'un qui ne remplit aucune condition de capacité, et tantôt même dans les rangs élevés quelqu'un qui vient enlever les droits du mérite et de l'ancienneté.

» C'est donc nous qui perdrons un peu de cette fâcheuse influence individuelle que nous pouvons avoir, mais, quant à la Chambre, soyez convaincus que sa considération n'aurait rien à perdre, si l'on n'entendait plus dire tous les jours que le découragement se glisse dans toutes les administrations publiques, parce que toutes les règles hiérarchiques cèdent devant l'influence parlementaire, et que l'avancement n'est pas accordé à la capacité, aux mérites, aux services rendus, mais à l'avantage trop fréquent de rencontrer un protecteur parmi nous[1]. »

1. Discours du 7 janvier 1844.

Ce langage qu'avaient rarement entendu les Chambres fit un grand effet. Tous les caractères indépendants y applaudirent. Parmi eux, quelques hommes firent de cette question l'objet d'une étude approfondie, et, dans le cours de la session, MM. Saint-Marc Girardin et d'Haussonville déposèrent une proposition embrassant l'ensemble de la réforme. La Commission chargée de l'étudier s'empressa de confier à M. Dufaure le soin de préparer le rapport. Nous trouvons dans ce document un rapprochement entre l'importance des fonctions publiques et la légèreté des choix, qui mérite d'être relu de nos jours.

« Les délégués du pouvoir exécutif, dit le rapporteur, ceux auxquels appartient plus spécialement le nom de fonctionnaires publics, ont sur la société une action considérable et de tous les instants. C'est par eux que le pouvoir dirige tout, surveille tout, protège tous les droits, touche à tous les intérêts. Ils sont, chacun dans la portion d'autorité qui lui est confiée, le pouvoir en action se manifestant au regard de chaque citoyen; intermédiaires obligés, le gouvernement ne connaît que par eux les besoins et les vœux de ses administrés; et combien d'administrés ne voient le gouvernement que dans le fonctionnaire qu'ils approchent de plus près ! »

Veut-on savoir le but que poursuivent les auteurs du projet et le rapporteur ?

« Il s'agit, continue-t-il, d'écarter de la carrière administrative cette foule de prétendants, qui, sans études préalables, sans ferme intention de se rendre utiles à leur pays, avides de l'aisance qu'un emploi public peut assurer et sans souci des devoirs qu'il impose, trouvent toujours, grâce à la molle facilité de nos mœurs, quelque protecteur puissant et dévoué pour les imposer à l'autorité supérieure et à l'État qui souffrira de leur incapacité. Les réformes que nous proposons donneront à l'aptitude et au travail une grande partie des chances qui appartiennent à l'audace et à l'intrigue. »

Après avoir tracé le tableau des administrations, d'où serait désormais bannie l'instabilité d'une ambition désordonnée, le rapporteur se demande s'il fonde sur les règles nouvelles des espérances chimériques.

« Nous pourrions le craindre, dit-il, si nous n'étions éclairés par l'expérience des grandes administrations civiles qui ont déjà fait parmi nous l'essai d'une organisation régulière. Pour n'en citer qu'un exemple, étudiez avec soin le corps des ponts et chaussées et des mines, vous y verrez que, grâce aux règles établies, la faveur n'y a presque aucune place, que le corps entier est composé d'hommes intelligents, actifs, dévoués au service de l'État, pleins d'émulation et patients dans leur ambition, parce qu'ils savent que la récompense de leurs travaux est assurée. Vous retrouveriez ces mêmes caractères, plus ou moins marqués, dans toutes nos administrations organisées suivant le plus ou moins de sévérité de leur organisation[1]. »

M. Dufaure n'hésitait donc pas sur le but à atteindre; mais il avait trop de clairvoyance pour ne pas reconnaître les difficultés pratiques. Comment soumettre à une règle commune des administrations qui imposent des devoirs différents et exigent les aptitudes les plus variées? Pour certaines branches, il faut la vive activité de la jeunesse; pour d'autres, le travail patient de l'âge mûr; ici, l'érudition, la connaissance profonde du passé; là, l'intelligence du présent. Pour quelques emplois, ce n'est pas trop de l'esprit le plus cultivé et le plus éminent; pour d'autres, le zèle et l'exactitude peuvent suffire. Une mesure uniforme était irréalisable. La Commission prit le parti d'énumérer les divers modes de garantie qui devaient être institués à l'entrée des carrières,

---

1. *Moniteur*, 1845 p. 195.

laissant au gouvernement le soin d'appliquer à chacune d'elles le genre d'épreuves qui conviendrait le mieux. En réalité, elle remettait au pouvoir l'exécution de la loi, au lieu de l'appliquer avec discernement et fermeté.

La discussion se poursuivit devant une Chambre mécontente qui voyait dans chacun des articles du projet un frein mis à l'abus des sollicitations et des influences. Le ministère, tout en approuvant le principe, le défendit mollement et les députés se laissant aller à leur secrète humeur rejetèrent à une voix de majorité l'ensemble de la loi[1].

Le projet qui venait ainsi de succomber avait un vice radical : il prétendait s'appliquer à toutes les fonctions publiques et, en fait, il n'en protégeait efficacement aucune. Pour défendre le pouvoir « contre les passions et les intérêts qui ont tant de moyens de lui faire subir leurs fatales exigences », il faut voter des lois spéciales qui constituent à l'entrée de chaque carrière des garanties solides. Plus la forme du gouvernement est démocratique, plus sont étendues les sphères sociales dans lesquelles l'ambition

---

[1]. 6 février 1845, *Moniteur*, p. 270.

bouillonne et plus est nécessaire l'établissement de barrières contre l'intrigue. Peu de jours après le rejet de la loi, M. Dufaure profita du projet sur l'organisation du Conseil d'État pour défendre le concours. Il s'agissait de développer le principe inscrit dans le décret organique de l'empire (1809). Plusieurs députés réclamaient le grade de docteur, et jugeaient suffisante la garantie de ce diplôme.

M. Dufaure soutint que les auditeurs devaient être soumis à un examen, qu'une commission devait être instituée, un programme rédigé et des précautions prises[1]. La Chambre vota cette sage mesure. Ce fut tout ce qui resta de la campagne entreprise pour régler la question de l'admissibilité dans les fonctions publiques.

La situation que M. Dufaure avait prise à la Chambre était considérable, son influence dans le département qui l'avait élu ne l'était pas moins. Il en eut coup sur coup la preuve en 1842. Réélu le 9 juillet, par le collège électoral de Saintes, avec un nombre de voix plus élevé que jamais, il fut porté, dès son retour à Paris, comme candidat à la présidence

---

1. 26 février 1845, *Moniteur*, p. 443.

par l'opposition, qui réunit sur son nom 184 voix contre 227. M. Sauzet fut nommé, mais la déception qu'en ressentirent les amis de M. Dufaure ne le fit pas dévier un instant de la ligne qu'il entendait suivre. Il eut occasion de témoigner bientôt de son indépendance.

La mort soudaine du duc d'Orléans n'avait pas été seulement un malheur pour la famille royale et un deuil pour la France : elle avait eu son contre-coup dans le sein des groupes politiques. Pendant qu'un élan de sympathie extérieure se produisait dans tous les partis à la vue de ces douleurs inconsolables, plus d'un libéral dont l'attachement avait reposé sur l'espoir lointain mais assuré d'un changement de système, sentit se relâcher ses liens envers la dynastie qu'avait fondée la Charte. Il fallait parer au plus vite à ces défaillances, en réglant la forme du pouvoir sous une minorité. Le roi et le ministère demandèrent que la Régence fût confiée au duc de Nemours. La gauche résolut de s'y opposer. M. Dufaure pensa, comme M. Thiers, qu'en présence des passions, des souvenirs et des préjugés de toutes sortes dont la France moderne traîne à sa suite le pesant héritage, il serait profondément impolitique de décerner la régence à une femme. En désignant l'aîné des princes majeurs, le projet de loi évitait toutes ces difficultés.

M. Dufaure s'y rallia ouvertement et ne crut pas devoir se borner à une adhésion silencieuse. A la campagne menée par les chefs de la gauche qui, impuissants à faire rejeter la loi, se bornaient à tenter de l'énerver en voulant limiter ses effets à la première transmission de la couronne, M. Dufaure répondit par un appel pressant à voter le projet de loi[1]. Il déclara que, forcé de prendre parti entre les défenseurs et les adversaires, il n'hésitait pas à se ranger parmi ceux qui « veulent concourir par leur vote à sauver la révolution de Juillet des périls d'une minorité, en fortifiant par avance le régent contre les inévitables difficultés de la situation[2] ».

La fin de l'année 1842 s'acheva et la session de 1843 s'ouvrit, sans que la situation de M. Dufaure à l'égard du cabinet se fût sensiblement modifiée. Appartenant à l'opposition par ses convictions, il

---

1. Cette explication est la vraie et il n'est nul besoin d'attribuer son adhésion aux manœuvres du roi, comme l'insinue M. Odilon Barrot, *Mémoires*, t. I, p. 374.
2. Août 1842, *Moniteur*, p. 1834.

mettait une sorte de soin à en être le membre le plus modéré. Dans la discussion de l'adresse, il ne prit la parole qu'au sujet des chrétiens d'Orient et, tout en montrant au cabinet ce qui restait à faire pour la Syrie, il insista sur ce que le ministère avait obtenu, n'hésitant pas à en faire honneur à ses négociations. En ne craignant pas de tenir tout haut ce langage en face d'une opposition irritée qui ne laissait échapper ni un éloge, ni un mot favorable au cabinet, M. Dufaure conservait une attitude intermédiaire qui lui donnait plus de force qu'elle ne lui attirait de sympathie dans les rangs des grands partis entre lesquels la Chambre était partagée. C'est le malheur des luttes politiques d'éveiller et de surexciter les passions, au détriment de l'indépendance. La discipline des partis est le plus impitoyable des jougs. Que les circonstances soient graves, l'issue de la discussion plus douteuse, il semble que ce soit un motif de redoubler d'attention pour apprécier où est le vrai, pour chercher avec anxiété et jusqu'au dernier moment, la meilleure conduite. Ainsi fait le juge et c'est sa dignité ; dans une assemblée politique, la discipline le défend ; un faux point d'honneur en fait trop souvent un crime, il faut obéir, se montrer sourd aux meilleurs arguments, faire taire la clameur de la conscience, étouffer la liberté de son jugement au risque d'être appelé transfuge.

Il y a des esprits d'une trempe particulière qui n'ont jamais pu se plier à cette règle toute militaire, qui ont mis leur honneur à n'aliéner à aucun prix et en aucun cas la pleine indépendance de leur volonté. Ils n'ont pas connu quelques-unes des jouissances que donne la lutte poursuivie au milieu de compagnons d'armes et les fruits d'une victoire partagée en commun, mais, dans leur isolement, ils ont recueilli des satisfactions auxquelles rien ne se peut comparer.

Vivant pour peu d'amis, cherchant à faire triompher un petit nombre d'idées auxquelles il se sentait fortement attaché, M. Dufaure n'avait pas le désir de se jeter souvent dans la mêlée. Éloigné depuis trois ans du ministère, il aurait d'autant plus volontiers borné son action à quelques questions limitées que par-dessus tout il redoutait d'être taxé d'ambition vulgaire. Mais entre ses goûts retirés et austères qui l'éloignaient de la tribune et ses convictions profondes qui l'y ramenaient, il se livrait dans son âme des luttes terribles. Ses amis étaient souvent d'accord avec sa conscience pour le forcer à sortir de sa retraite. Dans le temps dont nous parlons, telle était l'autorité de l'orateur que plus d'une fois de longues combinaisons étaient préparées, un véritable siège était fait autour de lui pour le décider à prendre la parole et rarement, jusqu'à la dernière heure, ses collègues les plus intimes pouvaient assurer qu'il interviendrait dans le débat.

S'il s'agissait d'une question spéciale, tout autre était sa décision. Il ne laissait pas passer une occasion d'insister sur le développement de nos relations commerciales qui exigeaient, non seulement des routes aboutissant à la mer et l'extension de nos ports, mais des débouchés lointains et la vigilance d'une force toujours prête à faire respecter le pavillon français.

La marine était une des préoccupations les plus vives, une des pensées constantes du député de Saintes; son cœur battait en parlant de nos flottes; du sang de marin coulait dans ses veines. Il faut relire les discours, les moindres observations qu'il eut occasion de faire à ce sujet; elles portent le reflet d'une émotion qui remuait ses auditeurs. Uni par une communauté d'attachement aux plus illustres chefs de nos escadres, il éprouvait pour les vétérans de notre armée de mer une sympathie qui devint avec le temps la plus solide des amitiés. C'étaient là ses véritables joies. Il s'attachait à tout ce qui intéressait le développement des relations commerciales. Il y portait la vivacité des souvenirs que lui avaient laissés ses relations avec le grand commerce de Bordeaux. N'était-il pas en réalité député de la Gironde, lorsqu'il discutait pied à pied le tarif des douanes pour les abaisser au nom de la liberté des échanges[1]? lorsqu'il défendait la politique coloniale de la France et quand il soutenait hautement la nécessité de donner au commerce extérieur de nouvelles voies et de nouvelles relations[2]?

Dans cette carrière qu'il voulait ouvrir à l'influence et à l'activité françaises, la marine lui semblait l'instrument d'expansion le plus efficace. Ses liens d'origine avec les côtes de l'ouest ne substituèrent jamais les vues étroites d'une région aux considérations d'intérêt général. Il mit une sorte d'affectation à ne pas s'occuper des ports voisins de sa province et à concentrer son attention sur l'extension

---

1. Séances des 1er et 2 avril 1845.
2. Séance du 25 janvier 1845, *Discours de l'adresse*.

des jetées et la construction de nouveaux bassins au Havre ou à Marseille[1], questionnant le ministre sur l'avancement des travaux, se préoccupant de l'emplacement des forts ou de la défense des côtes, dans leur rapport avec le mouvement maritime[2]; étudiant les nouveaux courants du commerce du monde avec une telle prévision qu'il se fit un jour dans une discussion avec l'amiral de Mackau le défenseur de la route de Suez et qu'il demanda à la marine de continuer en ce sens des études, afin d'échapper aux lenteurs et aux périls du cap de Bonne-Espérance[3].

Mais ce fut surtout au cours des discussions sur le protectorat de Taïti qu'il exprima sans réserves ce qu'il pensait du marin et de la grandeur de sa mission. Le gouvernement avait ratifié le traité du 9 septembre 1842, conclu spontanément par l'amiral du Petit-Thouars, et la France exerçait le protectorat réclamé par la reine Pomaré, lorsqu'après quelques mois d'absence, l'amiral reparaissant à Taïti trouva un pavillon nouveau substitué au pavillon français. Il n'hésita pas à

1. 7 janvier 1844, 5 avril 1845.
2. 30 janvier 1843.
3. 30 janvier 1844.

le faire abattre et le drapeau tricolore fut hissé sur divers points de l'île. Cette fière réponse aux intrigues des agents anglais menaça un instant de troubler les relations de la France et de l'Angleterre. Le gouvernement du roi ne voulut pas être soupçonné de desseins secrets et refusa la conquête substituée par l'amiral au protectorat. Sur-le-champ les orateurs de l'opposition s'emparèrent de ce désaveu pour attaquer la politique du cabinet, plus soucieuse à leurs yeux de plaire à l'Angleterre que de porter haut le drapeau de la France. M. Dufaure répondit à l'amiral de Mackau, en s'attachant moins à la question diplomatique qu'à la nature et à la limite des devoirs du marin.

« Ce que je dis en ce moment, ce n'est pas seulement, dit-il, pour l'amiral du Petit-Thouars et pour le capitaine de vaisseau Bruat; c'est pour tous les officiers généraux de la marine, que nous avons sur toutes les mers. Je prie mes honorables collègues de prendre un moment par la pensée la place de chacun d'eux. Voilà un marin, à deux, trois, quatre mille lieues de son pays, ne pouvant par conséquent pour les événements inattendus, pour les conflits auxquels il est exposé, recevoir d'instructions de son gouvernement, obligé de prendre immédiatement un parti. Cela arrive tous les jours, messieurs, on ne me le contestera pas. Le voilà ce marin, maître, après Dieu, du vaisseau qui lui a été confié, responsable de l'honneur du pavillon sous lequel il navigue, responsable encore de l'honneur d'abord, et puis de la vie de tous ces braves gens qui sont prêts à mourir pour lui et avec lui. Quel parti prendra-t-il? Quelle est sa seule ressource? Sa seule défense? A qui aura-t-il recours? Sa défense, il n'en a qu'une, messieurs, mais celle-là, tout marin la possède. C'est une fermeté inébranlable, c'est une résolution inflexible; c'est un sentiment de l'honneur invincible. C'est le parti pris de ne jamais consentir à tout ce qui pourrait abaisser, humilier, altérer l'honneur du pavillon qu'il porte. Croyez-moi, messieurs, c'est là le caractère, le devoir, la vie du marin, il n'y a de marine qu'à cette condition, il n'y en a pas d'autre[1]. »

Il n'est pas un marin qui, en lisant ces paroles, ne sentît son cœur battre à l'unisson de l'orateur. Lié avec plusieurs officiers de notre marine, son esprit curieux aimait à apprendre de leur bouche tout ce qui pouvait développer la civilisation, la seule source à son gré de la vraie grandeur de la France. Il n'a-

---

1. 29 février 1844, *Moniteur*, p. 462. C'est dans la même discussion que M. Thiers prononça son admirable discours sur les devoirs qui s'imposent à un gouvernement de couvrir ses agents. Ce que M. Dufaure avait tenu à honneur de faire pour la marine, M. Thiers le fit pour la politique et l'administration.

vait pas d'autre but quand il se mêla avec tant d'ardeur à la discussion sur l'esclavage dans les colonies; lui qui avait le culte du droit n'était pas ce jour-là avec les défenseurs ardents de la propriété qui entendaient limiter la faculté de rachat : il demanda en termes chaleureux à la Chambre de décider que les esclaves pourraient être rachetés, afin d'arriver à effacer peu à peu un reste de barbarie que la nature réprouve[1].

Le goût des entreprises hardies, non moins que sa clairvoyance, le poussèrent à s'occuper de l'Algérie avec une constante sollicitude. Dans l'opposition, cette intelligence de nos intérêts en Afrique n'était pas si commune. Il ne manquait pas de gens qui, même depuis 1841, allaient répétant que cette colonie nous ruinerait en hommes et en argent, qu'elle n'offrait aux entreprises et à la culture qu'un attrait aussi décevant que le mirage du désert, qu'elle paralyserait sans profit notre action en Europe et retiendrait sur un sol brûlant, sous un ciel torride cent mille hommes destinés à être décimés tantôt par des expéditions sans gloire, tantôt

---

1. 3 juin 1845, *Moniteur*, p. 1570.

par les ravages de la fièvre. Dans tous les partis, ces pessimistes étaient nombreux et au moindre obstacle ils renouvelaient leurs décourageants pronostics.

Nous avons déjà vu[1] la décision avec laquelle M. Dufaure s'était mis, dès son arrivée à la Chambre, au premier rang des défenseurs de la colonie algérienne. Rapporteur d'un projet de loi destiné à créer à Alger un comptoir de la Banque de France, il constata avec une joie patriotique ce que quinze ans de possession avaient fait de la terre des pirates et du port où ils se réfugiaient. Il montra le chiffre de la population des autres pays d'Europe dépassant à Alger celui de la population française et détermina un vote favorable malgré les répugnances les plus vives[2].

La prise d'armes d'Abd-el-Kader et la longue insurrection qui en fut la suite ne tardèrent pas à arrêter nos progrès pacifiques ; les adversaires de l'Algérie renouvelèrent leurs attaques. Une demande de crédits extraordinaires donna occasion aux Chambres d'examiner de nouveau l'avenir de nos possessions africaines. Choisi comme rapporteur,

---

1. 27 juin 1839, 15 janvier 1840. V. plus haut, p. 148 et 163.
2. 14 juin, 1ᵉʳ juillet 1845.

M. Dufaure crut l'heure venue de rassembler en un vaste tableau tout ce qui concernait la plus grande entreprise que la France ait accomplie en ce siècle. Dans un rapport qui ne contient pas moins de quinze colonnes du *Moniteur*, toutes les faces de la question furent tour à tour examinées. Après avoir reconnu franchement le temps d'arrêt subi par la conquête et la colonisation, le rapporteur ne se borne pas à en attribuer la cause au soulèvement des tribus Arabes; il peint en couleurs vives le désordre dans l'administration, l'inexécution des lois, les incessants conflits entre les pouvoirs locaux et la métropole, enfin l'inquiétude répandue en France par cette question demeurée sans réponse : comment cent mille soldats et tout l'effort d'un pays civilisé ne peuvent-ils ni réprimer ces rebellions, ni rétablir l'ordre? A la tribune comme dans le rapport, le problème fut attentivement étudié : M. Dufaure rendait un plein hommage à l'armée et aux vaillants efforts de ses chefs; il était sûr et se portait garant que la sécurité matérielle serait prochainement rétablie, mais il jugeait que la sécurité législative était trop précaire : seize ans après la prise d'Alger, il montrait nos codes non encore promulgués, nos juges forcés de les invoquer non à titre de lois en vigueur, mais comme la raison écrite, et notre colonie « soumise au régime des ordonnances royales qui constitue l'arbitraire le plus absolu ». Le rapporteur de 1846 faisait entendre un des premiers ces doléances dont la suite ininterrompue n'a cessé de retentir dans nos assemblées. Il y ajoutait le vœu que le gouvernement développât les travaux publics, assurât la salubrité en achevant le dessèchement de la Mitidja et fît terminer le réseau des routes[1].

Ni dans les termes du rapport, ni dans le ton de l'orateur on ne pouvait soupçonner un adversaire du cabinet, tant était vive l'adhésion patriotique à tous les actes qui pouvaient hâter la conquête et en assurer à jamais les résultats.

En Angleterre, les hommes qui exercent une influence décisive sur les assemblées politiques s'attachent aux questions qu'ils ont traitées et ne se croient pas quittes envers leur pays, lorsque, par un effort considérable, ils ont fait accomplir un progrès aux débats. Loin de se désintéresser du sujet sur lequel ils se sont acquis une légitime compétence, ils le

---

1. Rapport, *Moniteur* 1846, p. 1093, — 10 juin 1846, *Moniteur*, p. 1740.

prennent enfin et se font spontanément les ministres *in partibus* du département qu'ils ont adopté. On se plaît à répéter en France que notre caractère ne s'accommode pas de cette persistance. Ne serait-ce pas une vaine excuse, trouvée par notre légèreté?

L'autorité conquise par la persévérance de M. Dufaure en est la meilleure preuve. Il n'avait jamais fatigué la Chambre en lui parlant des chemins de fer ; elle ne se lassa pas davantage lorsqu'il s'agit de l'Algérie. Dès le début de la session de 1847, il questionna le ministre de la guerre sur la lenteur des travaux du port d'Alger et sur l'urgence de leur achèvement[1]. Nommé président de la commission récemment saisie des crédits extraordinaires, il en dirigea les travaux, puis, à la tribune, il reprit et résuma la suite de nos efforts en Algérie ; il montra les devoirs que la France contractait, en faisant une entreprise de colonisation avec des moyens que nul gouvernement n'avait encore mis en œuvre ; après avoir énuméré les sacrifices largement accomplis par les Chambres et ratifiés par le pays, il s'étonnait que toute garantie des droits privés eût été négligée, et que les droits civils fussent nuls. A toutes ces

1. 10 février 1847.

plaintes on ne répondait qu'un mot. « Vous parlez de droits qui appartiennent aux Français de la métropole et l'Algérie n'est qu'une colonie. » M. Dufaure repoussait cette singulière conception qui affaiblit l'énergie des hommes dont il faudrait tout faire pour accroître les forces.

« Nous ne pouvons pas, disait-il, appeler l'Algérie une colonie : nous repoussons pour elle tout ce qui ressemble au régime colonial. C'est un pays nouvellement conquis et que nous devons conduire peu à peu vers l'assimilation[1]. »

Nous verrons comment, trente ans plus tard, il se retrouva en face du même problème sans que le temps en eût changé la nature ni modifié les termes.

Il est rare qu'un homme doué d'un sens aussi calme n'accueille pas les nouveautés avec une extrême répugnance. Par un contraste singulier, toutes les inventions, tous les progrès éveillaient la sympathie de cet esprit grave qui s'animait aussitôt, voyait, avec une imagination toujours jeune, le parti qu'on en pouvait espérer. Il avait quelque chose de

1. 11 juin 1847, *Moniteur*, p. 1539.

ce tempérament hardi et solitaire du marin qui concilie les devoirs austères de sa profession avec le goût des aventures. Lui que l'opposition accusait volontiers d'être timide n'était jamais le dernier à s'embarquer dans une de ces réformes, qui, sans toucher aux fondements sociaux, peuvent accroître l'activité humaine. La sûreté de son jugement l'empêcha de jamais donner son adhésion à des utopies. Il inquiétait ses amis en partant des premiers, mais l'avenir ne devait pas tarder à les rassurer en donnant raison à la sûreté de ses prévisions.

C'est ainsi que la réforme postale, tenue par les esprits les plus avisés d'alors pour une entreprise chimérique, avait été embrassée par lui avec ardeur. Sans donner son nom au projet présenté par un obscur député de la gauche, il y dévoua tous ses soins, étudia dans les enquêtes parlementaires anglaises, dont l'admirable précision plaisait à la netteté de son esprit, la réforme opérée en 1840 par la Grande-Bretagne, réunit tous les documents économiques et financiers et lorsque, en 1847, s'ouvrit le débat à la Chambre, M. Dufaure se jeta dans la discussion avec toute l'autorité que lui donnaient d'es études techniques.

Le projet substituait à des ports de lettre, dont la moyenne était pour la France de 59 centimes, une taxe unique de vingt centimes. Contre ce tarif uniforme, on a peine à le croire aujourd'hui, s'élevaient des hommes considérables dont nous préférons taire le nom, tant a été décisif le démenti que les événements leur ont infligé. M. Dufaure essaya de leur démontrer que le tarif proportionnel juste en matière de chemin de fer quand la distance représentait une consommation de force et l'usure d'un matériel, était sans application, lorsque, comme en matière de poste, le volume et le poids de l'objet transporté étaient insignifiants. A l'aide d'exemples bien choisis, il prouva que sur les lignes les plus longues et les plus chargées, le transport d'une lettre coûtait vingt fois moins que sur une route courte et peu fréquentée. Il renversait ainsi le système des zones que soutenaient les adversaires du projet et rendait évident ce fait que la taxe des lettres était plus un impôt que la représentation d'un service. Il fallait donc abaisser la redevance, et puisqu'elle était demandée à toutes les classes de la société, sans qu'on pût la proportionner à leurs ressources, prendre pour tarif le minimum, afin de mettre la poste à la portée du pauvre.

Les partisans des zones et des tarifs élevés déclaraient que l'augmentation du nombre des lettres était un leurre dont se berçait l'imagination des défenseurs du projet. Qui peut reculer, disaient-ils, devant des ports de lettre en moyenne à 53 centimes? C'est en vain que M. Dufaure montrait l'accord entre les commerçants et les économistes, qu'il faisait voir le nombre des lettres passant en six ans en Angleterre de 100 à 500, et qu'au-dessus des statistiques, il insistait sur les sacrifices qu'en un pays démocratique l'État devait faire pour la communication des idées. La majorité, d'accord avec le ministère, repoussa la réforme postale qui devait être accordée à la suite d'une révolution, deux ans plus tard, et dont les résultats devaient si complètement justifier les espérances de l'orateur de 1847[1].

1. Le 26 mai 1847, 187 voix contre 162 repoussèrent la réduction à vingt centimes et maintinrent l'ancien système.

LES DÉBATS POLITIQUES.

1843-1848.

Tout en se laissant absorber par les questions d'affaires, M. Dufaure aimait trop son pays et prenait trop de soucis de l'avenir du gouvernement parlementaire pour ne pas s'efforcer de prévenir les conflits qu'il entrevoyait. Après avoir pendant deux ans voté pour le ministère que présidait le maréchal Soult, et que M. Guizot inspirait, M. Passy et le petit groupe qui s'était séparé de M. Thiers depuis la formation du cabinet du 12 mai 1839, crurent sage de prendre une attitude plus indépendante et de dénoncer la trève, en expliquant du haut de la tribune pourquoi ils se déterminaient à voter contre le ministère.

Quand le cabinet du 29 octobre avait pris la direction des affaires, ils avaient pensé que l'intérêt du pays leur commandait de le soutenir.

« Parmi les membres qui le composaient, déclarait en 1843 M. Dufaure, certes il y en avait qui ne partageaient pas nos opinions sur les questions de politique intérieure, questions graves, importantes, essentielles à nos yeux ; néanmoins la situation du pays était telle, il y avait eu après les événements de 1840 une telle perturbation, de telles craintes, un tel ébranlement de toutes choses, nous sentions si bien qu'il était nécessaire qu'un ministère durât pour pouvoir rétablir ce qui avait été un moment ébranlé, pour pouvoir remettre dans nos finances l'ordre que les événements avaient compromis ; pour pouvoir atténuer et faire disparaître des dissentiments extérieurs qui menaçaient à cette époque de devenir très vifs, que nous avions cru devoir, momentanément, faire taire notre opposition sur les questions intérieures et voter pour le maintien du cabinet.

» Toutefois, nous pensions et je pense encore très fermement, que c'est une mauvaise politique que de croire qu'un pays soit enchaîné à jamais (le mot jamais a été prononcé), qu'un pays soit enchaîné à jamais dans les premières lois politiques qui ont été votées après qu'une révolution a éclaté. Nous croyons que les efforts que doit accomplir un gouvernement bien ordonné et bien dirigé sont de faire descendre l'indépendance et les lumières dans des classes où d'abord elles pouvaient être moins répandues. Nous croyons que lorsqu'un gouvernement a duré treize ans, duré plus que l'empire, duré presque autant que la Restauration, nous croyons que ce gouvernement doit examiner sérieusement si le moment de réformes prudentes et modérées n'est pas arrivé. Nous croyons que le mérite des bons gouvernements est de saisir le moment où les réformes modérées doivent être faites pour empêcher d'arriver le moment où l'on exigera des réformes plus radicales et plus dangereuses. La sûreté du gouvernement dépend essentiellement, selon nous, du choix qu'on fera de l'instant où ces réformes pourront être opérées.

» Je ne dis pas qu'aujourd'hui, immédiatement, on peut faire ces réformes; mais je dis que ces réformes doivent être dès aujourd'hui annoncées et mises à l'étude [1]. »

La sévérité de ce langage prophétique fit une impression profonde. On s'écria sur les bancs ministériels que M. Dufaure s'alliait à la gauche; il n'en fut rien et les sessions suivantes virent le député de

1. 1ᵉʳ mars 1843, *Moniteur*, p. 346.

Saintes s'attacher avec le même soin à marquer sa ligne et à s'écarter de M. Barrot.

Il ne tenait pas à se mêler aux discussions bruyantes. Quand il y entrait, c'était toujours sous l'impulsion de sa conscience et sans accord préalable avec un parti dont il partageait la plupart des convictions, mais dont il n'entendait accepter ni le mot d'ordre, ni la discipline trop étroite. Tandis que M. Odilon Barrot ne prenait la parole qu'avec un dessein politique arrêté pour rallier la gauche et accroître ses rangs, la spécialité et, si je peux ainsi parler, l'originalité de M. Dufaure était de n'abandonner que rarement les questions techniques et de se jeter dans le débat sans subordonner sa parole aux combinaisons enfantées par la tactique des partis.

Il les déjoua plus d'une fois, et il ne lui déplaisait pas d'entendre autour de lui, quand il se levait, des murmures qui lui semblaient le témoignage de sa complète indépendance. Non seulement il lui arriva de monter à la tribune, après M. Odilon Barrot, mais il combattit ouvertement des propositions ou des amendements de M. Vivien, afin de montrer qu'en face de sa conscience, il ne subissait pas plus le joug de l'amitié que la pression des partis.

Vis-à-vis du ministère, il mettait le même soin à ne pas paraître un adversaire passionné et il cherchait les occasions, non de le flatter, mais de servir la bonne politique, en l'aidant à franchir des passes difficiles.

Dans la session de 1846, on discutait la loi sur la garde nationale : l'opposition avait signalé diverses villes dans lesquelles, malgré la loi de 1831, la garde nationale était dissoute depuis plus d'un an, sans que le gouvernement eût pris souci de la réorganiser. M. Lacrosse avait proposé un amendement rappelant le ministère à l'exécution de la loi. Entre M. Duchâtel et M. Barrot, la lutte avait été fort vive. Le ministre de l'intérieur avait promis la présentation d'une loi spéciale étendant le délai pendant lequel le gouvernement, dans l'intérêt de l'ordre public, pouvait priver une ville de garde nationale. La Chambre hésitait; M. Dufaure comprenait trop clairement les nécessités de gouvernement pour ne pas accepter l'offre du cabinet. Il en prit acte et obtint de M. Lacrosse le retrait de son amendement. La gauche comptait sur un succès. Telle fut la déception qu'elle reprit l'amendement et se fit battre[1].

---

1. 28 mars 1846, *Moniteur*, 742.

Dans l'opposition, les chefs étaient fort irrités et, le lendemain, les journaux laissaient percer leur aigreur contre l'intervention d'un indiscipliné qui avait servi le ministère.

Quelques semaines auparavant, dans son discours à propos de l'agiotage, dont la gauche voulait faire remonter la responsabilité jusqu'au gouvernement, M. Dufaure avait été d'autant plus dur contre la spéculation qu'il avait ménagé le ministère. M. Dumon le remercia d'avoir reconnu qu'à « son jugement et il n'en connaissait pas de plus grand en cette matière » la conduite du ministère ne méritait pas le blâme qui avait été provoqué contre lui[1]. Cet hommage rendu à l'autorité aussi bien qu'à la modération du politique, avait pour effet de piquer l'opposition qui était forcée, sans l'aimer, de s'incliner devant son talent.

M. Dufaure ne s'agitait pas pour rallier autour de lui des collègues ; il ne cherchait pas à former un parti ; il était heureux de toutes les adhésions, heureux surtout de celles qu'inspirait un souci désintéressé du bien public. A ce titre, il en était peu qui lui

---

1. 26 janvier 1846, *Moniteur*, 203.

eussent causé plus de joie que celle de M. Tocqueville. Dès son entrée à la Chambre, le jeune et illustre auteur de la *Démocratie en Amérique* s'était senti attiré vers ce député étranger aux intrigues, critiquant les actes sans blesser les hommes et voulant de si bonne foi l'affermissement dans sa patrie des institutions libres. Il avait trouvé auprès de lui M. Lanjuinais, sorti de la magistrature pour apporter dans les assemblées le poids de sa parole précise et honnête, M. de Corcelle qui alliait au libéralisme le plus sincère un caractère et des convictions qui devaient honorer sa vie. C'est au milieu de cette atmosphère d'idées élevées, d'ambitions viriles et pures, de défiance vis-à-vis du pouvoir et de dévouement profond envers le pays, dont chacun d'eux rêvait d'assurer la grandeur par ses écrits, ses paroles ou ses actes, que M. Dufaure vécut de 1842 à 1847. Si parmi eux il s'était glissé quelqu'ambitieux impatient du pouvoir, les événements servirent bien vite à l'écarter d'un groupe qui n'était pas fait pour lui. Ne sachant où classer ces députés, ne pouvant les ranger ni dans la gauche, ni dans la droite, ni parmi les conservateurs, ni avec les oppositions, les contemporains prirent l'habitude de les désigner sous le nom de tiers-parti ou de libéraux indépendants. Les amis du ministère déploraient, en 1847, le rôle de ce groupe; que de fois depuis ils ont dû regretter qu'il n'ait pas été plus nombreux ! La France eût conservé des institutions libres.

C'est en 1847 que l'attitude de M. Dufaure et de ses amis est la plus intéressante à observer. Leur clairvoyance les instruit du péril et la modération de leur jugement les écarte des imprudentes campagnes auxquelles se portent leurs alliés de gauche. Jamais la mesure de leur conduite ne fut plus sensible que dans l'affaire des mariages espagnols. Depuis plusieurs mois, l'opinion publique était agitée par l'écho des mécontentements britanniques. La gauche, qui accusait le roi d'imposer à ses ministres « la paix à tout prix », au lieu d'applaudir aux succès d'une politique exclusivement française, sembla prendre parti pour l'Angleterre, afin de jouer pièce au cabinet. M. Dufaure et ses amis ne comprirent pas cette volte-face. Lorsque se fut terminé le débat entre la gauche et le ministère, ils présentèrent un amendement au projet d'adresse dont voici les termes : « Si, à l'occasion de cet événement, il s'est manifesté quelque dissidence entre votre gouvernement et celui d'un peuple voisin, la France a le droit de compter que les bons rapports se rétabliront sans qu'il en coûte rien ni à ses intérêts ni à sa dignité. »

M. Dufaure se chargea de le défendre à la tribune. Constatant que le projet d'adresse passait sous silence les rapports entre la France et l'Angleterre, il soutint que, lorsqu'un événement avait troublé les relations de deux grands États, il n'était pas bon que la Chambre n'y fît point allusion. L'alliance de la France et de l'Angleterre unissait les deux peuples qui représentaient dans le monde les idées libérales et qui marchaient dans les voies constitutionnelles à la tête de la civilisation : leur accord était utile; il devait être renoué; mais il ne fallait pas faire à cet intérêt de premier ordre de trop coûteux sacrifices. Dans le passé les concessions avaient été excessives. La Chambre devait en prévenir le retour par un langage aussi ferme que conciliant.

L'amendement et le discours impliquaient l'un et l'autre une complète approbation des mariages espagnols. Jamais M. Dufaure et ses amis ne s'étaient séparés en une circonstance plus importante des groupes de l'opposition. M. Odilon Barrot déclara au nom de la gauche qu'il ne voterait pas un amendement qui avait été présenté sans concert préalable, « peut-être avec la pensée de marquer une situation spéciale et nouvelle au sein du parlement ». Vingt-huit membres se rallièrent à l'amendement que rejetèrent les voix de la gauche et les partisans du ministère[1].

La discussion de l'adresse devait provoquer des débats autrement vifs. La politique intérieure devenait, pour ceux qui jugeaient sainement de l'état du pays, l'objet des plus sérieuses préoccupations. M. Dufaure se croyait tenu d'expliquer ses alarmes. En demandant avec MM. Gustave de Beaumont et de Malleville, qu'une « politique libérale et modérée assurât aux institutions leur développement pacifique et régulier », il désirait franchement hâter le jour ou le ministère, depuis plus de six ans aux affaires, céderait la place à une administration libérale. Il manifestait ses vœux en faveur de la réforme électorale, mais en même temps il déclarait que « la faculté de concourir au gouvernement de son pays ne pouvait appartenir à tout le monde, qu'il devait

---

1. 4 février 1847 (*Moniteur*, p. 205).

y avoir une limite et que personne ne demandait sérieusement le suffrage universel ». Il admettait l'inégalité politique, tout en redoutant certaines conséquences de l'inégalité sociale : il savait qu'entre les électeurs et les non électeurs, la justice était égale, mais l'administration était-elle également impartiale? Il en doutait et quand il voyait ses faveurs, ses avances, ses faiblesses envers ceux qui avaient entrée dans les collèges électoraux, il était pris d'inquiétude et se demandait si la classe des censitaires n'avait pas tous les défauts d'une caste, « si ce n'était pas une aristocratie pire que l'ancienne, moins respectable, l'aristocratie la plus sollicitteuse, la plus intrigante qui ait jamais paru dans le monde ».

En face de ce pays légal, de ces deux-cent mille électeurs pour lesquels il semblait que le cabinet gouvernât exclusivement, M. Dufaure montrait les souffrances, l'ignorance te le déplorable état du reste de la population. Il ne signalait pas seulement les terribles avertissements que multipliaient les émeutes de grains, les pillages de farines et les châteaux dévastés, mais il recherchait les maux secrets qui étaient la vraie cause de tels désordres. Il faisait entendre le langage d'un homme d'État et d'un homme de bien, lorsque, après avoir énuméré les bienfaits dus au gouvernement de Juillet, au premier rang desquels il mettait la loi sur l'instruction primaire, il leur opposait la revision des patentes qui avait dégrevé le taux des premières classes et accru la charge des dernières, il montrait la question des enfants trouvés sans solution, le colportage qui désole et corrompt les campagnes laissé sans frein ni contrôle, enfin l'oubli trop fréquent des infirmités intellectuelles et morales.

« Nous devrions, s'écria-t-il, nous attacher tous les jours, à tous les moments, par tous les moyens à les guérir[1]. »

On ne comprenait pas alors cette perspicacité éloquente : c'était, disait-on, de la philosophie politique, un accès de cette philanthropie qu'on dédaignait et qui eût épargné au pays, si elle avait largement inspiré les actes du pouvoir, l'une de ses plus ruineuses secousses.

Malheureusement, la plupart des gouvernements

---

1. 11 février 1847 (*Moniteur*, p. 286, 287).

rencontrent parmi nous deux écueils ; l'un, quand ils se fondent, lorsqu'il s'agit d'achever leur établissement, de réduire à l'impuissance leurs adversaires, de contenir les imprudences de leurs amis et d'étendre le cercle de leur influence.

Le second écueil, et certes le plus difficile à franchir, si l'on en juge par le nombre des naufrages, apparaît beaucoup plus tard et son danger est d'échapper longtemps aux regards des meilleurs pilotes : dans l'épanouissement de leurs forces, les gouvernements se fient tellement à leur puissance, ils se croient si solidement établis qu'ils se jouent des critiques, éloignent les censeurs, demeurent sourds aux conseils, transforment un grand parti en coterie, dédaignent les prosélytes, se soucient peu de faire des recrues, au risque de se trouver seuls au jour du danger. M. Dufaure était trop attaché aux institutions constitutionnelles pour ne pas souffrir du spectacle auquel il assistait.

A côté de l'abus d'influences parlementaires, d'intrigues de couloirs et de sollicitations éhontées, il s'était rencontré, dans la malheureuse année 1847, une série de crimes publics et privés dont le pouvoir n'était à aucun degré responsable, mais dont la fatalité lui fit porter le poids. A la veille de notre grande révolution, qui ne sait l'influence néfaste qu'exercèrent le froid d'un hiver rigoureux et les souffrances de la disette? Les mêmes calamités préparèrent un mécontentement dont l'opposition eut l'imprudence de recueillir le fruit. D'anciens ministres condamnés pour concussion, un pair de France coupable d'assassinat échappant à l'échafaud par le suicide, étaient autant de scandales dont la gauche faisait remonter la faute jusqu'au ministère et au roi. M. Dufaure constatait la gravité de la situation à l'ouverture de la session qui devait être la dernière de la monarchie constitutionnelle. Pendant la discussion de l'adresse, il fit trois discours sur la politique intérieure. Chacun d'eux marque un état d'âme différent, une croissante anxiété.

Le premier est dirigé contre le ministère : c'est un discours d'opposition, une critique sévère des étranges marchés qui avaient accompagné la nomination de quelques fonctionnaires de l'administration des finances, marchés que la jurisprudence avait validés par une sorte d'indulgence héréditaire envers la vénalité des charges. Le jurisconsulte et l'homme d'État s'accordaient en lui pour les condamner. Il y avait, selon lui, deux manières de diriger le pouvoir, le diriger en vue de l'intérêt général ou le subordonner à des intérêts personnels. Avec le système adopté et pratiqué de donner pour appui au gouvernement la satisfaction des intérêts personnels, il n'y avait pas de bornes aux égarements dans lesquels on pouvait être conduit, il n'y avait pas de limite au delà de laquelle on ne pût aller [1].

Peu de jours après ce grave langage, M. Dufaure remonta à la tribune pour exposer à quel devoir ses amis et lui avaient obéi, en faisant passer devant l'assemblée le lamentable tableau des anxiétés publiques. Il se défendit de vouloir agiter les esprits, soutint que l'émotion était profonde et demanda si, en présence d'une telle crise, l'opposition qui garderait le silence, n'encourrait pas la plus lourde responsabilité [2].

La discussion de l'adresse se prolongeait au delà des bornes ordinaires. La presse retentissait des interminables débats de la Chambre; les têtes s'échauffaient et les députés se ressentaient des inquiétudes croissantes de l'opinion publique.

1. 21 janvier 1848 (*Moniteur*, p. 150).
2. 28 janvier 1848 (*Moniteur*, p. 222).

M. Dufaure était trop alarmé de l'irritation des esprits pour ne pas éprouver le besoin de faire entendre un suprême avertissement. Il avait tout dit au ministère, c'est aux partis qu'il voulait désormais s'adresser :

« Nous sommes tous, disait-il, dans une situation forcée où le cabinet nous a placés. Si on continuait plus longtemps dans une telle voie, si vous prononciez les uns contre les autres des paroles amères, irréconciliables, vous commettriez un acte de la plus haute imprudence ; vous vous engageriez dans une voie dont vous ne connaissez pas l'issue ; et vous prépareriez des événements que vous ne pouvez pas prévoir. »

L'effervescence des esprits réveillant en lui les souvenirs de la révolution, il disait avec un accent triste qui faisait grand effet sur la Chambre :

« Je me rappelle un mot bien sage qui fut prononcé aux derniers jours de l'Assemblée constituante par l'illustre Duport : il disait, comme s'il eût prévu les effroyables malheurs qui menaçaient la France : « Législateurs, rendez l'homme respectable à l'homme. » Ce conseil fut oublié et vous savez ce que cet oubli a coûté à la France de sang et de larmes. Je ne vous dis pas avec moins de conviction. « Législateurs, rendez le député respectable au député [1] ! »

Cet appel à la concorde, ce cri de paix poussé au milieu des menaces de guerre fut le dernier mot prononcé par M. Dufaure sur la politique au sein de la Chambre. En vain essaya-t-il jusqu'à la dernière heure de s'occuper d'affaires au milieu d'une assemblée affolée. Les bruits du dehors parvenaient à ses oreilles avec une force de plus en plus grande. Il avait suivi depuis l'été de 1847 la campagne des banquets avec une désapprobation qu'il n'avait jamais déguisée. Il avait fait pendant six mois les plus grands efforts pour en détourner ses amis. Il avait refusé de présider le banquet de Saintes et de prendre la moindre part aux banquets de Paris. « Nous ne savions pas, dirent plus tard les auteurs des banquets, combien était miné le sol sur lequel nous marchions ! » M. Dufaure sentait ce péril caché, et s'il appelait de ses vœux la chute du ministère, c'était à la suite d'un débat régulier et non sous la pression de la foule ameutée.

Lorsque le banquet du XII° arrondissement, devenu le rendez-vous du parti révolutionnaire, eut été inter-

1. 11 février 1848 (*Moniteur*, p. 364).

dit, la gauche poussa des cris de fureur et les meneurs résolurent de mettre en accusation le cabinet. L'agitation était générale. Les signataires de la proposition allaient de rang en rang chercher des adhésions. L'un d'eux osa s'adresser à M. Dufaure :

« C'est dans le cas où le cabinet n'aurait pas interdit le banquet, répliqua-t-il de sa voix la plus rude, qu'il aurait fallu le mettre en accusation. »

Il avait été sévère pour les aveuglements et les résistances qui, selon lui, avaient préparé la crise; mais du jour où les passions populaires étaient soulevées, il aurait voulu, pour le salut du gouvernement, qu'on fît trêve à la politique pour ne songer qu'à rétablir l'ordre dans les rues.

Malheureusement, la démission du cabinet, qu'il souhaitait quelques jours plus tôt, fut demandée à la veille de la bataille. C'était ouvrir la place à l'ennemi. Du moins aurait-on pu fermer la brèche, si on avait su former en quelques heures un ministère chargé de réprimer l'émeute. Mais les crises ministérielles que peut supporter une nation saine sont des accès de fièvre maligne lorsqu'elles s'attaquent à un corps ébranlé. Pendant que les barricades s'élevaient, que les têtes s'échauffaient, qu'on fondait des balles, on délibérait lentement, on négociait, on cherchait à concilier les amours-propres.

Le 23 février, M. Molé avait été chargé de former un cabinet. Il appela MM. de Rémusat, Dufaure et Passy; aucun d'eux n'hésita, mais tous pensèrent que, sans l'appui de M. Thiers, il était chimérique d'espérer une influence dans Paris, une majorité dans la Chambre. M. de Rémusat fut envoyé place Saint-Georges; la soirée avançait; comme il tardait, M. Molé l'y rejoignit. Peu après, MM. Dufaure et Passy le voyaient revenir; il ne s'agissait plus du ministère. En une heure, la situation était changée. Le feu de peloton du boulevard des Capucines avait surexcité les passions; l'insurrection grondait. Le nom de M. Thiers, qu'il aurait fallu appeler dès le premier moment, pouvait seul, si un cabinet sous sa présidence était formé dans la nuit, faire hésiter l'émeute. Aucun des hommes politiques réunis chez M. Molé n'avait assez de présomption pour se croire en mesure de maîtriser les événements. Ils se séparèrent consternés et convaincus que toutes les combinaisons politiques devaient être écartées. Le salut, c'était l'emploi résolu de la force, c'était le maréchal Bugeaud, puis un cabinet libéral après la victoire.

XII

LA RÉPUBLIQUE DE 1848.

La révolution de Février n'avait pas surpris M. Dufaure, mais elle l'attrista profondément. Ce n'était pas seulement la chute d'un gouvernement, mais l'échec de tout un système fondé sur l'influence de la classe moyenne, c'est-à-dire de l'élite intellectuelle de la nation. Le triomphe de l'insurrection devait naturellement livrer le pouvoir au peuple. Était-il capable de l'exercer? Depuis 1815, le suffrage restreint avait mis à la tête des affaires bien des nuances diverses de l'opinion publique, mais nul ne pouvait méconnaître, en embrassant d'un coup d'œil ces trente-trois années de notre histoire, que les hommes les plus éminents s'étaient succédé pour représenter tour à tour l'esprit conservateur et libéral. Le suffrage universel aurait-il le même esprit de gouvernement? Le « pays légal », malgré des vues égoïstes, n'avait pas manqué de bon sens. Quels n'allaient pas être les défauts, les inexpériences, les folies de la foule devenue souveraine? Quelle Assemblée allaient envoyer les électeurs? Assurément les censitaires n'étaient pas assez nombreux, ils constituaient une aristocratie bourgeoise qui ne voyait rien en dehors de ses propres intérêts, mais qu'attendre de l'ignorance et des passions que déchaînait le gouvernement provisoire? Les nouveaux électeurs, pour s'instruire, auraient eu besoin d'entendre des conseils sages, tandis que du ministère de l'intérieur partaient des bulletins qui soufflaient l'esprit de discorde.

Dans le désarroi général, M. Dufaure n'hésita pas à penser qu'il devait agir. L'arène politique devenait un champ de bataille; du moment qu'il y avait péril, l'hésitation n'était plus permise. Il se présenta et les électeurs de la Charente-Inférieure le nommèrent le cinquième sur douze.

En entrant à l'Assemblée nationale, sa surprise fut grande. Par une de ces réactions dont il a fourni depuis lors plus d'un exemple, le suffrage populaire, poussé vers la violence, avait envoyé des représentants modérés. Du sein d'une société où, durant deux mois, tout avait été mis en question, sortit une majorité disposée à rétablir l'ordre et ennemie des folles utopies. Son premier soin devait être de donner une constitution à la France. Réunie depuis peu de jours, elle nomma, le 17 mai, la commission de constitution : six membres seulement réunirent la majorité absolue au premier tour. MM. Vivien, de Tocqueville et Dufaure étaient parmi les premiers élus. Malgré cet heureux symptôme, la majorité des commissaires, sans être hostile aux idées modérées, se montra inconsistante et dénuée d'expérience aussi bien que de volonté.

A l'heure où la commission commençait ses travaux, les questions sociales étaient au premier rang des préoccupations publiques. Si on sauva l'inamovibilité de la magistrature, si on organisa fortement un conseil d'État ayant un grand rôle dans l'équilibre des pouvoirs, en revanche on commit la faute de voter l'unité du pouvoir législatif, et d'organiser sous la forme d'un plébiscite l'élection directe du président de la république. L'attention était ailleurs;

les revendications des classes populaires étaient menaçantes : il s'agissait de décider si le droit au travail, qui venait de servir de mot d'ordre à l'insurrection de juin, serait inséré dans le contrat politique comme un gage de révolution. La discussion devait être solennelle et décisive : selon le vote, on saurait si l'Assemblée, résolue à dompter l'émeute, serait aussi ferme contre les doctrines anarchiques. M. Thiers fit justice de ces fausses théories dans un mémorable discours où, après les avoir longuement étudiées, il les écrasa, en jetant à la gauche ce dernier mot : « Avec le droit au travail, vous ne ferez qu'une société paresseuse et esclave ! »

A la surprise générale, ce fut M. Billault qui se leva pour lui répondre. M. Dufaure avait horreur des équivoques. Il était humilié que cette thèse fût défendue par un de ses anciens amis, jadis membre du centre gauche, qui avait abandonné son drapeau pour se mettre à la poursuite d'une popularité malsaine. Prêt à combattre des théories qu'il jugeait pernicieuses, il saisit l'occasion de lui donner une leçon.

Dès le début, il mit en présence de ce droit qui semblait, dans la bouche des réformateurs, la panacée du corps social, le devoir qui incombe à la société de donner aide et assistance aux malheureux. La commission pouvait envisager à deux points de vue les rapports des citoyens avec l'État. Dans la Constitution, elle avait préféré, lorsqu'il s'était agi des relations des différentes classes sociales, parler des devoirs que des droits. Après un éloquent parallèle entre l'idée du droit, fière et égoïste, et l'idée de dévouement et de sacrifice que contient le devoir, il s'empara d'une allusion faite la veille au christianisme.

« C'est l'éternel honneur, dit-il, de la religion chrétienne ; elle vous apprend des devoirs et non des droits ; elle a produit dans le monde la plus grande révolution sociale qui jamais y ait éclaté, elle a affranchi le sujet de sa subordination aveugle et servile envers le souverain ; elle a relevé la femme de l'humiliation dans laquelle elle vivait ; elle a brisé les fers de l'esclave, elle a égalé le pauvre au riche. Comment a-t-elle fait cela ? Est-ce en parlant au sujet, à la femme, à l'esclave, au pauvre de leurs droits ? Non, c'est en parlant au souverain, au chef de famille, au maître, au riche, à tous, de leurs devoirs [1] !

---

1. Discours du 14 septembre 1848.

Il était arrivé rarement à M. Dufaure de remuer aussi profondément une assemblée. Le succès fut immense. D'ailleurs, à aucune époque de sa vie, il ne s'était moins ménagé. Il avait à défendre à chaque séance l'œuvre de la commission contre une nuée d'amendements, qui, sous prétexte de constitution, avaient pour but de modifier l'ensemble et les détails de nos lois. Toutes les chimères et tous les projets s'étaient donné rendez-vous dans cette discussion au cours de laquelle M. Dufaure dut monter trente-trois fois à la tribune.

On était au milieu d'octobre. L'Assemblée venait de décider, malgré les ministres, par six cents voix contre deux cents, que l'élection du président de la république se ferait au suffrage universel. Les ministres se retirèrent. M. Dufaure fut appelé par le chef du pouvoir exécutif et il entra avec M. Vivien dans le cabinet reconstitué. En lui confiant le portefeuille de l'intérieur, le général Cavaignac montrait une grande hardiesse. « A huit mois du 24 Février, disait, non sans raison[1], le *National*, il est naturel qu'on s'étonne de voir l'ancien adversaire des ban-

---

1. *National* du 15 octobre 1848.

quets réformistes devenir le chef de la politique intérieure de la France républicaine. »

Ces attaques trouvèrent un écho dans l'Assemblée. Il eut hâte d'y répondre.

« De quoi se plaint-on, en réalité? demandait-il. Soyons francs! on se plaint de ce que le gouvernement a fait un pas vers des hommes qui n'étaient pas républicains la veille du 24 Février, — cela est vrai et je suis forcé d'en convenir, — mais qui ont accepté la république, qui s'y sont attachés, qui se sont voués à la défendre! »

Il reconnaissait volontiers qu'il y avait deux groupes dans l'Assemblée :

« Les uns ont de tout temps travaillé à l'établissement de la république ; d'autres s'attachaient au gouvernement qui existait, cherchaient à lui faire produire ce qu'il aurait pu produire et en institutions politiques et en améliorations sociales; ils n'ont pas pu réussir, ce n'est pas leur faute; mais enfin ce n'était pas à l'idée de la république qu'ils recouraient; ils se contentaient de la monarchie constitutionnelle, améliorée, agrandie. Eh bien! que reproche-t-on, en réalité, à la composition du cabinet actuel? Une seule chose : c'est que les deux éléments que je viens de définir y sont entrés. »

M. Dufaure n'avait pas cherché à déguiser son

passé : il y avait mis sa rude franchise; mais cela ne suffisait pas, il fallait un programme.

Ce qui fait le caractère particulier de la république de 1848, ce sont les souffrances profondes des classes ouvrières. Ayant pour point de départ la disette de l'année précédente, la misère avait contribué au succès de l'insurrection. Loin de la guérir, la révolution, qui suspendit partout le travail, en redoubla les rigueurs. C'est ainsi que la question sociale disparaît, quand les salaires se maintiennent à des taux élevés ; au milieu de la prospérité, les étourdis se réjouissent : « Tous nos maux sont guéris, disent-ils. Le peuple est devenu sage. » Vienne une grève ou une crise industrielle, les mêmes utopies et les mêmes périls menaceront demain la société.

Pendant que les rêveurs cherchaient des panacées, M. Dufaure s'appliquait à trouver des remèdes : il y pensait sans relâche et pouvait dire au nom du cabinet :

« Sous ce rapport, nous ne connaissons pas de républicains de la veille qui éprouvent pour ces souffrances sociales des sympathies plus profondes et plus sincères que les nôtres. »

Il consacrait alors ses soins à la préparation d'une loi qui devait embrasser toute l'assistance publique. En la présentant le 27 novembre, il disait à l'Assemblée :

« Vous avez écrit au préambule de la Constitution un mot nouveau dans la langue des lois. Pour la première fois, le précepte chrétien qui a renouvelé la face du monde, il y a dix-huit cents ans, devient la base de tout un code administratif. »

Il prenait dans ce projet l'enfant au seuil de la vie, le recevait dans la crèche, l'accueillait dans la salle d'asile, ouvrait aux indigents l'école primaire gratuite, organisait l'éducation des enfants trouvés, créait des écoles professionnelles et des écoles correctionnelles, réorganisait les bureaux de bienfaisance, s'occupait des malades, étendait le traitement à domicile, réformait les hôpitaux et les hospices, sans oublier les aveugles, les sourds-muets et les aliénés. Le service de l'assistance publique suivait ainsi la vie du pauvre depuis sa naissance jusqu'à sa dernière heure pour lui donner sous toutes les formes le courage et les forces dont le dépouillent peu à peu la misère, l'âge ou la maladie.

En vouant tous ses soins à la préparation de ce vaste plan, M. Dufaure éprouvait une des jouissances les plus pures de sa vie politique, celle qui, entre toutes, lui faisait aimer le pouvoir, parce qu'il se sentait alors dans les mains une baguette magique capable d'opérer le bien. Aux discours des représentants qui siégeaient à la montagne, il aimait à répondre par des efforts féconds qui mettaient en œuvre cette fraternité qu'il prenait au sérieux. Mais c'était là l'emploi de bien rares heures de repos. Il fallait faire tête chaque jour aux plus violentes attaques : tantôt Félix Pyat et ses amis cherchaient à diviser la société en deux classes pour les précipiter l'une contre l'autre, et le ministre de l'intérieur, faisant le tableau des efforts de l'Assemblée pour pacifier les esprits, montrait l'action abominable de ce parti de la haine voulant exciter les citoyens à la guerre civile et les enivrant de mauvaises passions pour empêcher à tout prix la concorde de renaître; tantôt il devait repousser les interpellations de ceux qui l'accusaient d'employer les forces gouvernementales en faveur d'un des candidats à la présidence.

La date fixée pour l'élection du président approchait. Tandis que les amis et les collègues du général Cavaignac estimaient qu'en le nommant la France confierait le pouvoir au vainqueur de l'insurrection de juin et à une conscience éprouvée, une autre candidature avait surgi et prenait depuis peu une importance considérable. Avant le milieu de septembre, nul ne pensait au héros des équipées de Strasbourg et de Boulogne. Nommé représentant dans une élection partielle, il vint s'asseoir un jour à l'assemblée, puis s'abstint avec soin d'y reparaître, afin de ne pas s'y trouver compromis dans les querelles des partis. Son nom était le symbole de la force. Cela suffit à lui donner une importance en un moment où la nation, exaspérée par la vue de l'anarchie, était affamée d'ordre. Dans l'Assemblée nationale, en majorité favorable au général Cavaignac, le nouveau prétendant n'avait que peu de partisans avoués; mais il y avait sur les bancs de l'extrême gauche des représentants qui étaient prêts, par haine contre le vainqueur de juin, à attaquer à son profit les ministres du général Cavaignac. M. Dufaure eut à réfuter leurs insinuations et leurs critiques, en même temps qu'il repoussait au nom de la liberté une loi d'inéligibilité que proposait un groupe nombreux, afin d'écarter à la dernière heure le membre d'une dynastie déchue.

Si le ministre de l'intérieur mettait le plus grand soin à maintenir l'impartialité gouvernementale à l'abri de tout reproche, M. Dufaure ne pensait pas que le citoyen dût cacher ses préférences personnelles. Interpellé par une lettre de M. Odier, rendue publique, il déclara qu'il était très décidé à user, quoique ministre, du droit qu'a tout citoyen d'exprimer librement son opinion. Il se portait garant du général. Il n'était pas nouveau dans l'étude des hommes appliqués au maniement des affaires publiques; il avait pu voir de près depuis quatorze ans tous les hommes d'État de ce temps. Il n'en avait pas connu qui eût la parole plus sincère, le cœur plus droit et plus désintéressé, l'esprit plus juste et plus net. Il le tenait pour le vrai républicain de nos jours, républicain sage, ferme et convaincu, redoutant trop le despotisme pour vouloir la guerre qui imposerait à la France un général victorieux, haïssant trop l'anarchie pour ne pas continuer cette politique de fermeté et de répression qui, depuis les journées de juin, avait rétabli et maintenu l'ordre [1].

1. Lettre publiée dans le *National* du 24 novembre.

Mais un courant de plus en plus fort emportait l'opinion publique. Il y a des heures de panique où la France réagit avec une sorte de colère rétrospective. Elle s'en prend au pouvoir, quel qu'il soit, des faiblesses ou des fautes qu'elle-même a commises. Elle ne regardait pas le cabinet plein de talent et de scrupule qui entourait, en novembre 1848, la figure si honnête et si pure du général Cavaignac; elle ne songeait qu'aux dangers qu'elle avait courus, aux ruines amoncelées, aux misères souffertes, et surtout à l'effroyable insurrection qui avait versé des flots de sang; pour fuir de telles aventures, elle se précipitait dans les bras d'un aventurier, par ce seul motif que son nom lui rappelait la chute du directoire et lui faisait espérer le renversement de la république.

Le jugement de la France rendu, le ministère se retira, tandis que le général descendait du pouvoir avec une dignité simple, en donnant à jamais un exemple aux hommes d'honneur et une leçon aux ambitieux.

Attristé par cet échec immérité, M. Dufaure ne se laissa pas détourner de ses devoirs envers le pays. Il fallait éviter avant tout le conflit qui menaçait d'éclater entre le nouveau président et la majorité.

Les républicains, effrayés de la réaction qui se produisait dans le pays, reculaient devant une dissolution qui éclaircirait leurs rangs. Cette résistance était profondément impolitique et donnait beau jeu au président appuyé contre l'Assemblée sur le sentiment vrai de la nation. Il fallait sortir au plus tôt de cette situation fausse.

M. Dufaure soutint la proposition de dissolution :

« Dans ce pays de droit, dit-il, de discussion légale, vous entendez parler tous les jours, couramment, sans difficultés, de coups d'état, d'idées révolutionnaires, de projets de renverser tantôt un pouvoir, tantôt l'autre, de substituer au président de la république je ne sais quel président ou quel roi, de substituer à l'Assemblée nationale, à l'Assemblée législative, je ne sais quelle autre forme de pouvoir législatif. Permettez-moi de le dire, lorsque j'entends ces propos qui sont des propos communs dans la société, je me crois dans ce temps malheureux mêlé de violences et de faiblesses qui a séparé le 9 thermidor du 18 brumaire. C'est là un état dans lequel il n'est pas bon qu'un pays vive longtemps[1]. »

La dissolution et les élections furent fixées au mois de mai.

---

1. Discours du 7 février (*Moniteur*, p. 412).

Pendant les derniers mois de l'Assemblée constituante, M. Dufaure ne voulut monter à la tribune que pour s'occuper des travaux publics. Il retrouvait là, avec ses préférences personnelles, le moyen de combattre les souffrances des classes ouvrières. Aux députés qui proposaient de réduire de 47 millions le budget des travaux publics il jetait cette parole : « Je demande à ceux qui veulent refuser le crédit s'ils aiment mieux payer les 47 millions en aumônes qu'en salaires[1]. » Cette heureuse concision d'une pensée vraie détermina le vote. A son gré, la société qui avait dû refuser le droit au travail était rigoureusement obligée de multiplier partout les travaux utiles et de demander au budget, dans les années malheureuses, d'aller jusqu'aux derniers sacrifices.

Les élections eurent lieu le 22 mai. La réaction contre les troubles de l'année 1848 se prononçait de plus en plus. La majorité de la nouvelle Assemblée arrivait à Paris exaspérée contre l'anarchie et résolue à maintenir l'ordre dans la rue et à le rétablir dans les esprits. Le pouvoir se trouvait déplacé ; les agitateurs tenteraient peut-être encore des coups de

---

1. Discours du 22 mars (*Moniteur*, p. 999).

main, mais c'étaient les impatiences de la droite qu'il faudrait avant peu maîtriser. Dans la mêlée électorale, M. Dufaure avait reçu un double mandat : pendant que la Charente-Inférieure le plaçait en tête de sa liste, Paris, qui avait fait le même jour les meilleurs et les pires choix, l'avait élu le septième. En province, comme dans le département de la Seine, les électeurs avaient compris quelle force il saurait mettre au service de la société menacée.

Dès la réunion de l'Assemblée, M. Odilon Barrot, qui, depuis cinq mois, avait montré un grand courage en tenant tête au parti avancé, donna sa démission avec le ministère qu'il présidait. Après une vaine tentative pour former un cabinet de droite, le président de la république dut le rappeler. M. Barrot fit ses conditions : il exigeait que MM. Dufaure, de Tocqueville et Lanjuinais entrassent dans le ministère. Après de vives objections, le président dut céder; mais quand il apprit que M. Dufaure prendrait le portefeuille de l'intérieur, ses antipathies se réveillèrent. Dans une lettre écrite sur-le-champ à M. Barrot, il avoue ses défiances :

« Il faut choisir des hommes dévoués à ma personne même, depuis les préfets jusqu'aux commissaires de police... Il faut surveiller tous ceux avec lesquels M. Dufaure a été au pouvoir, depuis Cavaignac jusqu'à Ducoux ; il faut réveiller partout le souvenir, non de l'empire, mais de l'empereur... Je reconnais l'ascendant de M. Dufaure sur l'Assemblée et son mérite. S'il consent à entrer dans un ministère quelconque, j'en serai très reconnaissant ; mais sinon, non [1] ! »

M. Odilon Barrot aurait pu reconstituer un cabinet sans M. Dufaure. Après la lettre du président, son devoir était tracé : il fallait que M. Dufaure fût ministre de l'intérieur. La bonne politique l'exigeait tout autant que la dignité. En face des desseins assez maladroitement révélés qui étaient conçus à l'Élysée, ce n'était pas trop des hommes à l'honneur desquels on remettait le pouvoir. M. Odilon Barrot déclara qu'il n'entrerait aux affaires qu'appuyé sur le ministre de l'intérieur qu'il avait désigné.

Les résistances du président eurent un autre résultat peu connu. M. Dufaure hésitait à accepter un portefeuille six mois après l'échec du général Cavaignac : il lui répugnait d'entrer dans les conseils de celui dont il avait considéré le triomphe comme une humiliation pour le bon sens public. Ses amis s'effor-

---

1. *Mémoires de M. Odilon Barrot*, t. III, p. 280.

çaient en vain de mettre à néant ses scrupules. La lettre du président changea la situation. Il n'était plus appelé par l'Élysée, mais imposé par la majorité, délégué par elle avec les plus intimes compagnons de sa vie pour défendre l'Assemblée contre des menées secrètes. Il était moins le ministre du président que le vigilant défenseur et le gardien de la liberté du parlement.

Des jours difficiles se préparaient, et nul ne pouvait accuser les nouveaux ministres de rechercher le repos en acceptant le pouvoir.

Les premières séances de l'Assemblée législative mirent la majorité aux prises avec les violences de la montagne. Comptant environ cent vingt membres, l'extrême gauche ne gardait plus aucun ménagement et ne songeait qu'à choisir l'heure propice à un soulèvement. Le siège de Rome, ordonné par le ministère, qui venait de rompre des pourparlers humiliants avec les chefs de la république romaine, donna lieu à des interpellations passionnées. M. Ledru-Rollin, déclarant la Constitution violée, eut l'audace de proclamer du haut de la tribune l'appel aux armes. L'insurrection prenait naissance sous les yeux du gouvernement dans la salle même où siégeait l'Assemblée.

« Et quel moment, s'écriait M. Dufaure, quel moment choisit-on pour essayer ces tentatives, pour anéantir parmi nous tout ce qui est une règle, tout ce qui est une loi, tout ce qui trace à chacun ses devoirs, et la Constitution, et la république ? C'est le moment où, à l'extérieur, nos frères armés sont engagés dans une lutte qui n'est pas sans périls ; c'est le moment où, à l'intérieur, cette malheureuse population de Paris est frappée du plus épouvantable fléau, c'est le moment où nous sommes entre deux préoccupations d'une action extérieure qui n'est pas terminée, d'un fléau intérieur qui ne nous permet le repos ni le jour ni la nuit, c'est ce moment, dis-je, qu'on choisit pour appeler aux armes, pour provoquer à l'insurrection ! Croyez-vous que les membres du gouvernement, irrités dans leurs sentiments les plus intimes, indignés comme hommes et comme citoyens, manqueront à ce qu'ils doivent faire [1] ? »

Aucun membre du cabinet ne faillit à son devoir. Dans les quinze heures qui s'écoulèrent entre le cri de guerre poussé par M. Ledru-Rollin et la fin de la nuit suivante, toutes les précautions furent prises.

---

1. Discours du 12 juin (*Moniteur*, p. 2052).

Le général Changarnier joua, à son grand honneur, le rôle qui aurait dû être confié, le 24 février, au maréchal Bugeaud. L'insurrection fut étouffée en quelques heures ; plusieurs représentants de la montagne furent arrêtés au Conservatoire des Arts et Métiers ; les villes qui avaient reçu le signal de Paris rentrèrent dans l'ordre. L'impulsion vigoureuse venue de la capitale prévint ou réprima l'explosion dans les provinces. En peu de jours, le ministre de l'intérieur réclama et obtint de l'Assemblée la mise en état de siège de Paris et de plusieurs départements, ainsi que l'interdiction des clubs pendant un an. Chaque jour, il avait à répondre à des interpellations, à se mêler à des incidents que soulevait l'extrême gauche en faveur de la liberté de la presse. Six journaux avaient été suspendus à Paris en vertu de l'état de siège. L'opposition faisait grand bruit de ces mesures.

« Je vous défie, disait M. Dufaure, de citer un journal qui ait été suspendu et qui, le matin même, n'ait pas contenu un appel odieux à l'insurrection. Les discussions, nous ne les avons jamais défendues, mais l'appel aux armes, mais la provocation continuelle à la révolte, mais toute une société obligée de se tenir continuellement comme sur un champ de bataille, parce qu'au milieu d'elle il y a six journaux provocateurs dont les voix sont bruyantes, qui se répandent partout ! vous n'y pensez pas ! Vous vous prétendez les défenseurs exclusifs de la république, mais vous la tueriez. C'est nous, et je m'en fais honneur, qui la défendons. Vous, vous ne la comprenez pas ! vous n'en avez pas l'intelligence ! La république doit être un grand gouvernement régulier ; les principes qu'on m'oppose en feraient une insurrection continuelle. La république est un gouvernement de libre discussion, et l'exemple qu'on donne ici est celui d'une liberté perpétuellement troublée et comprimée [1]. »

Au milieu de ces débats, que ravivaient sans cesse les souvenirs récents de l'insurrection, on imagine aisément ce que devait penser M. Dufaure quand il entendait quelques-uns des placides rêveurs de la gauche défendre à la tribune la liberté illimitée. Un jour, au cours de la discussion sur la loi de presse, un chef du parti eut la malencontreuse pensée de l'interroger sur ses intentions, en soutenant qu'aucun projet ne pouvait être plus funeste à la république :

« L'orateur qui descend de cette tribune, dit-il avec ce ton grave et pénétrant que sa voix prenait en certaines

---

1. Discours du 10 juillet (*Moniteur*, p. 2317).

circonstances, vient de m'adresser une question : il me demande ce que je ferais si j'étais l'ennemi de la république. Je lui dirai très sincèrement que, si j'étais l'ennemi de la république, j'adopterais ses prétendus principes républicains, qui en laissant à la liberté individuelle toutes ses exagérations, tous ses excès, toutes ses violences, rendraient inévitablement en peu de temps la république impossible en ce pays [1]. »

M. Dufaure avait le secret de ces ironies tantôt fines, tantôt rudes, qui écrasaient l'adversaire et dont sa diction mordante doublait par instants la puissance.

Le ministre de l'intérieur ne se lassait pas de combattre le sophisme des républicains qui voulaient par principe énerver toutes les lois. Il soutenait que les nouvelles institutions, en appelant tous les citoyens à participer par l'élection au gouvernement du pays, avaient donné plus de développement aux prétentions individuelles et que, par conséquent, elles devaient rendre plus irrésistible l'autorité légitime du pouvoir social. La fermeté de sa parole était toujours prête à défendre les lois. Lorsqu'il eut

---

1. Discours du 23 juillet 1849 (*Moniteur*, p. 2448).

fait voter la législation sur la presse et celle relative à l'état de siège, l'Assemblée se sépara. Il avait hâte d'employer la prorogation à poursuivre ses études sur l'assistance publique.

C'était la première de ses préoccupations. Dans l'intervalle des troubles, il avait eu le temps de faire nommer une grande commission chargée d'examiner ses projets et de demander un crédit de 500,000 francs pour les œuvres de bienfaisance. Aux souffrances que, depuis plus d'un an, aucun remède n'avait pu guérir ni atténuer s'était ajouté le choléra. Jamais l'assistance n'avait paru un devoir plus étroit. M. Dufaure s'y dévoua entièrement et fit avancer l'examen des questions dont la commission, nommée sur l'initiative de M. de Melun, avait abordé l'étude et qui devait embrasser, suivant la belle expression dont se servit alors M. Thiers, « la longue et douloureuse chaîne des misères humaines, afin de réaliser enfin cette fraternité si souvent annoncée, mais toujours d'autant moins pratiquée qu'elle a été plus fastueusement promise ».

Le ministre de l'intérieur ne bornait pas ses soins à suivre les travaux des commissions nommées par l'Assemblée. Il établit un conseil de surveillance des prisons de la Seine; il voulait faire revivre ces institutions vraiment libérales qui avaient été si fécondes lors de leur première organisation, en 1819, et que l'incurie avait laissées périr. Il présidait cette commission, heureux quand il retrouvait, grâce à elle, quelque abus qu'il lui fût possible de réparer sur-le-champ.

Il y avait une œuvre plus importante encore à laquelle il rêvait de mettre la main. Président du conseil général de la Charente-Inférieure depuis plusieurs années, il avait été vivement frappé de l'heureuse influence et de la vie propre de ces assemblées départementales qui accomplissaient sans bruit et avec une réelle efficacité leur mission. Il croyait le moment venu d'étendre leurs attributions. Sous forme de circulaire aux préfets, une longue suite de questions fut adressée aux conseils généraux qui étaient invités à délibérer sur chacune des réformes, parmi lesquelles était comprise l'organisation si longtemps souhaitée des conseils cantonaux.

Au milieu de ces travaux si féconds, la prorogation s'écoula vite, et, avec le retour de l'Assemblée, les attaques furibondes de la Montagne se renouvelèrent. M. Dufaure et ses collègues étaient toujours sur la brèche. Le 29 octobre, la journée avait été plus rude que de coutume. Les représentants de cinq départements voisins de l'agglomération lyonnaise s'étaient entendus pour interpeller, le même jour, le cabinet sur l'état de siège et les violations, suivant eux quotidiennes, de la loi et de la sécurité privée. Aux critiques acerbes, aux assertions hasardées, aux violences de langage, M. Dufaure avait répondu avec cette précision dans les faits, cette logique irréfutable et cette possession de lui-même qui avaient le don d'exaspérer la gauche. Il était monté à plusieurs reprises à la tribune et chaque fois il avait été soutenu dans ses vertes ripostes par les acclamations de la majorité. Il pouvait croire le ministère solidement établi.

Le conseil qui se tint peu d'heures après à l'Élysée devait lui ouvrir les yeux. Profitant de l'absence de M. Odilon Barrot malade, le président de la république prit la parole, au milieu des affaires courantes, fit allusion aux désaccords qui le séparaient des ministres, adressa de vifs reproches au cabinet, qu'il trouvait sans force et sans énergie. M. Dufaure, au nom de ses collègues, refusa de donner sa démission.

Le lendemain, des amis personnels du président, ceux qui devaient se faire les serviteurs de son ambition, remplaçaient, avec quelques députés plus effacés, les hommes d'État dont l'indépendance avait déplu.

XIII

1849-1851.

M. Dufaure rentrait au milieu de ses collègues de l'Assemblée sans avoir à se reprocher pendant les cinq mois de son passage aux affaires, soit une seule concession au pouvoir personnel, soit un acte contraire à la saine politique fondée sur l'ordre et la liberté. Contre lui les clameurs de la gauche se confondaient avec les vaines protestations des accusés de l'attentat du 13 juin; entre les complices de l'insurrection et ceux qui se proclamaient les défenseurs de la république s'était nouée alors une criminelle alliance qu'il faut avoir sans cesse sous les yeux lorsqu'on veut juger l'attitude des partis à cette époque.

Le cabinet Barrot ne s'appuyait en réalité que sur un petit groupe acceptant franchement la république sans adopter les passions et sans partager les faiblesses de ceux qui étaient les courtisans du peuple, et il avait contre lui les fougueux républicains et tout le parti de l'Élysée. Les monarchistes n'avaient pris aucune part au renversement du ministère Barrot. Ils regrettèrent plus d'une fois ce cabinet honnête et courageux. Du jour de sa chute, M. Thiers aurait pu dire le fameux mot qu'il fit entendre un an plus tard : « L'empire est fait ! »

M. Dufaure avait hâte de se détourner des agitations stériles qui ne convenaient ni à son activité, ni à son caractère. Sorti du ministère, il lui fallait une tâche à laquelle il pût se dévouer. L'Assemblée venait d'ordonner une enquête sur l'état de notre marine : élu commissaire, il fut bientôt chargé par ses collègues de diriger leurs travaux. Après de longues études, la commission décida qu'elle se rendrait dans les ports : à la fin d'avril, M. Dufaure partit pour Toulon. Il se sentait heureux d'échapper aux débats et au spectacle d'une impuissance qui l'obsédait. Tout entier aux recherches pratiques que lui inspirait la volonté de relever notre marine, loin de toute intrigue, vivant au milieu des officiers de l'armée de mer absorbés comme lui par le souci de la grandeur nationale, il goûtait la satisfaction la plus pure, en se disant qu'il rendait un service à l'État. Aussi accueillait-il fort mal les appels qui lui venaient de Paris. En vain lui écrivait-on que les élections partielles avaient été mauvaises, que la situation était devenue périlleuse, qu'on songeait à changer d'urgence la loi électorale ; plus ses amis s'agitaient et plus il se sentait calme.

La vie des Assemblées, — et c'est leur écueil, — surexcite l'esprit ; les grandes applications de l'intelligence, de même que le spectacle de la nature, le calment. A Toulon, entre l'arsenal, la rade et les vastes horizons de la Méditerranée, M. Dufaure ressentait un profond dédain pour les querelles constitutionnelles. Les lettres arrivaient nombreuses, pressantes : il fallait donner un coup mortel au vote populaire ; on avait trouvé un moyen de rejeter des millions d'électeurs sans porter atteinte au suffrage universel ; il n'y avait pas une heure à perdre pour revenir à Paris et prendre part à la lutte. M. Dufaure était de plus en plus résolu à ne pas se laisser détourner de sa mission :

« Nous ressemblons, écrivait-il, à un homme qui s'occuperait sans relâche à arranger la maison qu'il habite, sans songer à manger, à boire, ni à dormir, à entretenir ses forces physiques, ni à éclairer et à agrandir son âme. Pour moi, j'ai besoin d'être soutenu par la conscience que je fais quelque chose d'utile et si je dois passer ma vie de législateur à discuter des lois sur la presse ou sur les élections, j'aime mille fois mieux aller me renfermer à Vizelle. »

C'était l'erreur de M. Dufaure de croire trop aisément à son impuissance. Dans les crises violentes, l'emportement irréfléchi des esprits passionnés n'a-t-il pas à la fois, pour cause et pour effet l'abstention des sages? Il demeura malheureusement étranger à la discussion de la loi du 31 mai qu'il désapprouvait et dont la singulière destinée fut de ne pas atteindre la démagogie et de se retourner contre l'Assemblée.

C'est entre un séjour à Brest et une excursion à Cherbourg, pendant qu'il préparait, dans le repos laborieux de la campagne, son rapport sur la marine, que lui parvint l'écho des revues de Satory. Les cris de : « Vive l'Empereur! » poussés par des régiments sous les armes étaient l'avant-coureur des violences prochaines. Il revint à Paris en décembre le cœur serré. Il chercha à secouer ces tristes présages en discutant le régime douanier de l'Algérie, dont il aurait voulu par tous les moyens favoriser l'avenir. Pendant vingt jours, il prit une part continuelle au débat. Mais l'année 1851 ne souffrait pas ces pacifiques études : elle s'ouvrait, comme elle devait se fermer, par des cris de guerre.

Les acclamations séditieuses de Satory, provoquées par les amis du président de la république et blâmées par le commandant en chef de l'armée de Paris, avaient amené entre eux une rupture. Fidèle à la Constitution et approuvé par l'Assemblée dont il annonçait qu'il ferait respecter les droits, le général Changarnier fut destitué; c'était le premier acte du ministère qui venait d'être reconstitué en vue de délivrer l'Élysée de ce témoin incommode. L'Assemblée se souleva. Dans la même séance, on vit M. de Rémusat demander que les députés se réunissent dans les bureaux pour aviser, M. Berryer soutenir avec éclat la proposition et M. Dufaure répliquer aux ministres.

Rarement sa parole avait été plus émue. Avec une vivacité de langage qui ne lui était pas ordinaire, il demandait par quelle ironie les ministres conviaient en ce jour même l'Assemblée à ne pas s'occuper de politique, alors que pendant la prorogation le pouvoir exécutif excitait deux cents journaux à attaquer, à déconsidérer la représentation nationale, en répétant que l'autorité des Assemblées était finie, qu'il fallait en revenir au règne d'une volonté unique.

« Que veulent dire, s'écriait-il, ces cris séditieux qui n'ont jamais été poursuivis ? Pourquoi échauffer ainsi les masses d'un grand souvenir qui ne peut plus se réaliser, qui est en dehors de nos mœurs, et que trente-six ans de gouvernement parlementaire doivent avoir pour toujours relégué dans l'histoire ? Comment se fait-il que ce soit le lendemain du jour où il a dit qu'il respectait et qu'il ferait respecter les droits de l'Assemblée que le général soit révoqué ? »

La majorité était tout entière avec M. Dufaure dans cette revendication de sa dignité. Mais que pouvait-elle faire ? Réunie dans ses bureaux, elle hésita à engager la lutte. L'armée de Paris, dont elle pouvait la veille encore espérer l'obéissance, ne lui appartenait plus, elle se borna à renverser le ministère. C'était une mince satisfaction, qui ne changea rien au cours des événements.

Le pouvoir du président, appuyé sur l'armée et sur l'administration, allait sans cesse croissant et profitait de toutes les fautes, de toutes les imprudences d'une Assemblée, réduite à l'impuissance par ses divisions mêmes. Le jour où on comprit, qu'en 1852, la France réélirait, malgré la Constitution, le prince Louis, la majorité songea à modifier la Constitution pour rendre légale une seconde élection. La revision qui appelait une Constituante était un appât pour les espérances les plus contraires. Les partis monarchiques entrevirent une solution là où en réalité il n'y avait qu'un expédient pour ajourner le conflit. M. Dufaure prononça contre la revision son dernier discours politique. Il eut à résister longtemps à l'opinion de ses amis.

Après l'échec de la proposition, plusieurs d'entre eux essayèrent de le convaincre et le supplièrent de s'unir à eux pour tenter une nouvelle campagne. Il leur demanda ce qu'on voulait obtenir, sur quel point la majorité était d'accord, se déclara prêt à apporter l'appoint de ses amis aux groupes légitimiste et orléaniste, si ceux-ci étaient résolus à marcher unis aux républicains modérés pour faire certaines réformes constitutionnelles et lutter à la fois contre l'Élysée et contre l'anarchie.

Il écrivait toute sa pensée à M. de Tocqueville, en traçant un tableau des misères morales de l'Élysée.

« Vous le dirai-je, pour l'honneur de notre pauvre France, j'ai une répugnance profonde à contribuer en quoi que ce soit à continuer le pouvoir de cet homme. Dieu me garde de vouloir le faire plus mauvais qu'il n'est! mais enfin, comme vous me le dites très bien, c'est un aventurier, entouré, et jusqu'à un certain point dominé par d'autres aventuriers. Dites-moi à quels bons sentiments il s'est adressé.

» Le peuple pourra être assez fou pour continuer un tel pouvoir; mais il m'est impossible d'y donner la main. »

Quelques semaines plus tard, le coup d'État entrevu, annoncé, décrit tant de fois, était fait; les députés réunis pour une protestation suprême étaient arrêtés, conduits par les rues de la ville, enfermés dans la cour d'une caserne; les uns étaient menés dans un fort, les autres à la prison de Mazas. Après quelques jours de détention au milieu de cinquante de ses collègues, M. Dufaure sortait avec eux du Mont-Valérien et rentrait dans Paris l'âme triste et le cœur ferme, fidèle à la liberté et détestant plus que jamais la licence qui, cette fois comme toujours, avait jeté la France dans les bras du despotisme.

XIV

LE BARREAU DE PARIS.

APRÈS 1852.

Si l'exercice du pouvoir donne la mesure du talent, les années passées loin des affaires publiques peuvent seules montrer ce que vaut la force de l'âme. Pour les plus fermes, il y a une heure critique au moment où à la vie active succède brusquement un repos absolu. Aussi l'épreuve était-elle rude pour les hommes d'État que, depuis trente ans, la France avait appris à respecter, lorsqu'ils furent tous jetés dans la retraite, à la fin de l'année 1851, par le renversement subit des institutions libres qu'ils avaient servies. Ce sera, devant l'histoire, l'honneur des parlementaires, à quelque opinion qu'ils appartinssent, d'avoir montré (à une ou deux exceptions près), combien leurs convictions l'emportaient sur le souci de leurs intérêts et quel cas ils faisaient de leur conscience et du droit.

Les vaincus du coup d'État furent lents à reprendre leur route dans la vie. C'est le sort des hommes de notre temps que la politique a absorbés et qui, au lieu d'y donner une part de leur esprit, s'y sont livrés corps et âme, de se trouver comme égarés au lendemain des révolutions. Suivant la trempe plus ou moins virile de leur âme, suivant les ressources intimes de leur esprit, l'incertitude ou le découragement sont de courte ou de longue durée. Chose singulière ! ce sont les plus jeunes qui ont été les plus atteints : parmi ceux-ci, il en est qui ont traversé l'empire sans avoir su se décider, traînant avec eux la fatigante image de leur désœuvrement. Les plus âgés se sont donné des missions éclatantes ou silencieuses qui ont honoré leur retraite. M. Dufaure a pris très promptement son parti : il s'est décidé à recommencer sa vie d'avocat avec une résolution peu commune qui faisait l'admiration de ses amis, non sans provoquer l'étonnement de ceux qui se sentaient trop brisés pour agir.

Bien que, sous le coup de sa douleur, il fût disposé à fuir la politique, ce fut le droit violé par la dictature qui vint réclamer sa première consultation. Les décrets du 22 janvier 1852 avaient confisqué les biens des princes d'Orléans. Ceux-ci résolurent de demander aux jurisconsultes quels étaient les moyens légaux de résister à cette violation de la propriété. Ils s'adressèrent à M. Dufaure, ainsi qu'à MM. de Vatimesnil, Berryer, Odilon Barrot et Paillet. Aucun des cinq signataires n'aurait permis qu'on recherchât ce qu'il y avait d'individuel dans leur consultation collective. Tous proclamèrent le caractère inattaquable de la propriété qui résidait sur la tête des enfants du roi Louis-Philippe, l'impuissance légale du décret de confiscation et l'admissibilité de tout recours aux tribunaux. Aussi, quand MM. Paillet et Berryer prirent la parole pour réclamer au nom des propriétaires la sanction de leur droit, quand ils protestèrent, en demandant des juges, contre le brutal argument d'un déclinatoire d'incompétence, M. Dufaure les assistait à la barre et il était présent le jour où le tribunal, proclamant sa compétence, donna raison au droit outragé par la force.

Si, en rentrant au Palais de justice après trente années écoulées, celui qui avait porté, pour la première fois, la robe d'avocat en 1820, n'y rencontrait plus toutes les espérances de sa jeunesse, s'il ressentait l'amertume de déceptions patriotiques, il y rapportait du moins avec une force presque égale l'attachement au barreau. Aussi épris de l'indépendance qu'il l'était à vingt ans, il jouissait de penser qu'il ne devrait qu'à lui-même et à ses efforts de chaque jour la prospérité des siens. Depuis dix-huit ans, la politique, en le détournant de sa profession, lui avait imposé un complet oubli de tout ce qui ne touchait pas à l'intérêt public. Lorsque, sous les auspices de son ami Paillet, il sollicitait son inscription au tableau de l'ordre des avocats de Paris, il reprenait en réalité sa vie où il l'avait laissée en 1834.

A toutes les époques, le barreau de Paris avait été le champion ou le refuge des libertés. Pendant le premier empire, les cœurs les plus fiers s'étaient abrités sous la robe; durant toute la restauration, quand l'âge de l'électorat porté à quarante ans excluait de la vie publique les ardeurs de la jeunesse, le barreau avait accueilli, dans un vaste apprentissage, les hommes politiques qui devaient plus tard se distinguer sous le gouvernement de Juillet. Le coup d'État renvoyait pêle-mêle à la barre les auteurs et les victimes des révolutions de 1830 et de 1848, tous ceux qui, dans des camps opposés, avaient, depuis quarante ans, poursuivi dans notre pays l'établissement d'un gouvernement libre. Réduits au silence par la force, ils cherchaient à retrouver sous les privilèges du barreau un peu de cette liberté dont la France semblait dégoûtée et que les franchises judiciaires devaient préserver dans l'enceinte des lois. Au milieu des tristesses d'un marasme universel, ils allaient rencontrer dans cet asile, non-seulement la sécurité, mais la dignité du travail, et les luttes de la parole libre.

M. Dufaure était d'autant plus résolu à se consacrer au barreau qu'il ne partageait pas les espérances de ses amis, parmi lesquels quelques-uns conservaient « des illusions d'émigrés et supputaient gravement le nombre de mois que vivrait le gouvernement nouveau ». Avec M. de Tocqueville, il pensait que l'empire ne fonderait rien, mais durerait. Il fallait donc prendre de nouvelles habitudes et donner un but à la vie. Chacun se créa des devoirs, et les amitiés nouées au milieu de l'activité parlementaire se resserrèrent dans la mauvaise fortune. Quelques correspondances heureusement échappées à la destruction nous font pénétrer parmi ces hommes que le malheur rapprochait sans les aigrir.

On y voit passer et revenir sans cesse les mêmes noms, unis dans une égale répugnance pour le charlatanisme et les palinodies. Malgré des précautions qui, à certains jours, refroidissent et parfois glacent le style épistolaire, on devine le mouvement de ce groupe qui se préservait également des intrigues et des faiblesses. En méditant sur le mystère de la révolution française, M. de Tocqueville, livré à de vastes recherches, interrogeait les origines de la Révolution pour percer le problème de sa destinée; fixé non loin de Tours, sur un coteau des bords de la Loire, il y attirait successivement ses amis. M. Dufaure, en revenant de Saintonge, s'arrêtait dans cette laborieuse retraite où il entendait parler de tous ceux qu'il aimait.

Lorsqu'après les dispersions de l'été on reprenait à Paris les quartiers d'hiver, on se réunissait une fois par semaine, tantôt chez M. Dufaure, tantôt chez

M. Rivet, qui avait échappé à l'inaction en se consacrant aux grandes questions de chemins de fer qu'il avait étudiées dans les Assemblées. C'était le samedi soir : Paillet et Freslon y représentaient le barreau. Gustave de Beaumont arrivant de la Sarthe, où il partageait sa vie entre l'agriculture et les lettres, peignait l'inertie de la province où toute vie collective était suspendue. M. de Corcelle y apportait ses convictions toujours fermes et ses espérances que rien ne lassait : on parlait de tous les absents, de ceux que leur santé, comme M. Vivien, avait conduits sur les rives de la Méditerranée pour aller chercher des forces qui les abandonnaient, puis des exilés de Bruxelles vers lesquels la pensée se portait tristement. Les noms de Lamoricière et de Bedeau revenaient sans cesse dans les correspondances. Avec l'élan de son cœur et son besoin d'activité, c'était Victor Lanjuinais qui allait le plus souvent en Belgique. On attendait impatiemment son retour. Parfois on se réunissait à l'improviste pour saisir au passage Mme de Lamoricière traversant Paris pendant quelques heures. Tous maudissaient l'exil et le tenaient pour le plus grand des maux, sans prévoir que bientôt d'autres douleurs allaient frapper leur amitié. La mort de M. Vivien fut le premier coup qui vint les atteindre. Ce ne fut pas le moins cruel. M. Dufaure perdait en lui le seul ami avec lequel il pût échanger à la fois les souvenirs de la jeunesse et les réflexions de l'âge mûr. Il aimait la clarté de son bon sens, la ferme décision d'un esprit né pour les travaux législatifs. Quelques années plus tard, ce fut le général Bedeau, enlevé par un mal dont il avait rapporté le germe de l'exil et que l'air de la Bretagne, si longtemps souhaité, avait été impuissant à guérir. Chaque vide resserrait les liens de ceux qui survivaient.

Un long commerce d'amitié, plus encore que le pouvoir, l'avait rapproché de M. de Tocqueville. Il tenait, pour un des bonheurs de sa vie, la rencontre de cet esprit supérieur qui savait s'élever si haut avec tant de simplicité et de profondeur. Il ne manquait pas une occasion de lui témoigner de sa sympathie. Peu de mois après le coup d'État, lors de leur première séparation, il lui écrivait de Vizelle, en lui avouant qu'il s'abandonnait au charme un peu matériel de la campagne :

» Pendant que je me livrais à ces soins, ajoutait-il, que ma main tenait la serpette ou l'arrosoir, mon âme n'était

certainement pas endormie. J'ai revu par la pensée les
événements étranges que nous avons traversés depuis
quatre ans et demi. J'ai pesé de nouveau sans regret ni
remords les différentes résolutions que nous avons prises,
je me suis félicité du fond du cœur d'avoir rencontré
dans cette phase si orageuse de ma vie politique des compagnons si éclairés, si fermes et si exclusivement dévoués
à l'intérêt de leur pays [1]. »

M. Dufaure portait un profond intérêt aux travaux de son ami, et s'efforçait de lui venir en aide :
tantôt il lui adressait le fruit des recherches qu'il
avait faites à la bibliothèque des avocats, sur les
arrêts de règlement du parlement de Paris, tantôt
il l'excitait à hâter la publication de son livre sur
l'ancien régime, attendu depuis quatre ans.

« Il n'y a pas tellement loin, lui écrivait-il, de la
Sarthe à Paris, que le bruit des lectures que vous avez
faites chez Beaumont ne soit venu jusqu'à nous. Je
souhaite bien que vous puissiez imprimer quelque chose
pour l'hiver prochain. Cette société parisienne boit,
mange, se rue aux emprunts pour aller jouer le lendemain à la Bourse. Il faut bien lui présenter de temps en

1. 18 juillet 1852.

temps le côté moral de son histoire, et mettre sous ses yeux le tableau des périodes de gloire ou d'humiliation qu'elle a traversées[1]. »

Le succès éclatant du livre de M. de Tocqueville fut pour M. Dufaure une des grandes joies de ce temps. Au milieu du silence général, il y voyait une revanche de l'esprit. A ses yeux, les jeunes gens avaient besoin de méditer ces pures et nobles doctrines pour être préservés des maximes perverses que l'on répandait autour d'eux. Il pressait M. de Tocqueville de continuer « ces investigations profondes qui retrouvaient si bien la vie réelle du passé sous son histoire apparente ou convenue », et il hâtait de ses vœux l'achèvement du second volume.

La santé de plus en plus ébranlée de l'écrivain devait, hélas ! ralentir son travail et bientôt briser sa plume entre ses mains. Sa mort causa un coup sensible à M. Dufaure. Non seulement il perdait en lui un cœur d'une rare délicatesse, mais il puisait des forces dans ce commerce avec une âme fière qui avait tiré de ses méditations le secret de nos malheurs, qui, dans une de ces époques de transition, où le décou-

---

[1]. Juillet 1855.

ragement est le pire des maux, savait tenir ses amis et ses lecteurs à égale distance des illusions et du pessimisme. M. Dufaure connaissait trop son temps pour croire que son deuil fut partagé par d'autres qu'une élite, mais il jugeait avec raison que cette élite se composait de tous ceux qui avaient conservé l'habitude de penser :

« Je crois comme vous, madame, écrivait-il à madame de Tocqueville, que notre société française est égoïste et oublieuse; dès qu'un homme lui est devenu inutile par son grand âge, sa retraite volontaire, ou par la mort, quelque service qu'il lui ait rendu, elle n'en tient plus aucun compte; quelques-uns peuvent le regarder curieusement comme un débris d'un autre âge; c'est le seul genre d'attention qu'on lui accorde. Mais il est des hommes rares, exceptionnels, dont les œuvres ou les écrits sont une mine féconde pour les conceptions de ceux qui leur survivent. Ils sont continués par tous ceux qui se nourrissent de leurs idées, et le monde n'a garde de les oublier, à plus forte raison ceux qu'ils honoraient de leur amitié, qui les ont vus de près, qui ont eu la communication de leurs secrètes et nobles pensées. »

On dit qu'en serrant les rangs, un bataillon décimé reprend courage; M. Dufaure énumérait les soldats encore debout ; il semblait faire l'appel ; en envoyant le bulletin de leur santé à la veuve de son illustre ami, il terminait par ces mots si simples et pleins d'émotion contenue :

« Nous voilà tous, madame, avec le vide affreux que la mort a fait dans nos rangs, fiers et émus au souvenir du passé, humiliés du présent et peu confiants dans l'avenir, du moins dans celui qu'il nous sera donné de voir[1] ! »

Ceux-là seuls qui ont vécu au milieu de l'opposition, sous un gouvernement absolu, savent quel mélange de petitesses et de nobles sentiments la société recèle alors dans son sein. Pendant que la valeur morale de quelques âmes s'élève, que les esprits supérieurs s'épurent, les plus médiocres vivent dans un mouvement perpétuel sans donner à leur vie d'autre but que de colporter les nouvelles et d'alimenter sans cesse les passions. M. Dufaure avait trop le goût de la mesure pour ne pas en souffrir :

« Nos opinions, disait-il, se forment sur ces innombrables anecdotes qui, dans Paris, suppléent à la presse muette : anecdotes, les unes faites à plaisir, les autres

1. 8 janvier 1860.

exagérées à dessein ou sans le vouloir, mais qu'on ne recherche pas avec moins d'avidité, parce qu'on veut apprendre quelque chose. »

M. Dufaure avait besoin de s'arracher à cette atmosphère de frivolité dans laquelle il étouffait. Plus il souffrait des évènements contemporains, et plus il redoublait d'efforts pour échapper à l'obsession du dehors. C'est dans son cabinet, au milieu de la préparation des dossiers et des plaidoiries, qu'il trouvait l'oubli de ses tristesses. Doué d'une force de travail peu commune, il écartait tout ce qui pouvait troubler sa vie réglée. Le dimanche, sa famille et ses amis se partageaient ses rares heures de loisir, puis le travail reprenait ses droits et aucune réunion ne l'empêchait d'être prêt à l'heure dite. Nul avocat ne demanda moins de remises. Les bras chargés de dossiers, la démarche alourdie par le poids des pièces, on le voyait entrer dans l'audience, consulter le rôle et s'asseoir à son banc avec la certitude qu'à l'appel de la cause, il se lèverait pour plaider.

Nul ne se doute, hors du Palais de justice, de l'existence d'un avocat occupé. Les journées s'envolent sans qu'il soit possible de soustraire une heure au tumulte de la salle des Pas-Perdus, aux conversations de la bibliothèque, ou aux attentes fastidieuses des salles d'audience ; les deux heures qui séparent le retour au logis du repas du soir sont absorbées par la fiévreuse impatience des clients. Le travail indispensable aux longues préparations des plaidoiries n'est donc possible qu'en prolongeant la soirée ou en devançant la matinée. C'est aux dépens de la nuit que, d'une manière ou de l'autre, il faut trouver le temps nécessaire au travail. M. Dufaure avait depuis longtemps fait son choix. La soirée était fort courte et toute consacrée à la vie de famille. Entre ses enfants dont il partageait les jeux et sa femme qui écoutait une lecture, les seuls instants de repos passaient vite, et le lendemain à quatre heures, souvent plus tôt, quand un travail pressait, M. Dufaure se mettait à sa table, ayant de la sorte six heures devant lui pour une de ces études approfondies dans lesquelles se complaisait sa rigoureuse poursuite de la vérité.

Plus d'une fois il lui arrivait de refuser une cause après un examen où sa conscience se faisait juge. Il dut à cette sévérité de gagner plus de procès que la plupart des avocats de son temps. En lui apportant un dossier, le plaideur savait qu'il avait à franchir un premier degré de juridiction. Souvent l'instruction était longue, des notes étaient réclamées, des conférences avec le plaideur avaient lieu, puis, l'enquête faite, la décision était rendue et, si le dossier était accepté, le procès était à demi gagné. Telle est la puissance exercée dans leur cabinet par un de ces avocats dont le vulgaire ne sait pas l'autorité, que, pour un plaideur sincère, une hésitation de M. Dufaure ou de M. Hébert rendait un arrangement nécessaire.

M. Dufaure professait une grande admiration pour l'institution des justices de paix. En réalité, il en exerça pendant dix-huit ans la charge dans son acception la plus élevée, et il avait autant de goût à étouffer dans leur germe les procès que d'autres mettent de soin à les entretenir.

Connaissant à fond chacune des affaires qu'il plaidait, comme si elle eût été l'unique objet de ses soins, dès les premiers mots il s'emparait du sujet, posait le problème, expliquait le fait, laissait pressentir la solution en un nombre si restreint de phrases qu'il était parvenu au cœur de la discussion en un temps qui n'aurait pas suffi à tout autre pour achever l'exposition. Il était impossible d'être à la fois plus rapide et si complet. Un de ceux qui l'ont le mieux loué disait en peignant son talent : « Il est une éloquence pressée d'agir qui va d'abord droit à la cause et sans s'en laisser distraire un moment, en tire tous ses moyens, qui, d'arguments décisifs, habilement gradués, fortement liés, forme autour d'elle comme une armure impénétrable à toutes les atteintes, dont le mouvement, la chaleur sont toujours dans le progrès logique des idées, dont l'éclat résulte de la propriété énergique, de la portée agressive ou défensive de l'expression; éloquence simple, sobre, austère même, mais d'un effet puissant et à l'action de laquelle concourt cette grande force oratoire qu'une définition célèbre chez les anciens et digne de l'adoption des modernes, plaçait dans la probité reconnue de l'orateur, dans l'ascendant de son caractère moral [1]. »

L'œuvre de l'orateur judiciaire échappe à l'analyse. Dispersée sur mille sujets divers, elle n'offre point de traits communs, et il n'est point de méthode qui permette d'en grouper l'infinie diversité. Nous ne pouvons suivre M. Dufaure allant de juridiction

---

1. M. Patin, *Discours pour la réception de M. Dufaure*, 7 avril 1864.

en juridiction plaider des causes civiles dont la renommée éphémère ne franchissait que pendant quelques jours les limites du palais. Pour avoir fait grand bruit en leur temps, le procès Michel Lejeune, la nullité du testament Girardin, la succession Pescatore, ne sont demeurés que dans peu de mémoires; mais le talent déployé par le jurisconsulte, l'éloquence de l'orateur, furent universellement reconnus et mirent sa réputation au-dessus de tout éloge.

XV

LES CAUSES POLITIQUES.

Pendant les six années qui avaient suivi le coup d'État, M. Dufaure s'était confiné dans la défense des intérêts civils, s'efforçant d'oublier comment la France abdiquait entre les mains d'un seul. Un labeur acharné, sans apaiser sa douleur, le préservait des déceptions sans cesse renouvelées de ceux qui annonçaient chaque jour le réveil et qui essayaient par leurs écrits de secouer la léthargie des esprits. Parmi ses plus ardents amis, il n'en était pas de plus impatient que M. de Montalembert; demeuré jeune de cœur, il brûlait de monter à l'assaut d'une Constitution à laquelle il en voulait d'autant plus qu'il avait été un instant sa dupe et qu'il avait à cœur de prendre contre elle une revanche qui satisfît son honneur autant que ses convictions. *Un débat sur l'Inde au parlement anglais* produisit, en octobre 1858, un effet que, de loin et au milieu du bruit d'une presse libre, nul ne peut aujourd'hui se figurer. C'était le cri d'une conscience étouffée revendiquant au milieu du silence universel « le droit de rester fidèle au passé, aux sollicitudes de l'esprit, aux aspirations de la liberté. » L'éclat et le retentissement de cette protestation prouvèrent que le sommeil des esprits n'était pas si profond. Le gouvernement se sentit frappé. M. de Montalembert fut traduit devant la 6° chambre, et M. Dufaure fut appelé, avec M. Berryer, à servir de témoin et de champion, plus encore que de défenseur, à son ancien collègue.

Ce n'était pas en effet pour l'écrivain qu'ils plaidaient l'un et l'autre, c'était pour l'homme politique, qui avait senti depuis sept ans « l'amertume des regrets, qui avait, lui aussi, pris part aux luttes de la tribune, qui avait connu les magnificences de la liberté ». M. Berryer et M. Dufaure se précipitèrent dans le débat avec l'ardeur d'athlètes irrités d'un long repos. Leur client avait dit que, lorsqu'il « étouffait sous le poids d'une atmosphère chargée de miasmes serviles et corrupteurs, il courait respirer un air plus pur et prendre un bain de vie dans la libre Angleterre ». Appelés à défendre pour la première fois, depuis l'empire, les institutions qui avaient fait l'honneur de la France, que l'Angleterre possédait et que nous avions perdues, les deux orateurs, retrouvant tout à coup une tribune, ayant dans l'audience et au dehors, malgré les lois de presse, tout ce qui pensait pour auditeurs, se sentaient surexcités par l'aiguillon des souvenirs et la grandeur d'une telle cause. M. Berryer se surpassa. M. Dufaure, dont la logique impitoyable devant les premiers juges avait réduit à néant la prévention, recommença son œuvre devant la cour avec un succès que des extraits ne peuvent rendre, parce que, dans son plaidoyer, tout se tient de telle sorte qu'un fragment ne peut être détaché de l'ensemble.

Dans ce merveilleux travail d'esprit, chaque ligne est un argument, chaque phrase est un trait : il semble qu'auprès de M. Berryer, il ait voulu mettre un frein à sa parole pour ne faire appel qu'à la raison seule et ne triompher que par la dialectique. Vers la fin, cependant, il jette un regard sur celui qu'il défend, sur la France et sur les sentiments qui ont dominé son client : on sent éclater l'émotion jusque-là refoulée et dont les auditeurs notaient depuis quelque temps l'expression sur les lèvres frémissantes de l'orateur ; il ferme le dossier dont il avait disséqué toutes les feuilles ; sa tête, penchée pour lire les textes à la lueur indécise de quelques bougies, se redresse, et nul de ceux qui se pressaient sous les voûtes surbaissées de l'ancienne chambre des appels correctionnels, à la fin de cette longue audience, dans l'obscurité où ils ne voyaient éclairée que la tête de celui qui parlait, n'ont pu oublier quels accents prit sa voix, quand il montra les serviteurs et les courtisans du pouvoir absolu exaltant les bienfaits de l'autorité sans contrôle :

« Au milieu de ce concert universel d'acclamations pour les bienfaits du pouvoir absolu, ne sera-t-il pas permis à un écrivain de dire les grandes choses que la liberté peut produire ?... Cet écrivain, d'ailleurs, n'aura-t-il pas dans sa situation personnelle quelque justification ? S'il a pris part lui-même aux affaires politiques, s'il y a consacré autrefois tous les efforts de sa plume et de sa parole, s'il a vécu soldat actif et vaillant du gouvernement parlementaire, en retrouvant ces institutions, en les revoyant en action dans un pays voisin, il sentira revivre tous les souvenirs de sa jeunesse, et ces souvenirs deviendront facilement des regrets.

» Je ne voudrais rien dire contre mon cher et pauvre pays, mais nous avons, ce me semble, une étrange disposition. Les regrets qui s'attachent aux personnes, non seulement nous les souffrons, mais nous les honorons. Un homme aura suivi l'empereur Napoléon sur les champs de bataille de l'Europe, il aura avec lui combattu pendant vingt ans, il aura vaincu, il aura souffert avec lui et pour lui, et puis, pendant l'exil, après la mort, il se nourrira tristement des souvenirs que lui a laissés cette grande intelligence qu'il a eu l'honneur d'approcher; un ancien et fidèle serviteur aura vu un vieux roi à cheveux blancs, dont il avait admiré la dignité et éprouvé la bonté, tomber d'un trône glorieux pour prendre la route de l'exil, il conserve pour lui de respectueux et d'ineffaçables regrets; un autre aura assisté à l'intérieur d'une royale et auguste famille dans laquelle, comme le dit une simple et belle épitaphe inscrite sur le tombeau des Douglas à l'abbaye de Westminster, dans laquelle « toutes les filles étaient chastes et tous les fils étaient vaillants »; il conservera leur souvenir pieusement et il ira mêler ses larmes à la douleur de ses deuils trop répétés. Je le dis à l'honneur de ce pays, de tous, pouvoir et citoyens, on respectera, on honorera de tels regrets. Pourquoi ne voulez-vous pas qu'il y ait quelque regret aussi pour des idées dont notre intelligence s'est nourrie, pour des institutions dont nous espérions voir sortir la grandeur de notre patrie ?

» Un homme est entré dans la vie publique à l'âge où, nous autres, nous cherchions laborieusement une profession. Il y est entré avec toutes les illusions et toutes les ardeurs de la jeunesse ; il a eu le bonheur de prendre en main, dès les premiers jours, une sainte et grande cause, et il l'a prise en main avec une telle autorité que personne en France n'a pu lui contester le droit d'en porter le drapeau ; il l'a défendue pendant vingt ans au milieu des luttes les plus vives ; il a obtenu des succès personnels éclatants et, ce qui lui était bien plus précieux encore, des succès réels pour la cause qu'il défendait, il a obtenu tout cela par la liberté de la discussion, de la tribune ; je ne m'étonnerai vraiment pas, lorsque la tribune sera tombée, lorsque tout fera silence autour de lui, s'il va dans un pays voisin et s'il assiste à l'un de ces grands drames de la libre discussion dans lesquels se succèdent les plus éminents orateurs d'un pays très éclairé, je ne m'étonnerai pas s'il s'anime avec eux, s'il se passionne avec eux. Il croira revoir ses rivaux, ses amis, ses combats d'autrefois ; il éprouvera le besoin de dire, d'exprimer tout haut ses émotions. Son langage sera vif et coloré, et si, au milieu de ses expressions, quelque terme de comparaison avec des pays qui s'accommodent d'une autre vie lui échappe, vous ne saisirez pas ce mot au passage, vous n'oublierez pas l'impression générale d'un écrit de soixante-dix pages pour ne garder en mémoire qu'une phrase isolée, une expression trop vive, y voir un délit et le condamner ! »

Les jeunes gens d'aujourd'hui ne peuvent se douter de ce que ressentaient alors les hommes de leur âge. Étrange transformation des temps ! En vingt années, tout a changé de telle sorte que les souvenirs d'hier semblent d'anciennes réminiscences. Parce que la libre discussion ne leur a pas donné le pouvoir, il est des gens qui sont prêts à blasphémer contre elle. En 1858, ceux qui gémissaient du marasme des esprits voyaient à l'horizon la liberté comme un mirage enchanteur destiné à calmer toutes les souffrances, en dissipant les ténèbres. Tous ceux qui la leur montraient étaient acclamés dans un cercle d'esprits en éveil, d'intelligences actives qui répétaient, à défaut d'une presse muette, toutes leurs paroles. Pas un journal ne put citer une ligne du plaidoyer de M. Dufaure ; mais les jeunes avocats qui avaient attendu six heures à la porte la faveur d'une place en un coin de la salle, les privilégiés qui avaient pu se serrer derrière le banc où était assis le prévenu répétaient à l'envi des fragments des harangues : la salle des Pas-Perdus, les conférences de droit en retentissaient, M. Villemain exerçait sa surprenante mémoire à dicter le lendemain à un stagiaire, tout fier d'avoir osé prendre à la dérobée quelques notes, le discours de M. Berryer, et ces morceaux colportés et recopiés étaient réunis en Belgique, imprimés à Bruxelles et ramenés en France en petit nombre avec plus de peine que, sous Louis XIV, les gazettes de Hollande.

C'est ainsi que le procès de M. de Montalembert marque une date dans l'histoire du second empire : il fut l'occasion et le symptôme du réveil du sentiment libéral en France. M. Dufaure y avait largement contribué.

L'empire, à cette époque, n'avait pas seulement les libéraux pour adversaires. Un an après l'attentat d'Orsini, l'empereur, fidèle à d'anciennes promesses, avait commencé l'œuvre de l'unité italienne. La guerre de 1859, en ébranlant tous les trônes de la péninsule, avait eu pour contre-coup l'invasion des Légations. Le pouvoir temporel, que nous sauvegardions à Rome, était menacé par nos alliés et l'empire commençait à pratiquer cette politique équivoque qui devait nous compromettre aussi bien avec nos amis que vis-à-vis de nos adversaires. Aux protestations de la papauté répondaient comme un écho les protestations des évêques ; nul n'était plus ardent, plus souvent sur la brèche, plus prêt à la riposte que l'évêque d'Orléans. Ce que M. Thiers soutenait avec la verve de l'homme d'État qui ne cherchait et ne voyait que l'influence de la France en Europe, ce que M. Guizot professait avec la profondeur du philosophe politique, Mgr Dupanloup le proclamait avec une fougueuse éloquence de polémiste.

Au cours de la lutte, une des feuilles gouvernementales crut avoir trouvé un moyen de réduire son adversaire au silence en publiant « une lettre pastorale de Mgr l'évêque d'Orléans au supérieur et au directeur de son petit séminaire », dans laquelle l'inutilité du pouvoir temporel était démontrée. Le journaliste comptait sur l'équivoque due à la suppression des dates. Il s'agissait d'un écrit d'un prédécesseur de Mgr Dupanloup, Mgr Rousseau, qui l'avait publié en 1810 au plus fort de la querelle entre le pape et l'empereur. Mis en contradiction avec l'un des prélats qui avaient occupé le siège d'Orléans,

Mgr Dupanloup répondit sur-le-champ. On invoquait un témoignage sacré, il montra ce qu'était le témoin, et, sur des pièces irréfutables, traça le portrait d'un de ces évêques tels qu'en tout temps le pouvoir absolu s'est plu à les façonner. Le coup était rude et n'atteignait pas seulement l'imprudent journaliste qui avait si maladroitement puisé dans les archives du ministère des cultes. Le gouvernement voulut avoir le dernier mot, et, sur une plainte plus ou moins spontanée des héritiers de Mgr Rousseau, l'évêque d'Orléans fut traduit en police correctionnelle pour diffamation.

C'était la première chambre de la cour de Paris qui était compétente. Le journal *le Siècle*, de son côté, se prétendait diffamé, et les deux causes vinrent à la même audience. M. Berryer et M. Dufaure défendaient Mgr Dupanloup, l'un contre le *Siècle*, l'autre contre les héritiers Rousseau. M. Dufaure était non seulement heureux de soutenir une cause qui convenait si bien à ses convictions, mais encore de rencontrer une occasion de constater la nature et de marquer la limite des droits de l'historien.

Naguère, au nom des enfants du prince Eugène, il avait attaqué les *Mémoires du duc de Raguse* et fait condamner l'éditeur à insérer des documents rectificatifs. On l'avait accusé de méconnaître la liberté de l'histoire ; il s'était promis de chercher à compléter sa pensée. Il lui donna toute son étendue dans son plaidoyer qui n'a jamais été publié en France et dont il est à propos de faire connaître quelques fragments.

Dès le début, il soutint que toute parole blessante, offensante pour la mémoire d'une personne qui n'existe plus, donnait ouverture à une action civile des héritiers, mais qu'elle ne constituait pas un délit. Cherchant à démontrer combien il serait grave d'ériger en infraction pénale toute attaque contre un homme qui, de son vivant, a appartenu à l'histoire, M. Dufaure en arriva à se demander ce qu'était le souvenir, ce qu'était la mémoire d'un homme :

« Au moment, dit-il, où la mort vient nous atteindre, cette partie immortelle de nous-mêmes qui fait toute notre personnalité, où se concentrent toutes nos facultés, naissent et se développent toutes nos erreurs et tous nos mérites, qui rattache pour nous le présent au passé par la mémoire et le présent à l'avenir par l'espérance, cette partie immortelle qui s'exerce en moi lorsque je cherche à vous exprimer ma pensée, qui agit en vous lorsque vous me prêtez votre bienveillante attention, notre âme, à ce moment, entre dans les mystérieuses conditions d'une vie nouvelle, où la pensée humaine ne peut que vaguement la suivre, où les injures de ce monde, ai-je besoin de le dire? ne peuvent pas l'atteindre : quelques moments après, son enveloppe mortelle est pieusement déposée au sein de la terre, une pierre ou un monument la couvre. L'un et l'autre sont également protégés par nos lois contre toute injure et contre toute attaque, car la ville des morts a sa police comme la ville des vivants; mais ce que nous appelons notre mémoire dans le monde, ce souvenir que nous laissons après nous, cher à quelques-uns, indifférent pour beaucoup, ombre vaine si prompte à disparaître, les lois la protégeront-elles contre les attaques des vivants, au point de déclarer que quiconque en dira librement sa pensée, aura commis un délit?... Je ne m'étonnerais pas que quelquefois on le désirât; nous avons seulement à nous demander, car nous raisonnons sur le droit positif, si les lois ont donné au souvenir des hommes cette protection; si de toute attaque, elles ont fait un délit et si tous les jugements de l'histoire sont du ressort de la police correctionnelle.

» La double tâche de l'historien est très nettement indiquée. Il a deux choses à faire : il raconte et il juge. Il raconte avec vérité, et il juge avec liberté. Il raconte avec vérité, c'est la première condition, et, quant à moi, je la tiens pour absolue. Après avoir raconté avec vérité, il juge avec liberté; du moment qu'on remplit la première condition, on a un champ sans limites pour remplir la seconde.

» Imaginez-vous ce que serait l'histoire si l'écrivain n'avait pas le courage ou le pouvoir de juger, d'apprécier, de blâmer ce qui lui paraît blâmable, d'estimer, de louer, d'élever ce qui lui semble digne d'éloges? Comment! sous les yeux du lecteur passeraient les faits coupables ou vertueux, les grands hommes ou les criminels, sans qu'un mot de l'écrivain vînt indiquer la valeur de chacun d'eux et l'estime qu'il mérite, sans que l'écrivain paraisse ému des forfaits ou des grandes actions qu'il raconte! Le lecteur peu à peu s'habituerait à lire froidement ce que l'écrivain aurait raconté froidement; bientôt s'effacera la distinction du bien et du mal; l'histoire, comme une loi menaçante l'aura faite, ne sera plus qu'une œuvre immorale et le passé ne pourra plus servir de leçon à l'avenir. Remarquez la marche que suivent les idées! On commence par interdire d'apprécier, on punit le blâme, on finira par punir l'éloge, par interdire de louer les grands hommes. On arrive à ce temps où, selon Tacite, on punit de mort l'écrivain qui loue Helvidius ou Thraséas et on livre ses écrits aux flammes! Voilà où l'on arriverait avec ce principe, que l'historien qui raconte véridiquement n'est pas libre pour l'appréciation des faits qu'il raconte.

» Mais on se récrie. Voyez-donc : on va troubler la cendre des morts! Dans la plainte, on répète quatre fois : Vous allez frapper la pierre du tombeau; vous portez atteinte à la tombe. Rejetons toutes ces figures. Le pieux asile de la tombe reçoit également la dépouille de l'homme vertueux et du criminel. On n'a jamais entendu qu'elle l'ait mis à l'abri des justices de l'histoire. L'histoire veille, raconte, est juge impartial, même en face du tombeau. On appelle cela de la calomnie, c'est la vérité qui se fait jour, qui éclate. On ne vit, surtout de la vie publique, qu'à cette condition. Du moment où vous y entrez, vos actes, vos paroles, vos actions bonnes ou mauvaises, n'ont pas seulement une influence sur votre temps et sur vos contemporains. Vous disparaissez. L'action que vous avez exercée dépasse les limites de votre vie. Votre souvenir sert encore de leçon, il excite encore des haines ou des sympathies, il appartient à l'histoire de dire si l'éloge ou le blâme doit s'attacher à votre nom.

» Non, l'histoire ne peut être utile, elle ne doit être conservée qu'à la condition d'être libre, et l'homme public doit savoir, il est bon qu'il sache, qu'il n'a pas seulement à se préoccuper de l'opinion de tous ceux qui l'entourent, opinion trop souvent égarée, trop souvent factice, trop souvent injuste. Il est bon, quel qu'il soit, qu'il sache qu'après lui, en dehors de toutes ces influences locales, bien au-delà de toutes ces passions contemporaines, il y aura une justice, la justice de la postérité; elle ne s'exerce que par la voie de l'histoire libre ; ne supprimez pas ce grand encouragement pour les bons, ce salutaire effroi pour les méchants.

» Ainsi, tenons-le pour certain, la vérité avant tout doit être connue et l'appréciation doit être libre. Sans doute cette appréciation s'égare quelquefois ; l'erreur la domine au lieu de la vérité ; mais, peu à peu, l'erreur se dissipe, les passions se calment et la vérité pure, belle, noble dans tout son éclat reparaît, et l'histoire épurée nous enseigne ce que vaut le vice, ce que vaut la vertu. »

Les applaudissements éclatèrent dans l'enceinte de la cour. Telle était l'émotion des auditeurs quel que fût leur rang, que nul de ceux qui en avaient la charge ne pensa à les réprimer. Les esprits avaient été portés à une telle hauteur que, dès ce moment, la cause était jugée : l'évêque d'Orléans fut acquitté et la doctrine de la libre critique des personnages qui ont joué un rôle dans l'histoire formellement consacrée par la cour.

Ces principes ont pu subir des éclipses momentanées ; une jurisprudence plus sévère a pu tenter d'attribuer à la magistrature le droit de reviser les jugements de l'histoire. M. Dufaure, à toutes les époques, est demeuré le partisan déterminé des règles qu'il avait eu l'honneur de faire triompher devant la cour de Paris.

Le procès de M. de Montalembert et celui de l'évêque d'Orléans avaient vivement ému tous ceux qu'intéressaient les affaires publiques.

Pour trouver au Palais de justice et dans l'opinion à Paris une semblable secousse, il faut nous reporter au printemps de 1861. L'unité italienne avait poursuivi son œuvre. Derrière la physionomie muette et énigmatique du chef de l'État, on voyait s'agiter au premier rang de la famille impériale un personnage étrange ayant, avec tous les vices de sa race, quelques-uns des traits de l'Empereur sans en avoir le génie, et dont l'intempérance de parole avait attiré plus d'une fois les remontrances impériales. Dans un discours prononcé au Sénat en faveur du royaume d'Italie et contre le pouvoir temporel, le prince Napoléon avait eu le triste courage d'insulter la famille d'Orléans. C'était une imprudence, elle lui coûta cher.

Dans l'après-midi du 12 avril 1861, une petite brochure jaune fut mise en vente dans le quartier de la Bourse ; elle portait pour titre : *Lettre sur l'histoire de France, par Henri d'Orléans*, et contenait la plus sanglante réponse qu'insulteur ait jamais soufferte. En deux heures, l'édition était enlevée, et quand le soir la police vint tenter une saisie, la boutique était vide. Dans Paris, les exemplaires se passaient de main en main et ce succès fut si prompt, si complet, l'esprit y éclatait avec une verve si française, il y avait là un coup de maître frappé si vite et porté si juste que les yeux se tournèrent aussitôt vers celui qui l'avait reçu.

Une poursuite fut la seule réponse. M. Dufaure soutint l'attaque. Le ministère public s'efforça de couvrir le prince Napoléon, de montrer les princes d'Orléans conspirant comme les Stuarts et lançant de loin des manifestes. Le défenseur du libraire Dumineray fit justice de cet habile sophisme ; il montra ce qu'avait été pour des esprits distingués, pour des âmes éprises de l'amour national l'emploi de l'exil, il cita les écrits dans lesquels, par une sorte de tradition filiale, ils s'appliquaient à confondre dans un impartial éloge toutes les gloires de la France et prouva qu'aucun de ces écrits n'avait contenu une seule attaque contre l'empire. Il se demanda en d'habiles réticences ce qu'avait été, en un temps moins éloigné que celui où vivaient les Stuarts, la conduite d'autres prétendants et rechercha si l'écrit incriminé avait un seul des caractères d'un manifeste.

Dans son réquisitoire, le ministère public n'avait dressé qu'un long acte d'accusation contre le gouvernement de Juillet afin de faire ressortir les grandeurs du second empire et d'entraîner la défense sur un dangereux terrain. M. Dufaure refusa de l'y suivre. Il se contenta de rappeler ce qu'était le gouvernement parlementaire et de citer le mot de M. Vivien lorsqu'il disait : « La liberté est une chose si sainte et si douce que je la prendrais de quelque main qu'elle sorte. Je serais heureux de la devoir à un Washington, elle me réconcilierait avec un Stuart et j'en saurais même gré à un Cromwell, s'il pouvait me la donner. » Ce souvenir satisfaisait son cœur autant que sa raison. Il attestait ainsi, en mettant la liberté au-dessus de tout, l'unité de sa foi politique[1].

La défense de M. Prévost-Paradol, poursuivi devant le tribunal correctionnel à la suite de la publication

---

[1]. Nous ne pouvons citer ici toutes les plaidoiries ou les consultations relatives à la politique. Il est cependant impossible de passer sous silence la défense de M. le marquis de Flers, prévenu d'intelligences à l'étranger, et de ne pas rappeler la satisfaction avec laquelle M. Dufaure saisit cette occasion de critiquer la loi de sûreté générale qui créait en France une catégorie de suspects.

d'une brochure sur les *anciens partis*, offrit à M. Dufaure l'occasion de revenir sur le même sujet :

« On a plusieurs fois, dit-il reporté nos souvenirs à vingt années en arrière. Était-ce de cette manière que les anciens partis d'alors traitaient un gouvernement tolérant et modéré? Attaques à main armée, invasions de territoire, débarquements hostiles, attentats dans les rues de Paris, rien n'était épargné par deux vieux partis fanatiques de la force matérielle et des coups de main. »

En face de ces souvenirs, il montrait les hommes qui avaient servi le gouvernement parlementaire, ceux qui appartenaient en 1863 à ces anciens partis, « livrés paisiblement aux plus grands travaux qui puissent honorer leur temps, dans l'histoire, dans la philosophie, dans la politique, comme cet éminent écrivain que nous avons perdu il y a deux ans, donnant à son pays, au moment de mourir, son plus bel ouvrage. L'avenir dira donc que les anciens partis d'aujourd'hui, ces débris du régime parlementaire se sont assez respectés pour ne rien demander à la force matérielle, qu'ils n'ont cherché autre chose que de maintenir le feu sacré de leurs idées qui ne leur ont paru ni moins saines, ni moins nobles, pour avoir été vaincues. »

XVI

BATONNIER ET ACADÉMICIEN.

L'éclat des succès oratoires autant que l'autorité conquise dans les affaires avait mis depuis longtemps l'ancien avocat de Bordeaux au premier rang du barreau de Paris. L'ordre des avocats l'aurait déjà appelé à sa tête, s'il avait eu les dix années d'inscription au tableau qui permettent seules l'élection. A la fin de juillet 1862, la période était révolue, et ce qui pour tout autre permet d'espérer une candidature au conseil rendait certaine pour M. Dufaure une élection unanime comme bâtonnier de l'ordre. Il avait déjà exercé à Bordeaux cette charge que lui renouvelait, sur un plus grand théâtre, l'admiration de ses confrères. Il la reçut avec un sentiment profond de l'honneur et des devoirs qui y étaient attachés.

Il est de tradition à Paris que le bâtonnier ne se borne pas à maintenir la discipline : sa tâche est avant tout de former des stagiaires. M. Dufaure aimait passionnément la jeunesse. Pendant quinze ans, il attira dans son cabinet et admit à son patronage les esprits les plus fins et les plus ouverts. S'intéresser aux travaux des jeunes gens, présider à leurs joutes oratoires, leur prodiguer ses conseils, suivre leurs progrès, étaient pour lui autant d'heures de satisfaction et de repos. Il fallait le voir, le samedi, s'impatienter de la longueur des plaidoiries qu'il suivait d'ordinaire sans paraître pressé, s'échapper de l'audience dès qu'il le pouvait, traverser d'un pas rapide les galeries du palais et pénétrer dans la vieille salle basse de la bibliothèque, où, au milieu des livres, s'assemblait, chaque semaine, la conférence des stagiaires. Il était heureux de déposer le fardeau de ses dossiers, il avait hâte d'interroger les secrétaires sur le sujet en discussion et de tourner ses regards vers l'avenir, en écoutant les voix de ces jeunes gens qui allaient être les recrues du barreau. Parmi ceux qui, pendant deux ans, suivirent sous son bâtonnat la conférence, quel est celui qui a pu oublier sa bienveillance et ses encouragements? Jamais maître ne s'est plus intéressé à ses disciples. Il prenait des notes sur tout ce qu'il entendait, et ses résumés contenaient les conseils les plus sûrs. Évidemment celui qui dirigeait ces travaux avec un tel soin se disait qu'il avait charge d'âmes.

M. Dufaure ne se bornait pas à animer de sa parole la conférence du stage; il aurait voulu multiplier les lieux de réunion, donner aux jeunes gens de plus fréquentes occasions de mûrir leur esprit en se formant à la discussion publique. Se souvenant de sa jeunesse, il voulait qu'un stagiaire fît partie de plusieurs conférences et ne se lassait pas de montrer quelle heureuse influence ce travail en commun peut exercer sur ceux qui le prennent au sérieux. Il appliquait à ces relations laborieuses ce que Cicéron disait de la grande société du genre humain : « C'est en s'instruisant les uns les autres, en discourant, en conférant ensemble; c'est par la discussion et le raisonnement, que les hommes se concilient entre eux et forment une certaine société naturelle. »

« Ainsi, disait-il aux stagiaires, vous vous préparez aux qualités que le barreau doit plus tard exiger de vous. Vous acceptez sans murmure la hiérarchie naturelle de l'ancienneté et du talent et vous commencez ces relations faciles, loyales, sans envie comme sans faiblesse, qui sont l'honneur de notre profession et feront en tout temps le charme de notre vie. »

Les discours prononcés en 1862 et 1863, lors de l'ouverture de la conférence du stage, portent l'empreinte d'une grande émotion. C'est qu'au fond M. Dufaure aimait le barreau d'un amour filial. Non seulement il y voyait l'emploi des plus hautes facultés, mais surtout la nécessité de cultiver « ces trois nobles dispositions de l'âme : l'indépendance, le désintéressement et la modération (6 décembre 1862) ». Il ne connaissait pas de profession qui exigeât plus impérieusement l'exercice de ces vertus. Il répétait, non sans fierté, ce mot d'un vieux magistrat : « Ce que les autres hommes appellent des qualités extraordinaires, les avocats les considèrent comme des devoirs indispensables. » Jamais il ne peignit mieux ses sentiments que le jour où, montrant aux stagiaires tout ce que le barreau pouvait leur offrir de satisfaction modeste ou de brillante renommée, il termina en leur adressant ces paroles :

« Notre profession permet enfin à chacun de vous de laisser après lui, en mourant, la réputation d'avoir été, dans le sens le plus large du mot, un honnête homme et, si les épreuves de la vie viennent à s'y prêter, un grand homme de bien. »

Pour M. Dufaure, ce titre représentait le sommet des ambitions; parmi ses auditeurs de 1863, il en était plus d'un qui déjà n'hésitait pas à le lui décerner.

On avait enfin franchi les années stériles et silencieuses qui avaient suivi l'établissement de l'empire; les âmes s'échauffaient, et autour de ceux qui parlaient de contrôle et de liberté, il se faisait un mouvement qui attestait le réveil de plus en plus marqué des esprits. Les grandes causes de M. de Montalembert, de l'évêque d'Orléans, de M. Prévost-Paradol et de M. le duc d'Aumale avaient eu un long retentissement et avaient uni à la renaissance libérale le nom de M. Dufaure. La foule des électeurs, tenue en lisière, pouvait tarder à l'acclamer, c'était une raison de plus pour qu'un suffrage d'élite rendît hommage à son talent. La candidature de M. Dufaure à l'Académie française se produisit, à son insu, au lendemain des défenses politiques dont on redisait tout bas les plus beaux fragments. Quand il en fut informé, elle était posée. Autant il mettait de soin à fuir les appels qui le pressaient de rentrer dans la vie publique, autant il fut touché du désir qui poussait ses clients à l'avoir pour confrère. Il se souvenait d'avoir préféré la littérature au droit; à aucune époque, il n'avait entièrement délaissé les lettres, et un commerce assidu avec les chefs-d'œuvre de notre langue tenait dans sa vie une grande partie du temps que sa profession laissait libre. En l'accueillant, l'Académie ne voyait que ses discours, sans se douter de cette part intime de sa vie.

Appelé à remplacer le chancelier Pasquier, M. Dufaure trouva dans sa harangue de réception le moyen de tout dire.

L'avocat tint à honneur d'exprimer, dès le début, son culte envers le barreau qui regarde « comme son devoir le plus glorieux de défendre, quand les circonstances le demandent et contre tout adversaire, une liberté sans laquelle l'Académie, comme le barreau, n'existeraient plus, la liberté de penser, de parler, d'écrire ».

L'étudiant de 1820 ne manqua pas de rendre hommage au professeur devenu secrétaire perpétuel, en invoquant le souvenir toujours présent des cours de la Sorbonne et de « ces improvisations que la tribune politique ne surpassait pas ».

Enfin le politique, — tout ému de la lecture des *Mémoires* dans lesquels un jeune conseiller de vingt ans peint, du fond du parlement, l'ancienne société française, décrit la fièvre d'enthousiasme qui précéda la Révolution, les déceptions et les désordres qui l'accompagnèrent, les persécutions de la Terreur et « l'anarchie du Directoire tempérée par les violences, » — fit un tableau de la jeunesse de M. Pasquier, qui, sans sortir des bornes de la biographie, demeure une page d'histoire.

Tout son récit est vif, animé et parfois d'une concision éloquente. On a parlé souvent de ses ironies; ses réticences n'étaient pas moins cruelles. Il faut l'avoir entendu prononcer la phrase sur le coup d'État de brumaire pour se figurer l'effet qu'elle produisit sur l'assistance. Ces paroles, dites avec le son toujours grave de sa voix mordante, tombèrent de sa bouche comme une sentence :

« Mon prédécesseur, dit-il, n'a pris aucune part au 18 brumaire ; ainsi, je n'ai pas à vous en dire mon opinion : je m'en félicite, je ne trouverais peut-être pas en moi l'impartialité nécessaire pour en parler. »

Il suivit M. Pasquier dans les diverses phases de sa vie d'homme d'État, tour à tour, sous trois gouvernements, préfet de police, garde des sceaux et président de la Chambre des pairs, servant le despotisme avec dignité et la liberté sans faiblesse. Puis il arriva à ces quinze dernières années d'une incomparable vieillesse qui furent accordées au chancelier comme une suprême faveur de la Providence destinée à lui permettre de juger de plus loin et de plus haut son temps, les hommes et lui-même.

Non moins que son prédécesseur, M. Dufaure prit au sérieux son titre d'académicien et il en accepta tous les devoirs. Il s'attacha de cœur aux travaux de sa nouvelle compagnie, se montra assidu aux séances, attentif aux délibérations, soucieux des droits de l'Institut et s'intéressant à tout ce qui pouvait les compromettre ou les fortifier. Soit qu'il eût à prononcer le discours sur les prix de vertu, soit qu'il eût mission de rendre compte de quelques-uns des livres soumis chaque année à l'Académie, il recevait avec joie cette part de la charge commune. D'autres ont pu parler de l'autorité qu'il avait conquise dans les délibérations et des relations si douces qu'il aimait à y entretenir ; mais il n'est pas besoin d'avoir assisté aux séances intérieures de l'Académie pour rendre témoignage de la place qu'elle tenait dans sa vie. Pour cette intelligence habituellement occupée de matières légales, absorbée par les questions de gouvernement ou d'administration, les sujets littéraires présentaient un attrait particulier. Suivant l'heureuse expression que M. Patin appliquait à M. Pasquier, « il aimait à s'y engager et l'on apercevait alors que son goût avait toute la sûreté de son discernement politique ».

Il retrouvait d'ailleurs, parmi ses confrères, l'écho des sentiments qui s'agitaient dans son âme : le charme d'un commerce régulier avec des esprits de même trempe, souffrant des mêmes maux et appréhendant pour leur patrie les mêmes malheurs, ne détournait pas son esprit de l'objet habituel de ses méditations, et il continuait à avoir pour clientes « ces causes d'un ordre supérieur qui intéressent la conscience humaine ou les garanties politiques ».

Dans les derniers temps de l'empire, les fautes du gouvernement lui offrirent deux occasions solennelles de défendre de nouveau le droit et la liberté. Le souvenir de la brochure publiée par M. le duc d'Aumale hantait à ce point l'imagination des ministres qu'ils commirent, à l'occasion d'un écrit de ce prince, non seulement l'acte le plus inique, mais la plus lourde maladresse. Possesseur des archives de la maison de Condé, leur héritier avait consacré les heures de l'exil à retracer l'histoire des princes de cette maison pendant le XVI° siècle. Le premier volume était imprimé quand, en 1863, le préfet de police le fit saisir chez le brocheur. Entendait-on le poursuivre? Nullement. Sous ce terme équivoque de saisie, c'était une confiscation déguisée. L'auteur ne manqua pas une si belle occasion de recommencer la lutte contre le pouvoir arbitraire. Devant le tribunal et devant la cour, M. Dufaure et M. Hébert se levant pour l'auteur et pour l'éditeur, M. Michel Lévy, défendirent le droit de propriété. Le préfet de police, abrité derrière la séparation des pouvoirs, ayant refusé de plaider le fond de l'affaire, les tribunaux admirent l'exception; mais, devant la conscience publique, ce fut le droit qui triompha¹ et, en 1869, six ans après la saisie, le volume, devenu célèbre avant que de paraître, fut restitué.

Il y a des heures où les gouvernements sont condamnés à accumuler les fautes. A la suite des élections de 1863, le ministre de l'intérieur, irrité qu'un comité électoral eût osé se fonder, avait résolu de le poursuivre sous l'inculpation d'association illicite de plus de vingt personnes. Le nombre coupable ne s'était pas rencontré; treize personnes seulement avaient été renvoyées devant le tribunal. Plus le fondement de l'inculpation était faible et plus fut ardente la vivacité des poursuites. A l'appel des prévenus, tous inscrits au barreau, le conseil de l'ordre s'était levé et avait résolu de défendre, sous le nom des jeunes avocats en cause, la liberté électorale menacée. A côté de MM. Berryer, Grévy, Hébert, Marie et Favre, M. Dufaure tint tête au ministère public, aussi bien au tribunal que devant la cour. Il

---

1. La compétence judiciaire avait été déniée par les tribunaux. Au conseil d'État, il se trouva un maître des requêtes qui, en qualité de commissaire du gouvernement, réfuta cette jurisprudence. M. Aucoc démontra que les questions de propriété étaient exclusivement dans le domaine de l'autorité judiciaire, 9 mai 1867; *Dalloz*, III, 49.

rappela ses luttes de la restauration, les grandes élections d'où était sorti le renversement des ministères Villèle et Polignac et les comités électoraux de Bordeaux qui comprenaient tout le barreau. Il suivit pas à pas la prévention et conclut qu'elle reposait sur une de ces hallucinations politiques qui trompent et perdent le pouvoir.

Après les maîtres de l'éloquence, il sut trouver des développements nouveaux, éclairer d'une lumière plus brillante tel point obscur et troubler ses adversaires. Il y eut un moment où, fatigué de démontrer une certitude, et se souvenant de cette série de procès politiques dans lesquels, depuis cinq années, le ministère public ne se lassait pas de lui opposer la chute des gouvernements qu'il avait servis, il s'écria :

« Voilà trois fois qu'on me répond que, si les gouvernements antérieurs sont tombés, c'est tantôt parce qu'on n'a pas violé le secret des lettres, tantôt parce qu'ils ne se sont pas violemment emparés de publications qu'aucune loi ne condamnait, et aujourd'hui enfin, parce qu'ils n'ont pas empêché des réunions que le législateur a oublié d'interdire. Je laisse à la conscience publique à apprécier ces vues nouvelles sur les causes de la grandeur et de la décadence des gouvernements.

» Quand on me dit que des gouvernements sont tombés parce qu'ils ont ainsi respecté les droits des citoyens, ou du moins parce qu'ils ont été très timides, très réservés, très modérés dans l'application de nos lois, je me demande s'il n'en est pas d'autres qui sont tombés pour avoir eu le défaut absolument contraire. Si l'on craint d'imiter les exemples de la restauration et du gouvernement de Juillet, j'engagerais fort à ne pas imiter la Convention, le Directoire et le premier empire qui n'ont jamais été arrêtés par les mêmes scrupules, et l'histoire jugera s'il revient moins d'honneur aux gouvernements qui sont tombés parce qu'ils ont apporté quelques tempéraments à l'exécution des lois, qu'à ceux qui sont tombés après avoir outrageusement violé toutes les lois et méconnu tous les droits des citoyens. »

Il y avait six ans que M. Dufaure était sur la brèche, défendant à toute heure le droit et la liberté. Tous ceux qui suivaient avec un ardent intérêt les progrès de l'esprit de contrôle, qui espéraient soit la transformation de la Constitution de 1852, soit, si elle était impossible, la chute de l'empire, désiraient également que M. Dufaure consentît à entrer au Corps législatif. En 1863, on ne parvint qu'à la dernière heure à vaincre ses répugnances, et il fut le seul à se sentir heureux et comme délivré par son échec.

Mais ses amis qui luttaient au Corps législatif ne s'accommodaient pas de son absence, et, lorsque une vacance se produisit en 1868 dans le Var, ils se servirent de tous les moyens pour triompher de ses hésitations : il s'agissait de représenter Toulon, et les souvenirs de la grande enquête sur la marine se joignant à l'intérêt public contribuèrent à le déterminer à une nouvelle campagne. Certes, il fallait que ses anxiétés patriotiques fussent bien profondes pour qu'on obtînt de lui ce sacrifice. En quelques jours, la presse ne retentit, de Strasbourg à Bayonne et du Havre à Marseille, que du bruit de la lutte engagée entre M. Dufaure et un candidat officiel inconnu. La France se divisa en deux camps : aux libéraux de toute nuance faisant des vœux, avec M. Thiers, pour que le nouveau député apportât à l'opposition « le secours de sa voix puissante et vénérée », répondaient les partisans de l'Empire; mais leur nombre n'eût pas suffi à assurer l'échec de M. Dufaure. Il se fit une alliance, ou plutôt une rencontre étrange. Contre l'ancien ministre du général Cavaignac, se dressèrent ceux qui se glorifiaient des souvenirs de l'insurrection de juin 1848. M. Dufaure était un bourgeois et un clérical, il portait la livrée officieuse; il n'était pas démocrate et méritait l'animadversion du peuple. Delescluze dans le *Réveil*, Duportal à Toulouse, d'autres à Marseille, tous ceux qui regrettaient et rêvaient l'anarchie, jouèrent le jeu de l'empire, en répétant que l'élection de M. Dufaure serait un malheur public. La préfecture du Var fit distribuer et colporter les feuilles de ses alliés, et cette heureuse diversion, venant s'ajouter aux actes les plus violents de pression administrative, donna la victoire au candidat officiel. Singulière campagne, bien faite pour jeter la lumière sur des procédés de gouvernement qui favorisaient l'aveuglement et devaient aboutir à la ruine !

Lors des élections générales de 1869, M. Dufaure refusa de se laisser porter, mais il s'occupa activement, à Paris, de l'élection de M. Thiers, que le gouvernement, à l'imitation de ce qui lui avait réussi à Toulon, cherchait à étouffer entre un candidat bonapartiste et un candidat radical.

Le jour où fut connu le résultat de la lutte d'où M. Thiers sortait triomphant, M. Dufaure prit la parole au milieu des principaux électeurs qui se pressaient dans la salle du comité. Il est rare qu'en si peu de mots un orateur ait produit une si profonde émotion. Saluant le nouvel élu, il rappela ses récents combats, lui promit non des triomphes, mais des luttes dignes de lui, et lui montra la fidélité des électeurs prêts à le soutenir jusqu'au bout pour la revendication des libertés nécessaires.

La constitution de 1852 s'écroulait de toutes parts. Ses auteurs, qui ne l'avaient fait vivre que de silence et de compression, renonçaient à la défendre. Le seul problème était de savoir s'ils pourraient la rajeunir et lui donner à temps une force nouvelle. Le jour vint où, acculés et sentant le sol trembler sous leurs pieds, ils recoururent à ce remède héroïque. Étaient-ils de bonne foi? Cherchaient-ils sincèrement à effacer de nos lois les maximes qui avaient suivi le coup d'État? Ce n'est pas le lieu de sonder ici les cœurs, ni de juger les intentions. Il nous suffit de dire que M. Dufaure ne crut pas à leur sincérité. Il était persuadé que l'empire était incapable de se transformer, que si, par malheur, la France se laissait prendre aux séductions qui lui étaient offertes, elle aurait prochainement à déplorer sa faiblesse et que, le jour des remords, elle verserait des larmes de sang. Il était de cette génération qui, éclairée et obsédée à la fois par les malheurs de 1814 et de

1815, prédisait une troisième invasion comme terme et châtiment de nos fautes diplomatiques. A ses yeux, la Constitution revisée de 1870 était impuissante à mettre obstacle à « ces coups de volonté absolue qui pouvaient jeter du jour au lendemain la France dans les plus graves embarras et, suivant son expression elle-même, compromettre irréparablement son avenir ».

L'heure approchait en effet de l'un de ces coups de volonté absolue que pressentait trop bien sa vieille expérience. Dieu seul peut savoir si M. Dufaure, dans ses jours de plus sombre pessimisme, avait jamais prévu dans quel abîme de maux nous jetteraient l'empire et ses suprêmes folies !

XVII

LE SIÈGE DE PARIS.

Pour ceux qui aiment leur patrie il est des coups qu'aucune prévision ne peut adoucir. Nos désastres trouvèrent M. Dufaure debout, le cœur brisé, mais l'âme ferme. Cette année-là, il ne prit pas le chemin de Vizelle. Au lieu de s'échapper, tout à la joie des vacances d'août, au lieu de songer à ses chères vendanges de Saintonge, il crut de son devoir de demeurer au centre de la lutte. Il n'était plus d'âge à s'enrôler, comme son père l'avait fait en 1792; mais il avait d'autres sacrifices à faire. Il obtint de sa femme et de sa fille qu'elles se retirassent à Vizelle, en leur persuadant que la séparation serait fort courte; puis, demeuré avec son gendre et son fils, il s'apprêta à supporter le siège et à donner à la patrie ce que la Providence lui demanderait.

Plus tard, au jour où les bataillons de marche étaient appelés au service du dehors, lorsque se préparaient les héroïques et infructueux efforts de Champigny ou de Buzenval, on pouvait voir un vieillard suivre, aux premières heures de l'aube, d'un pas rapide et encore ferme, les files serrées des gardes nationaux; puis, à la dernière halte, lorsque sonnait le départ, s'il s'approchait d'un jeune chef de bataillon, d'un sergent plus jeune encore, s'il prenait congé d'eux, c'était sans autre vœu qu'un viril encouragement au devoir. Après avoir donné ainsi tout ce qu'il aimait, il traversait Paris sans se ralentir, ne songeant qu'au succès du drapeau et aux moyens de prolonger la résistance pour sauver l'honneur. Il était de ceux qui accomplissent sans bruit et font simplement les plus grandes choses. Son âge l'aurait dispensé de tout. Qui se fût étonné de le voir attendre les événements, entouré des siens, en son logis de Vizelle? Il n'en eut pas un seul instant la pensée. Il cherchait à multiplier ses devoirs; on l'avait nommé président du conseil supérieur de revision de la garde nationale, sorte de cour de cassation des conseils de guerre, dont la jurisprudence apparut, dès ses premiers arrêts, si vigoureuse et si éclairée qu'en peu de semaines elle fut fixée dans ses principaux points. A ce travail, il ajouta d'autres soins, il consacrait une part de son temps à diverses œuvres et surtout à l'ambulance fondée dans le quartier Saint-Augustin par un pasteur dont il admirait la charité inépuisable, puis il se rendait au conseil de l'ordre des avocats. Enfin, il ne manquait pas une des séances de l'Académie, qu'enflammait au milieu de nos douleurs le plus ardent patriotisme; il allait y puiser de nouvelles forces et il aimait à s'asseoir auprès de celui de ses confrères qui, en écrivant dans la *Revue des Deux Mondes* « les lettres du siège », contribuait si efficacement à soutenir les cœurs.

Le jour arrivait où, la guerre terminée, il faudrait songer à créer un gouvernement. Étant de ceux qui n'avaient jamais eu « aucune confiance dans la durée du pouvoir accidentel qui gouvernait la France », M. Dufaure, ainsi que ses amis, avaient souvent sondé l'avenir pour deviner quel serait l'héritier de l'empire. Il n'était pas pris à l'improviste. Ministre sous un roi et sous une république, il avait vu et comparé les deux régimes; jamais il n'était sorti de sa bouche un mot qui impliquât une condamnation de la monarchie constitutionnelle, ni une adhésion de principe à la forme républicaine. Il était libre de tout engagement comme de toute répulsion. Il est plus d'un homme d'État qui, de bonne heure sous l'empire, en étudiant la nature du suffrage universel, en sentant que le gouvernement forçait tous les ressorts et faisait perdre aux citoyens le sentiment de la mesure, qui est une des conditions des monarchies pondérées, s'était demandé si, dans l'avenir, la France pourrait connaître un autre régime que la république ou le despotisme et si jamais elle se reposerait à l'abri d'un trône constitutionnel.

M. Dufaure, qui s'était si souvent et si intimement épanché avec M. de Tocqueville, avait-il tiré de ses méditations une conclusion semblable? N'avait-il pas parfois pensé que nous pourrions tenter encore de franchir la Manche sans traverser l'Atlantique? C'est là un doute qu'il importe peu d'éclaircir, car il est certain que nos désastres fixèrent définitivement ses vues depuis le mois d'août 1870.

La France ne sortait point de l'empire libre et vaillante; en tombant mutilée, elle était, aux yeux de la foule, victime du caprice d'un seul : la monarchie en portait la peine. Quel est l'homme, quel est le parti qui aurait pu rendre à la couronne un prestige, quand, à l'heure des dons de joyeux avènement, un malheureux roi aurait eu, en une seule année, à négocier avec l'étranger, à mettre sa signature au bas du plus douloureux traité, à faire percevoir en son nom 600 millions d'impôts nouveaux, qui sait? à réprimer peut-être des émeutes, suites trop faciles à prévoir de si formidables convulsions? Il n'y avait pas de nom, quelle que fût sa puissance, pour qui cet héritage ne fût trop lourd. A aucune époque, une dynastie n'était née et ne s'était consolidée au milieu de la honte et de la misère. Telle était pourtant la dot que la France avait à offrir.

Mettre le suffrage universel en présence d'une monarchie tempérée, en une telle crise, au milieu de telles passions, c'était affronter l'océan et ses tempêtes sur une nacelle. Les esprits jeunes, les téméraires, pouvaient le souhaiter. Les plus vieux n'y croyaient pas. M. Dufaure, qui repassait dans son esprit les difficultés traversées de 1831 à 1839 par un gouvernement qu'il avait aimé et servi, était convaincu qu'il fallait une tout autre force pour surmonter les obstacles qu'on mesurait déjà et pour panser les maux de la guerre.

Avec la république, il voyait les grandes difficultés de la démocratie croissant comme une marée montante ; avec la monarchie, il prévoyait des catastrophes aboutissant à un débordement subit du torrent populaire.

Dans les derniers jours du siège, l'attention se dirigeait vers la future Assemblée ; chacun sentait que, lors de la reprise de l'existence nationale, les élections seraient le premier signe de vie qui serait demandé à la France. Tout en ignorant s'il était porté par les électeurs de la Charente-Inférieure, M. Dufaure était décidé à n'accepter aucune autre candidature. Cette préférence exclusive était favorable à son action sur les élections de Paris. Réuni à quelques électeurs influents, il présida un comité libéral républicain qui dressa un programme et forma une liste. Sans cette initiative, la rupture eût été complète entre le nombre qui acclamait la république, fût-elle radicale, et l'élite qui s'en détournait par crainte des excès qu'elle avait trop souvent abrités. Entre une réaction qu'il jugeait impossible et la révolution, M. Dufaure ouvrait dès ce jour la voie dans laquelle il devait marcher, en fondant un gouvernement « également hostile aux doctrines, aux violences, aux expédients révolutionnaires du despotisme ou de la démagogie, assurant l'ordre, maintenant le constant et inaltérable respect des lois et se prêtant au développement de toutes les libertés qui font la dignité d'un citoyen et l'honneur d'un peuple, » au premier rang desquelles il inscrivait la liberté de conscience.

Au bas de ce programme se rencontraient les noms de M. Vitet comme de M. Léon Say, de M. Augustin Cochin comme de M. de Pressensé. La bourgeoisie parisienne le signait comme le testament du siège et le fruit « de concorde et de confiance que de rudes épreuves supportées ensemble nous avaient fait depuis plusieurs mois apprécier et chérir ». Elle devinait et devançait ce jour-là la formule de la république conservatrice telle que M. Thiers devait la définir.

XVIII

MINISTÈRE DE LA JUSTICE.

FÉVRIER 1871-MAI 1873.

En arrivant à Bordeaux, où il apprenait que cinq départements l'avaient élu, M. Dufaure ne fut pas ébranlé par le spectacle des ardeurs légitimistes ; le besoin de réagir contre le double despotisme de l'empire et de la guerre à outrance n'expliquait que trop bien la première impression de la France demandant à des hommes d'honneur de lui rendre la paix. D'ailleurs il y avait un nom qui sortait le premier de l'urne électorale, que vingt-sept départements avaient acclamé, qu'appelaient tous les partis et qui seul semblait capable de porter le poids des affaires. M. Dufaure était parti de Paris, persuadé que M. Thiers devait être mis à la tête du gouvernement. Le 16 février, quatre jours après la constitution de l'Assemblée, il déposait, avec MM. Grévy, Vitet, Léon de Malleville, Rivet, de la Redorte et Barthélemy Saint-Hilaire, une proposition qui tendait au choix immédiat de M. Thiers, comme « chef du pouvoir exécutif de la république française ».

Le 17, l'Assemblée nationale acceptait cette proposition, et, le lendemain, M. Thiers, désignant ses ministres, confiait à M. Dufaure le portefeuille de la justice.

La tâche du nouveau garde des sceaux, comme celle de ses collègues, était terrible. Ce n'est pas le moment de redire les prodigieux labeurs auxquels il fallut se vouer et les responsabilités que sut assumer le patriotisme de tous ceux qui, ministres ou députés, aidèrent M. Thiers dans sa vaillante entreprise. Au milieu des efforts accomplis pour relever notre pays, il y eut une action collective, dans laquelle tous les collègues de M. Thiers ont eu leur part de sacrifice et d'honneur ; mais, dans chaque département ministériel, il est facile de retrouver une œuvre spéciale de relèvement qui appartient moins au gouvernement qu'à tel de ses collaborateurs. En cette heure de désarroi universel où M. Dufaure prenait les sceaux, le cours de la justice était suspendu ou menacé par l'ennemi dans une partie du territoire, les magistrats du ministère public renouvelés par la délégation étaient partagés entre leurs devoirs professionnels, pour lesquels plusieurs se sentaient inexpérimentés, et les intérêts politiques qui formaient leur premier souci ; les correspondances entre les procureurs généraux et le ministre étaient lentes et parfois supprimées, enfin certains sièges étaient livrés à une véritable anarchie.

A la fin de janvier et dans les premiers jours de février, M. Crémieux, dans l'exaspération de la lutte, avait prétendu user de ses pouvoirs dictatoriaux pour révoquer quinze magistrats inamovibles qui avaient fait partie en 1852 des commissions mixtes. A cette nouvelle, les protestations s'étaient élevées de toutes parts. En certaines villes, la justice avait cessé d'être rendue. Le garde des sceaux voulut que le premier projet dont il eût à saisir l'Assemblée nationale fût destiné à effacer une telle atteinte au principe sur lequel il estimait que la magistrature tout entière était assise. « Peut-être, disait l'exposé des motifs, le chef du pouvoir exécutif aurait-il eu le droit de rapporter lui-même les décrets de M. Crémieux; mais un grand principe de notre droit public est engagé dans la question; il n'est pas inutile que vous le proclamiez de nouveau comme l'a fait l'Assemblée constituante de 1848. » Il s'agissait, en un mot, disait M. Dufaure, d'écrire d'avance une ligne de cette constitution qui ne peut manquer de consacrer plus tard l'inamovibilité[1].

A Bordeaux, on entrevoyait plus d'un embarras, mais c'est à Versailles que les difficultés devaient s'amonceler. L'insurrection de Paris menaçait toute l'œuvre de paix que poursuivait le gouvernement. A la guerre étrangère elle substituait la guerre civile. Pendant qu'à la hâte et avec une rapidité dont l'histoire ne se montrera jamais assez reconnaissante envers M. Thiers, une armée était reconstituée, le gouvernement cherchait à enlever tout prétexte aux plaintes de Paris. A côté des criminels qui étaient à la tête de l'insurrection, il y avait une foule d'habitants, de commerçants paisibles qui s'étaient laissé

---

1. Exposé des motifs. *Journal officiel*, 30 mars 1871, p. 337. Discussion du 25 mars 1871.

séduire par d'absurdes mots d'ordre. Ce qui au début rendit la Commune possible, ce fut la terreur des petits débiteurs, redoutant également le paiement des échéances et des loyers. Le garde des sceaux pourvut d'abord aux échéances, puis il dut s'occuper des locataires.

L'Assemblée reçut communication de la loi sur les loyers sous le coup des plus violentes émotions, alors que retentissait au loin le bruit incessant du canon. Au cours de la guerre sociale qui s'engageait à Paris, il se rencontrait peu de problèmes plus difficiles et plus nécessaires à résoudre. M. Dufaure eut la pensée de chercher la solution dans la constitution de juridictions arbitrales, où figureraient, sous la présidence du juge de paix, deux propriétaires de l'arrondissement et deux locataires. Ces petits jurys auraient le droit d'accorder de longs délais et même de prononcer la remise de l'un des quatre termes de cette douloureuse année. Concession fâcheuse, disaient certains jurisconsultes, transaction contraire au droit et qui mettait à néant le respect des conventions! Le projet vivement attaqué fut défendu avec confiance par le garde des sceaux.

Il y a des circonstances où le législateur ne peut

sans péril refuser d'intervenir. Dans une ville qui a traversé un long siège, lorsqu'après neuf mois sans travail, sur cinq cent mille locataires, deux cent quatre-vingt-quatre mille payant un loyer de 600 francs et au-dessous sont à la fois menacés d'expulsion et de saisie, qu'impuissants à payer, ils ont devant eux pour toute perspective la mise en vente de leurs meubles, c'est une consolation dérisoire de les renvoyer au droit commun. Il fallait agir, et le projet, en proposant la plus équitable transaction, avait le mérite de montrer l'intérêt que le gouvernement portait aux débiteurs [1]. Le succès du système imaginé par M. Dufaure dépassa les espérances. Dès que Paris fut rouvert, il vint, chaque dimanche, tenir à la chancellerie des réunions de juges de paix, expliquant lui-même les dispositions de la loi, présidant à son application et constatant avec joie les résultats que contribuaient à obtenir le zèle des magistrats et l'esprit de conciliation des jurés.

Si M. Dufaure concourait à des lois d'exception pour mettre fin par des mesures généreuses à de cruelles souffrances, dans l'ordre politique, il n'en-

---

1. 18 avril 1871.

tendait, comme M. Thiers, se servir que des lois ordinaires. Sa répugnance était profonde pour les sévérités inspirées par la colère au milieu de la lutte. A l'heure où toutes les violences étaient déchaînées, le garde des sceaux, fidèle aux convictions qui l'animaient dans l'opposition, déclarait à la Chambre qu'il ne pouvait poursuivre devant le tribunal correctionnel des délits de presse et demandait qu'une loi fût votée d'urgence pour restituer au jury la connaissance des faits que lui avait attribuée la loi de 1819. Il était fier de montrer l'unité de ses convictions et d'invoquer au déclin de sa vie les grands noms qui avaient fait battre son cœur de vingt ans : MM. de Serre, Royer-Collard, Camille Jordan, le duc de Broglie. « Ce que tous les grands esprits que j'ai cités, disait-il, avaient discuté avec tant de soin, avec tant de réflexion, avec tant de profondeur, nous l'avons pieusement recueilli dans notre mémoire et nous vous avons demandé de le consacrer de nouveau. » Il admettait toutefois des exceptions et il se gardait bien d'enlever à la répression plus rapide du tribunal correctionnel les délits contre les mœurs, la diffamation et l'injure envers les particuliers.

A suivre les discussions législatives dans lesquelles sa parole jetait la lumière, à le voir prêt à répondre à toutes les questions, il est des jours où on aurait pu oublier les terribles événements qui se précipitaient au dehors. M. Dufaure avait assez de force de volonté pour garder son esprit libre, mais sa douleur était inexprimable. La condamnation dont la Commune le frappait, le pillage ordonné et froidement exécuté de sa demeure de Paris, la perte de tout ce qu'il y avait laissé de souvenirs venant s'ajouter au pillage récent de sa maison de Rueil par l'armée allemande, tous ces deuils privés le touchaient moins que les maux et l'humiliation de la France. Dans l'intimité de sa famille, il ne parlait que de l'intérêt public, de même qu'à la tribune c'est à la patrie seule qu'il songeait, le jour où, sur une interpellation de M. Louis Blanc, il eut à dire son sentiment au sujet des « conciliateurs qui considéraient du même œil l'ordre légal et l'insurrection, le pouvoir créé par le vœu de la France, et la dictature qui s'est imposée par le crime et règne par la terreur ».

Il avait hâte de montrer comment il entendait qu'un gouvernement soucieux du droit fît juger un tel crime. Il se souvenait des transportations d'une autre époque et des haines dont elles avaient semé les germes. En plein accord avec M. Thiers, il mettait son honneur à ne pas faire subir une seule peine qui n'eût été régulièrement prononcée. Le jour où le dernier coup de feu fut tiré, trente mille prisonniers étaient arrêtés, il s'agissait de statuer sur chacun d'eux. Ce fut l'œuvre des conseils de guerre. Assurément il y eut des condamnations d'inégale sévérité : c'est le sort de la justice humaine, mais il n'y eut pas un seul châtiment appliqué sans que l'accusé ait pu se faire entendre et se faire défendre. C'est un fait sans analogue dans l'histoire des guerres civiles, et, quels que soient les jugements des contemporains, ce sera un précédent que l'avenir ne négligera pas.

Sans enlever l'impulsion au ministre de la guerre, il prit en main la conduite légale des poursuites. C'est à lui que le général Appert, qui dirigea supérieurement ce travail, en référait pour toutes les questions de droit, et ce grand exemple de respect de la loi, donné par tout le corps d'officiers au lendemain de la lutte la plus sanglante de notre temps, lui semblait un hommage et un enseignement.

Il n'y avait pas seulement à châtier, il fallait réparer les maux que des mains criminelles avaient commis. La destruction des registres de l'état civil de Paris destinée à frapper la famille, de même que l'incendie du grand livre devait frapper la propriété, créait une perturbation sans précédent. Peu de jours après la rentrée dans Paris, M. Dufaure s'entourait d'une commission chargée de préparer un projet de reconstitution ; il en dirigeait les travaux avec la plus vive sollicitude, recherchait tous les moyens d'effacer le souvenir de cette calamité publique, présentait à l'Assemblée et faisait voter une loi dont il a pu suivre pendant dix ans les heureux résultats.

Les ruines de la Commune n'étaient pas les seules à relever. La confiscation rayée de nos lois y était rentrée en 1852. L'État détenait depuis dix-neuf ans des biens dont la source était illégitime. Tout gouvernement soucieux du droit devait avoir hâte d'effacer les traces de la spoliation qui avait atteint les princes d'Orléans. M. Dufaure, qui avait siégé, depuis la mort de Mme la duchesse d'Orléans, dans le conseil où étaient traitées les affaires privées des héritiers du roi Louis-Philippe, prit la plus grande part à la préparation de la loi qui accueillait le généreux abandon par les princes de tout ce que l'État avait aliéné ou dénaturé et qui se bornait à leur restituer en nature les épaves non encore vendues de leur fortune patrimoniale.

Les travaux législatifs constituaient le principal intérêt de sa vie ; ce n'était pas ce labeur qui lui donnait le plus d'occupations et de soucis. Il poursuivait un grand dessein : il voulait affranchir les magistrats, depuis les justices de paix jusqu'aux postes les plus élevés, du joug de la politique. Il ne se contenta pas d'adresser des circulaires. Il s'occupa lui-même du personnel. Aux parquets de l'empire avaient succédé des magistrats envoyés par M. Crémieux. Entre les révoqués du 4 septembre et ceux qui les avaient remplacés la haine était violente, la guerre déchaînée. Dans le cabinet du garde des sceaux se succédaient dès le matin de longues files de députés : c'étaient les représentants de tout un département venant demander en corps (c'est la forme accoutumée des sollicitations sous le régime du scrutin de liste), la réintégration de magistrats destitués. L'Assemblée n'était cependant pas bonapartiste, elle l'avait prouvé en votant avec une unanimité presque complète la déchéance; mais la majorité ne souffrait pas les magistrats improvisés qui étaient le produit de la politique. Les sollicitations, les démarches se multipliaient. M. Dufaure, qui avait commencé dès le jour de son arrivée au ministère un examen de chaque dossier, continuait son travail, avec le même soin. Plus on se montrait pressé et plus il mettait de conscience à prolonger son étude.

C'est le sort des modérés de mécontenter les esprits exclusifs. Des deux côtés de l'Assemblée, les violents se plaignaient. A gauche, on commençait à répéter que le garde des sceaux chassait les républicains, tandis qu'à droite on s'irritait de voir un si petit nombre de réintégrations. La gauche aurait interpellé, sans la crainte de déplaire à M. Thiers; la droite, que ce scrupule n'arrêtait pas, prit les devants et demanda comment tous les magistrats du 4 septembre n'avaient pas encore été chassés.

M. Dufaure répondit que, parmi les magistrats antérieurs au 4 septembre comme parmi ceux choisis après cette date, plusieurs pouvaient à ses yeux être suspects d'être des magistrats politiques.

« Que ferons-nous? ajouta-t-il. Nous rechercherons avec soin ceux qui, aux deux époques, quelle que soit leur origine, ont échappé à cette influence désastreuse pour la magistrature; qui se sont fait remarquer par leur mérite plus que par leur zèle, qui ont été noblement infidèles au mandat que l'on voulait peut-être leur donner, qui enfin, ont su garder, au milieu de la triste époque que nous avons traversée, un caractère ferme, digne, honorable, tel qu'il convient aux fonctions judiciaires. La république révolutionnaire bouleverse en un jour toute la magistrature d'un ressort. La république légale examine, étudie, s'éclaire et ne prononce qu'après avoir été pleinement éclairée. Le gouvernement agira de la sorte... Ayez en une garantie que je me permets de dire plus élevée, c'est le sentiment de la responsabilité envers moi-même, car je ne me pardonnerais jamais d'avoir donné sciemment et volontairement au plus ignoré des cantons de France un magistrat ou indigne ou incapable [1]. »

Cette réponse devait être le programme de tout son ministère.

M. Dufaure, qui avait échappé toute sa vie à l'action envahissante des partis, mettait son point d'honneur à créer une magistrature étrangère aux passions. L'idéal qu'il poursuivait était de former un corps savant de la législation et du droit. Il ne tolérait pas qu'une épithète empruntée à la langue po-

---

1. Discours du 4 mai 1871.

litique servît de recommandation ou pût nuire à un magistrat. A Versailles, en 1871, on devine si cette austérité était faite pour plaire, et quel succès elle pouvait avoir parmi les solliciteurs qui arpentaient la rue des Réservoirs, en attendant la sortie des députés. Ce qu'on peut affirmer, c'est que chaque groupe avait son grief. Ces mécontentements individuels, en se multipliant, s'annulaient quelque peu. En fait, la droite ne se calma qu'en voyant grandir le mécontentement de la gauche.

M. Dufaure s'absorbait et s'isolait dans ce grand travail d'examen où les hommes comparaissaient un à un devant sa conscience. Ayant sans cesse sous les yeux les solides arrêts ou les jugements iniques qu'un trait de plume pouvait entraîner, il ressentait, en choisissant un magistrat, toute l'émotion d'un juge à l'heure où sa voix décide une sentence. Il ne craignait point la responsabilité et la prenait tout entière; il admirait plus que personne les qualités de M. Thiers, son courage et sa supériorité d'esprit, mais il ne tolérait pas que son universelle aptitude s'exerçât sur la justice. Plus d'une fois, le chef du pouvoir exécutif demanda à M. Dufaure des modifications dans le personnel sans pouvoir les obtenir.

M. Thiers cessa de lui rien demander, sachant bien en quelles mains il laissait le domaine législatif et judiciaire. De son côté, M. Dufaure s'abandonnait à ses répugnances de plus en plus vives pour les ambitieux qui, par amour d'une place, bouleversaient l'État. Il méprisait souverainement ces petitesses, et lui qui ne dédaignait aucune question, se sentait plein de dédain pour les rancunes qui tenaient à des convoitises. Il ne songeait pas aux colères qu'il amassait sur sa tête et se montrait en cela meilleur philosophe que sage politique. Il se disait qu'à la tribune il regagnerait facilement en autorité dans le pays ce qu'il aurait perdu de popularité dans les antichambres.

Le remaniement du personnel détourna malheureusement le garde des sceaux de la réforme judiciaire. Aux premiers jours de son ministère, il avait mis cette question à l'étude et il en avait poussé fort loin l'examen. Divers abus le blessaient. Comme les esprits clairvoyants et généreux qui avaient saisi l'assemblée de plusieurs projets, il jugeait qu'il y avait plus d'une modification que le temps réclamait; mais il fut arrêté par le désir de terminer l'œuvre de réparation patriotique à laquelle il s'était voué. Les cours de Colmar et de Metz, les tribunaux du Haut-Rhin, du Bas-Rhin et de la Moselle étaient pleins de magistrats animés de l'esprit français et demandant à rentrer dans la hiérarchie judiciaire. Il fallait leur faire place. Était-ce le moment de restreindre la liberté du choix qui appartenait au garde des sceaux? De donner aux compagnies une influence sur le recrutement? De suspendre ainsi cette reconstitution du personnel qui était entreprise dans des vues d'ensemble? Telles furent les considérations, qui firent, à cette époque, ajourner la réforme judiciaire. M. Dufaure ne se montra disposé à accueillir que l'établissement d'un examen éliminant au seuil de la carrière les incapables. Mollement soutenus par une assemblée indifférente, les auteurs des propositions se découragèrent et ne cherchèrent pas à poser cette première assise qui eût été pourtant une conquête sur l'ignorance et la faveur. En France, on n'aime pas à accomplir lentement une réforme, on préfère en ajourner les avantages, sans songer qu'on donne des armes à l'esprit de révolution.

La réorganisation du conseil d'État ne le préoccupait pas moins que celle de la magistrature. Il savait les services qu'avait rendus et ceux que peut rendre cette grande institution. Aux fonctions qu'il avait exercées en 1836, s'ajoutait pour la lui rendre chère le souvenir de ses relations intimes avec M. Vivien, l'un des hommes qui avaient le plus honoré le conseil d'État de 1830 à 1852.

A la suite de la révolution du 4 septembre, le gouvernement de la défense nationale avait suspendu de leurs fonctions les membres du conseil d'État impérial et il avait institué une commission peu nombreuse pour le remplacer provisoirement et délibérer sur les affaires urgentes. Dès le mois de mai 1871, à l'époque où la lutte contre la Commune n'était pas encore terminée, M. Dufaure prépara un projet pour réorganiser le conseil d'État. Dans sa pensée, on ne pouvait encore, en l'absence d'une constitution, faire une réorganisation définitive; mais il fallait donner au gouvernement un auxiliaire indispensable et reconstituer la juridiction administrative suprême destinée à donner aux droits des citoyens en lutte contre l'administration les garanties nécessaires. Le garde des sceaux avait emprunté aux lois de juillet 1845 et de mars 1849 leurs meilleures dispositions.

Après de longues et vaines combinaisons, l'Assemblée adopta la plupart des articles du projet. Malheureusement, la commission avait cru devoir enlever au pouvoir exécutif la nomination des conseillers d'État pour la donner à l'Assemblée elle-même et cette disposition fut adoptée, malgré les efforts du gouvernement. C'est donc dans une mesure restreinte que le garde des sceaux, institué président de droit du conseil d'État par la loi du 24 mai 1872, eut à intervenir dans le choix du personnel de ce corps, mais il ne mit que plus de soin à préparer la nomination du vice-président, des présidents de section, des maîtres des requêtes, en recherchant, sans distinction d'origine, les hommes les plus instruits et les plus laborieux.

A la réorganisation du personnel, les crimes de la Commune l'avaient obligé d'ajouter d'autres soins. L'incendie du palais du quai d'Orsay avait anéanti les locaux où siégeait le conseil d'État, ses premières archives formées depuis l'an VIII et sa bibliothèque. Il fallait approprier une partie du Palais-Royal au service du conseil et reconstituer sans retard ses instruments de travail. Sous la direction personnelle de M. Dufaure, les plans furent dressés, les dépenses faites. Il montra tout l'intérêt qu'il attachait au rétablissement des archives en donnant la collection des papiers de son ami M. Vivien où l'on retrouva, avec des notes précieuses, la série des impressions faites pour le service du conseil sous le gouvernement de Juillet et sous la République de 1849 à 1851. Enfin, il encouragea vivement la publication d'une étude historique et bibliographique sur le conseil d'État avant et depuis 1789 qui rappelait les documents anéantis par l'incendie et faisait connaître ceux qui avaient pu être retrouvés.

Les travaux de l'Assemblée nationale lui permirent rarement de présider aux délibérations de l'assemblée générale du conseil d'État, mais, dans les occasions où il eut la liberté de le faire, il montra la plus vive intelligence des nécessités de l'administration aussi bien que celle des limites dans lesquelles l'action du pouvoir doit s'exercer pour ne pas blesser le droit des citoyens.

M. Dufaure prépara, soutint et fit voter, en 1872, une loi sur le jury, à laquelle il attachait beaucoup d'importance. Il tenait cette institution pour un des fondements les plus solides de notre justice criminelle. Pour la garantir contre tout retour d'opinion, il fallait la sauver de ses propres erreurs et la préserver à la fois de l'ignorance et de la politique. Sous le régime du cens, tous les électeurs étaient jurés, mais depuis l'établissement du suffrage universel, il avait fallu faire un choix. En 1848, des commissions cantonales tirées des conseils municipaux et présidées par le conseiller général, furent chargées de dresser la liste. A l'élément électif, l'empire substitua les fonctionnaires nommés par lui, maires et sous-préfets. M. Dufaure avait voulu faire du choix des jurés une œuvre judiciaire; ce fut le caractère original de la loi. Les commissions cantonales, présidées par le juge de paix, étaient composées de ses suppléants et des maires, redevenus électifs, les commissions d'arrondissement des conseillers généraux et des juges de paix présidés par le président du tribunal civil. Depuis dix ans, ce système fonctionne; il a donné des listes d'une valeur intellectuelle et morale qu'aucun parti ne peut méconnaître. La magistrature, si fortement attaquée, travaille chaque année à ces revisions de listes avec les élus du suffrage universel, et cette collaboration offre tous les avantages d'un contrôle sans qu'elle ait donné naissance aux conflits ou aux critiques. Des candidats ont parlé d'une réforme, quelques députés l'ont proposée, mais l'opinion ne la souhaite pas, tant est sage la combinaison d'où sort chaque année la liste du jury.

L'Assemblée nationale comptait dans son sein les hommes les plus éclairés, et quelques-uns avaient une compétence législative que nul ne contestait; mais ils avaient les défauts que donne un long éloignement des affaires publiques : ils voulaient de grandes réformes, et, lorsqu'ils ne pouvaient les obtenir, ils se décourageaient vite. Après un puissant effort de travail dans toutes les directions, ils se fatiguèrent et ils revinrent à la politique. La trêve de Bordeaux allait expirer; la libération du territoire, dont la date se rapprochait grâce à M. Thiers, marquait le terme de l'armistice des partis. Sans souhaiter l'ouverture des hostilités, M. Dufaure estimait, en 1872, qu'on ne pouvait plus beaucoup retarder l'époque où il faudrait donner à la France les principales pièces du mécanisme constitutionnel. La discorde des partis et surtout l'impossibilité de fonder sur le suffrage universel une dynastie vers laquelle aucun courant ne dirigeait le pays lui semblaient commander la solution.

Dans l'assemblée, une grande fraction des députés avait une conviction contraire ; ils croyaient sincèrement que le pays était favorable à la monarchie, que M. Thiers était le seul obstacle à la restauration, qu'il suffirait de tenir le gouvernail avec plus de fermeté pour faire entrer au port le navire balloté et terminer ainsi une traversée que le pilote se plaisait à prolonger.

M. Dufaure avait suivi avec tristesse les progrès et les incidents d'une lutte sourde qu'il croyait fatale au pays. S'il estimait les hommes de la droite, s'il respectait leur caractère, il ne sentait pour leur idéal politique aucune sympathie. Il était très résolu à lutter contre eux, mais il souffrait de voir leur intime alliance avec le centre droit : à ses yeux, toute politique sage, modérée, devait, dans notre pays et dans notre temps, s'appuyer sur ceux qui, sans exclusion absolue, veulent gouverner avec l'opinion publique, sous ses regards et sous son contrôle. Il aurait désiré que tous les défenseurs sincères du régime parlementaire, qu'ils le voulussent avec un chef d'État héréditaire ou électif, se fussent réunis en un groupe qui n'eût reconnu pour adversaires que les partisans absolus des trois formes politiques qui nient la liberté en inscrivant sur leurs drapeaux les formules du droit divin, du césarisme ou du jacobinisme. M. Dufaure n'avait de répugnance absolue que contre ces trois systèmes qui, sans le savoir, ont tant d'attaches communes.

Un jour vint où le garde des sceaux eut à s'expliquer sur cette grave divergence de vues. M. Thiers, inquiet de l'agitation des partis pendant l'automne de 1872, avait résolu de parler à l'Assemblée avec une suprême franchise : dans son message, il déclara que l'heure lui semblait arrivée de faire la constitution, que la république serait conservatrice ou qu'elle ne serait point, et que le seul moyen de fonder cette forme nouvelle de gouvernement était que les conservateurs la fissent eux-mêmes en abdiquant toute rancune et tous regrets. Suivant M. Thiers, le pays voulait la république, et le centre droit n'avait qu'à opter entre le rôle de vainqueur ou celui de victime.

Ce langage solennel, ces conseils donnés aux partis ne provoquèrent qu'un redoublement d'agitation. On ne voulait pas encore renverser M. Thiers ; on conçut la pensée de lui fermer la bouche en proposant en apparence une loi sur la responsabilité ministérielle.

M. Dufaure, choqué de la puérilité de ce dessein, demanda à l'Assemblée de ne pas voter un régime d'exception et de faire une loi définitive sur les pouvoirs publics.

« Vous voulez, disait-il, répondre au message. Le message a été considéré par la nation comme digne d'une assez haute estime; les étrangers ont trouvé qu'il y avait quelque grandeur dans ce langage du chef du pouvoir exécutif de la France, après les malheurs inouïs qui l'ont désolée, après le vigoureux réveil qui, depuis dix-huit mois, la relève; enfin, peut-être que l'histoire lui fera une certaine place. Eh bien! messieurs, je vous le demande, si vous répondez à ce message, en disant : Une commission va rechercher les moyens par lesquels M. Thiers sera empêché d'aborder la tribune française, votre réponse aura-t-elle le même accueil? »

La proposition de M. Dufaure l'emporta, et la première commission des Trente chargée des pouvoirs les plus étendus sortit de cette journée parlementaire. Malgré cet apparent succès, la lutte entre le président et l'Assemblée s'accentuait. Le garde des sceaux était de plus en plus impatient de voir constituer les pouvoirs publics. Il se souvenait du conflit sans issue créé par la constitution de 1848 et il appelait de ses vœux une seconde Chambre, également indépendante des députés et du pouvoir exécutif, qui servît à amortir les chocs et assurât l'équilibre des pouvoirs. Tel fut le point sur lequel portèrent ses négociations avec la commission des Trente. Il ne se lassait pas de lui montrer que cette lacune ne pouvait être plus longtemps soufferte sans la plus extrême imprévoyance.

Un instant on crut que le conflit serait apaisé lorsque, le 14 décembre 1872, à propos de pétitions réclamant la dissolution, M. Dufaure, ayant demandé l'ordre du jour, prononça un discours si énergique contre les menées dissolutionnistes que les droites lui firent la plus triomphante ovation. A relire, à dix années d'intervalle, ce langage éloquent dans lequel le garde des sceaux ne se séparait en rien de ses collègues et du chef de l'État, on demeure confondu de la physionomie que l'esprit de parti et l'impression d'une séance peuvent donner à une harangue. A certains jours, l'Assemblée voulait voir entre M. Thiers et M. Dufaure des nuances d'opinion là où, à vrai dire, il n'y avait que des différences de caractère.

Le succès du 14 décembre engagea M. Dufaure à s'occuper plus particulièrement des travaux de la commission des Trente. Ce fut lui qu'elle appelait le plus souvent, ce fut lui que M. Thiers déléguait, quand il fallait discuter pied à pied des articles dont il avait peine à supporter l'énoncé. La majorité de la commission ne craignait pas de dire que le « malaise dont on souffrait tenait à l'intervention du chef du pouvoir exécutif dans les débats, qu'en sa présence l'Assemblée perdait sa liberté ». Il fallut des semaines et des mois de discussions minutieuses pour arriver à une transaction puérile qui permettait à M. Thiers de parler dans une séance annoncée à l'avance et dont il serait le seul orateur. M. Dufaure, après avoir débattu ces combinaisons bizarres, ressemblait au témoin d'un combat singulier qui aurait longtemps discuté sur le choix des armes et les conditions de la lutte : un seul point n'était pas douteux, c'est qu'un duel à mort allait s'engager. Il ne cessa pas d'assister M. Thiers ; il avait à cœur de servir de second à l'homme d'État qui, selon lui, portait le vrai drapeau de la France.

Les événements se pressaient : l'élection de M. Barodet à Paris et diverses élections de province avaient augmenté les alarmes de la droite. L'entrée dans le cabinet de MM. Casimir Périer, Bérenger et Waddington, remplaçant MM. Jules Simon et de Goulard, provoqua des interpellations; ce fut M. le duc de Broglie qui les développa le 23 mai. M. Dufaure réfuta son discours point par point. Il n'y a pas à revenir sur cette lutte oratoire; elle est à la fois trop voisine et trop lointaine.

Le chef des droites était profondément convaincu que le gouvernement de la France était armé d'une baguette magique, qu'il pouvait diriger à son gré le courant de l'opinion, que, si M. Thiers n'arrêtait pas le flot montant du radicalisme, sa complicité seule en était cause. Il était persuadé que le cours des événements pouvait être changé par une main plus jeune et une résolution plus ardente de s'opposer aux progrès de la démocratie. La majorité le crut avec lui : son vote, en renversant M. Thiers, permit à M. le duc de Broglie, pendant un ministère d'un an, d'en faire, sans rencontrer d'obstacle, une expérience tout à fait décisive.

XIX

SECOND MINISTÈRE DE LA JUSTICE.

1875-1876.

M. Dufaure fut peu sensible à la perte du pouvoir, mais il aimait trop son pays pour ne pas rougir de son ingratitude envers celui qui aurait dû être maintenu aux affaires, autant par la reconnaissance publique qu'afin d'éviter les secousses aiguës et stériles qu'il était permis de prévoir.

Pour l'extrême droite, le pouvoir du maréchal n'était qu'un mandat provisoire auquel un événement prochain allait mettre un terme. M. Dufaure aurait voulu que cet aveu de projets secrets fût fait à la tribune. Le 2 juillet, il demanda vainement la mise à l'ordre du jour des bureaux des projets de lois constitutionnelles qu'il avait déposés au nom du gouvernement de M. Thiers. Après l'automne agité de 1873, lorsque le refus venu de Frohsdorf eut fait avorter l'entreprise, M. Dufaure reprit avec la même obstination sa demande. A la proposition de créer le septennat, il réclamait, le 5 novembre, qu'on joignît les lois constitutionnelles pour en saisir la même commission. L'Assemblée n'admit pas la jonction, mais elle décida, peu après, la formation d'une nouvelle commission des Trente à laquelle seraient renvoyées, après une année d'attente, toutes les lois. Des cinq membres de gauche admis dans la commission, M. Dufaure fut le premier. Nous ne pouvons le suivre au milieu des interminables débats, que la majorité ne se lassait pas de retarder par l'espérance toujours poursuivie de quelque solution chimérique.

Il luttait depuis sept mois dans le sein de cette commission, lorsque M. Casimir Périer déposa une proposition tendant à l'organisation de la république. La conviction de M. Dufaure était trop ancienne pour laisser à d'autres le soin de répondre à M. de Broglie.

« Ce que je redoute par-dessus tout, disait-il, ce sont les époques où les nations, fatiguées des longues luttes engagées dans leur sein, cherchent un homme auquel elles s'adressent, devant lequel elles s'inclinent, à l'autorité duquel elles veulent se rendre. Messieurs, cela est trop vrai, il y a trop de personnes qui poussent les nations à ces idées d'abaissement et d'abdication. Mais nous avons à voir les choses de plus haut, et si ce que l'on disait était vrai pour nous en ce moment, s'il y avait en effet une tendance à dédaigner ces luttes parlementaires qui ont fait autrefois l'honneur de notre pays et à se rejeter vers la tutelle du pouvoir d'un seul homme, ce serait une raison de plus pour que nous fissions comprendre à tout le monde que la force d'une nation réside dans les principes dont elle vit plus que dans les hommes qui la gouvernent [1]. »

Il rappela qu'on avait vu, du 24 mai au 20 novembre 1873, des comités occultes se substituer au gouvernement et suppliait l'assemblée de faire l'acte le plus conservateur qui se puisse imaginer, en donnant un caractère constitutionnel et permanent aux institutions de la France.

En tenant ce langage, il répondait aux sentiments du pays fatigué de l'incertitude et ne voyant devant

---

[1]. Discours du 24 juillet 1874.

lui que des illusions sans lendemain. Battu dans l'Assemblée, il ne perdait pas courage, et lorsque M. Wallon commença fort à propos sa campagne contre le provisoire, M. Dufaure était auprès de lui, l'appuyant à la tribune comme il avait soutenu ses projets dans la commission des Trente et déterminant par sa parole les actes de raison qui ramenèrent du centre droit quelques voix courageuses et déterminèrent le vote du 30 janvier. La lutte soutenue avec tant de vigueur, depuis quatorze mois, dans le sein de la commission, avait porté ses fruits. La décision de l'Assemblée, en écartant l'œuvre des Trente, jeta le désarroi dans leurs rangs. De ce jour, ce fut M. Dufaure qui se fit en réalité le *leader* du débat, et chaque scrutin vint attester à la fois la défaite de ses adversaires et leur résignation croissante.

Mais en se mettant à la tête des gauches, il n'était pas un seul instant leur prisonnier. Entre les partis qui voulaient, dans des vues intéressées, la durée d'un régime prosivoire, M. Dufaure cherchait à faire une constitution durable également ennemie du despotisme et de l'anarchie. Le débat sur le droit de dissolution fit ressortir l'indépendance de son rôle. La gauche, mise en présence de l'Assemblée nationale et poursuivie par le spectre d'une chambre réactionnaire, se montrait prête à voter le droit de dissolution. La droite, ne prévoyant guère l'avenir, ne consentait pas à donner ce pouvoir aux présidents successeurs du maréchal. Les deux partis invoquaient tour à tour la théorie de la monarchie et celle de la République, M. Dufaure se plaçait à un point de vue plus élevé :

« Je conviens, disait-il, qu'on ne trouvera ce droit dans l'histoire d'aucune des républiques qui ont vécu jusqu'à ce jour. Mais je n'admets pas que la république doive être nécessairement formée suivant un type déjà convenu, limité, exclusif et qu'on ne puisse pas, même quand on l'admet comme loi fondamentale du pays, trouver quelque institution particulière, dût-elle être empruntée à la monarchie, qui puisse venir fortifier la république et lui donner les garanties d'ordre. Il n'y a que deux principes essentiels : 1° la souveraineté nationale s'exerçant par représentation ; 2° le pouvoir exécutif confié à un chef électif et temporaire. Une fois la république ainsi constituée, ce qui est fait, je n'admets la tyrannie d'aucune forme, sous prétexte de se conformer à ce qu'ont fait d'autres Républiques [1]. »

M. Dufaure ressaisissait son autorité sur l'Assemblée. Ceux même qui ne l'avaient pas suivi recon-

---

[1]. Discours du 2 février 1875.

naissaient qu'il était l'homme nécessaire. On ne parlait pas de l'appeler à former un cabinet, mais le jour où M. Buffet fut chargé par le maréchal de constituer un ministère, il fut entendu entre les politiques que les sceaux seraient rendus à celui qui avait poursuivi avec patience la constitution des pouvoirs, non comme une revanche du 24 mai, mais comme l'accomplissement d'un devoir patriotique; il refusa d'entrer seul dans le cabinet, et il obtint que le portefeuille des finances fût donné à M. Léon Say. La première mission du ministère était d'achever l'œuvre si longtemps retardée et enfin commencée des lois fondamentales. Dans ces circonstances, M. Dufaure ne pouvait refuser l'appel qui lui était fait.

Il y a une règle de loyauté qui domine les relations parlementaires et qui interdit à celui qui a fait triompher un principe de se refuser à l'appliquer. Entre la politique de 1874, qui vivait d'ajournements, et celle de 1875 qui menait à un but défini, la mise en mouvement des rouages constitutionnels, avec la constitution des deux Chambres, le contraste était absolu, il y avait toute la distance qui sépare l'immobilité de la marche. M. Dufaure, qui n'avait cessé de soutenir la politique nouvelle, ne pouvait se refuser à la servir.

Il rentra à la chancellerie qu'il avait quittée depuis le 24 mai comme s'il en était sorti la veille, et sa première circulaire aux procureurs généraux eut pour but de renouer le fil rompu de la tradition : « Étranger, leur écrivait-il, depuis bientôt deux ans, à l'administration de la justice, je désire savoir les difficultés que vous avez rencontrées. » Après leur avoir annoncé « le régime défini et légal qui venait de remplacer un état provisoire, » il insistait sur les menées bonapartistes et sur la vigilance qu'elles exigeaient.

Peu de jours après, le garde des sceaux remettait en vigueur l'une des règles auxquelles il tenait le plus et qu'avaient annulée ses prédécesseurs : il enjoignait aux juges de paix de se renfermer dans leurs fonctions judiciaires. En un mot, on sentait qu'un ministre de la justice, soucieux d'arracher les juges aux périls de la politique, venait de ressaisir la conduite des affaires.

Le garde des sceaux avait hâte d'accomplir son premier devoir en déposant les projets complémentaires sur les rapports des pouvoirs publics et sur les élections des sénateurs. Les droites avaient épuisé leurs forces, et la discussion de ces lois se produisit sans incident notable.

M. Dufaure était fort inquiet des agitations du parti de l'appel au peuple. Plus son prédécesseur avait paru indifférent aux rapports du procureur général près la cour de Paris, et plus le garde des sceaux avait à cœur de défendre M. de Leffemberg contre les attaques de M. Rouher. Il semblait que, depuis quelque temps, les partis eussent le droit de conspirer :

« Il y a là, dit-il, des essais, des efforts sur lesquels nous devons avoir incessamment les yeux ouverts. Je n'admettrais jamais, quant à moi, je ne garderais jamais le pouvoir à cette condition qu'après tout ce qui a été dit du haut de cette tribune et tout ce qui a été écrit dans cette enquête, vous vissiez un gouvernement indifférent, sans souci, fermant les yeux sur les tendances, les projets qui ont été manifestés par le parti du comité de l'appel au peuple, et qui ne fût pas prêt, au moindre pas que l'on ferait sur cette pente, à les réprimer, comme tout projet pareil qui, de tout autre côté, mettrait la société en péril [1]. »

1. Discours du 15 juillet 1875.

Ce langage sortant d'une bouche ministérielle était nouveau : évidemment le ministre de la justice était résolu à montrer qu'il existait un gouvernement respectant la constitution et décidé à la faire respecter.

M. Dufaure ne souffrait pas que le ministère s'abritât derrière le président de la république. M. Marcou soutint un jour que sous la république la responsabilité ministérielle n'existait pas :

« J'ai été confondu, répliqua M. Dufaure, d'entendre dire que la responsabilité ministérielle dans une monarchie pouvait être efficace, mais qu'elle n'était rien sous un président qui avait nécessairement ses projets, sa volonté, qu'elle serait alors un mensonge qui ne garantirait rien.

Elle aurait à mon avis une bien autre importance, elle serait bien moins un mensonge sous la république que sous la monarchie. C'est sous la monarchie, en présence de ce pouvoir que vous appelez divin, que les ministères sont disposés à faiblir et à perdre toute autorité réelle. Mais, sous la république, en présence d'un chef temporaire qui disparaîtra peut-être de la vie politique avant eux, pourquoi ne garderaient-ils pas leur ferme volonté, leur pleine indépendance et pourquoi leur responsabilité deviendrait-elle une illusion? Non, la responsabilité ministérielle n'est pas une illusion, elle est une vérité [1]. »

Néanmoins l'équilibre risquait à tout instant de se rompre tant que la Chambre haute n'était pas créée. Pour atteindre ce but, il fallait suivre une politique de ménagements, ne pas froisser l'Assemblée, savoir attendre, regarder à la fois la majorité pour éviter une rupture et les partis pour modérer leurs manifestations. Telle fut la tâche difficile de l'année 1875. M. Dufaure ne fit de grands discours qu'en faveur du scrutin d'arrondissement. Il était persuadé que le scrutin de liste, favorable à l'établissement de grands courants d'opinion, était le suffrage qui convenait aux heures troublées qui précèdent l'élection des assemblées constituantes et souveraines. En 1848, en 1871, ce mode de scrutin avait sauvé la société. Il trouvait naturel que ceux qui veulent faire de la politique à outrance s'en fissent les défenseurs. En 1876, M. Dufaure, comme la France, était fatigué de la politique des partis. Pour lui, il ne s'agissait pas d'élire une Constituante où se fussent reflétées sous leurs nuances les plus vives,

---

1. Discours du 7 juillet 1875.

avec l'éclat de la parole et l'ardeur de la pensée, les passions du pays, mais d'appeler les arrondissements à choisir dans leur sein des hommes de bon sens résolus à pratiquer sagement la nouvelle constitution. La médiocrité, qui est l'écueil du scrutin uninominal, l'effrayait moins que la passion. Il soutint vivement la discussion et montra que le scrutin de liste détruisait les rapports entre les électeurs et le candidat, leur substituait l'action de comités anonymes et risquait de décourager l'électeur en lui enlevant toute initiative et toute influence [1]. Le scrutin d'arrondissement l'emporta. C'était le testament de l'Assemblée.

Les élections constituèrent le Sénat, puis, le 20 février, les députés furent nommés. L'échec de la politique hésitante dépassa toutes les prévisions. Le suffrage universel par horreur des équivoques se porte toujours vers les extrêmes. Si le scrutin de liste eût été en vigueur, n'est-il pas permis de supposer que la réaction républicaine, cherchant l'expression la plus claire de sa pensée, eût fait de tels choix que d'un seul coup toutes les digues eussent

---

[1]. Discours du 2 novembre 1875.

été emportées ? Les élections donnaient à la vérité la majorité aux gauches, mais elles n'excluaient pas la pratique d'une politique modérée. Elles n'écartaient que les défenseurs des stériles transactions exigées par l'Assemblée nationale. M. Buffet, battu dans quatre collèges, donna sa démission, dès que les résultats du scrutin furent connus.

Le maréchal obéit à l'opinion publique et nomma le même jour M. Dufaure président du conseil. Il fallait terminer les élections, en surveillant les scrutins de ballottage. M. Dufaure, ministre de l'intérieur par intérim, y appliqua tous ses soins. Sans changer le personnel, il tempéra l'ardeur de certains préfets, interdit toute infraction aux règles de la neutralité électorale et s'efforça de calmer les passions, tandis qu'il préparait les éléments de son nouveau ministère. Aux monarchistes qui suivaient naturellement M. Buffet dans sa retraite, le nouveau président du conseil substituait des membres du centre gauche comme MM. Ricard, Christophle et Waddington, ou des amis d'ancienne date tels que M. Teisserenc de Bort et l'amiral Fourichon.

A dater de ce jour, M. Dufaure considéra que l'axe de la politique était entièrement déplacé. Jusque-là il avait eu pour adversaire l'équivoque. Désormais il allait avoir à lutter contre des affirmations positives servant de mot d'ordre à des impatiences longtemps contenues.

Dans les premiers mois, il n'y eut pas de difficultés sérieuses. L'amnistie pour les insurgés de la Commune fut la première des sommations radicales; mais l'extrême gauche s'en souciait seule. Le cabinet fut unanime à la repousser et à décider en même temps que le gouvernement userait du droit de grâce pour effacer peu à peu, et dans la mesure de l'équité, les suites de la guerre civile. Sur-le-champ, le garde des sceaux institua une commission des grâces chargée de l'éclairer et de préparer avec voix consultative les propositions qu'il soumettrait au président de la république.

Cette politique de détente, à laquelle ne se mêlaient ni haines ni faiblesses, convenait aux nouveaux élus. Les électeurs ne les avaient chargés que de maintenir la république et d'en affirmer l'existence. Ils rencontraient devant eux un gouvernement qui prenait au sérieux nos institutions. Cela suffisait à leurs premières exigences. La session se passa sans orages, et le garde des sceaux trouva le temps de se livrer aux études qui étaient pour lui un repos.

A côté de l'initiative parlementaire dont il lui semblait que la Chambre faisait abus, M. Dufaure se plaisait à accomplir sans bruit des réformes durables. L'étude des législations étrangères avait attiré de bonne heure son attention. Président de la Société de législation comparée, il avait suivi et dirigé ses travaux. Il lui sembla que l'État, sans se substituer à l'initiative privée, avait une action féconde à exercer en formant une collection de lois étrangères qu'un système bien établi d'échanges tiendrait sans cesse au courant. Il demanda au budget une allocation annuelle et forma auprès du ministère, sous la présidence d'un des plus savants jurisconsultes du conseil d'État, devenu son ami, un comité auquel il confia la mission de réunir tous les textes et de publier les traductions des codes étrangers. Rien n'est venu troubler dans son développement une œuvre qui offre aux Chambres et à tous ceux qui étudient ou qui appliquent le droit une ressource jusque-là inconnue [1].

---

1. Dans le *Bulletin du Ministère de la justice* que créa à la même époque le garde des sceaux, il faut lire le rapport de M. le président Aucoc sur les premiers travaux du comité, *Bulletin*, 1876, p. 107 et 250.

Le garde des sceaux était persuadé que le seul moyen de mettre les magistrats à l'abri des attaques qui se produisaient, et dont il pressentait le redoublement, était de peupler les compagnies judiciaires des intelligences les plus distinguées et d'entretenir à tous les degrés le goût des travaux de l'esprit. Tel fut le but qu'il ne cessa de poursuivre. L'établissement du concours au seuil de la carrière judiciaire en fut la marque la plus éclatante. En observant le recrutement des auditeurs au conseil d'État, il avait été frappé des résultats que donnait le concours depuis l'époque à laquelle il avait contribué à faire triompher ce principe : il résolut d'instituer, sous le nom d'attachés, un corps de candidats parmi lesquels il puiserait les jeunes magistrats.

Le concours fit sortir de l'obscurité des hommes de savoir et de mérite auxquels la magistrature « n'aurait ouvert ses rangs que très tard et avec beaucoup de difficulté ». La valeur des épreuves dépassa l'attente : un grand nombre de jeunes gens apportèrent dans les parquets un talent qui mit hors de conteste l'institution des concours. La faveur seule s'en émut ; les choix purement politiques en souffrirent ; à la Chambre, les solliciteurs évincés ne cachèrent pas leur dépit. Aussi, après M. Dufaure, le concours, de toutes les réformes la plus démocratique, devait-il être délaissé.

« Nous vivons, disait-il dans la circulaire où il exposait les motifs de sa résolution, à une époque où toutes les fonctions publiques qui ne sont pas données à l'élection doivent se défendre par le mérite de ceux qui les occupent. Nous n'échapperons à l'application des théories fausses qui se sont fait jour dans ces derniers temps relativement à l'élection des magistrats, qu'à la condition d'éviter dans nos choix toute faiblesse et de ne laisser entrer dans les rangs de la magistrature que des jeunes gens capables, instruits, ayant déjà fait leurs preuves et conquis l'estime de ceux qui ont assisté à leur début[1]. »

Il ne suffisait pas d'assurer le recrutement, il fallait que la discipline des tribunaux, le travail régulier de leurs membres fût partout assuré. M. Dufaure craignait que le contrôle manquât de vigilance. Les procureurs généraux furent invités à faire des tournées fréquentes et à envoyer des rapports sur chaque siège et sur chaque magistrat[2]. Rien de plus

1. Circulaire du 3 juin 1876, *Bull.*, p. 95.
2. Circulaire du 10 mai 1876, *Bull.*, p. 77.

curieux que cette vaste enquête sur l'état de notre organisation en 1876 ; chacun de ces rapports jette sur nos mœurs judiciaires une lumière inattendue : l'horizon des magistrats peut paraître borné, leur vie modeste et routinière, mais leur valeur morale est très grande et le respect des justiciables entoure le tribunal. Seuls, les jeunes magistrats, arrivant avec toute l'ardeur de leur âge au milieu de ces existences paisibles, sentaient le poids de leur inaction. Quelques-uns, réagissant d'abord avec énergie, préparaient une étude sur un point de législation ou d'histoire, puis le découragement les envahissait. Le garde des sceaux voulut qu'un comité composé de tous les magistrats, membres de l'Institut, prît connaissance des travaux de leurs jeunes collègues, soit pour en faciliter la publication, soit pour en mentionner le mérite dans le dossier de l'auteur.

A ces réformes intérieures, il faut ajouter les travaux législatifs qui se préparaient à la chancellerie et dont les Chambres allaient être saisies. A la suite de longues études, M. Dufaure reconnut que le principal vice de notre organisation judiciaire était le nombre excessif des magistrats et l'insuffisance de leur situation pécuniaire. Il voulut apporter un remède au mal, sans altérer aucune des garanties actuelles, sans changer les relations des justiciables et sans modifier une seule de nos lois de compétence. Il y parvenait en supprimant en certains sièges peu occupés deux juges et un substitut et en puisant dans un tribunal voisin, les jours d'audience, les magistrats nécessaires. Appliqué pour de petites distances reliées par un chemin de fer, ce système aurait réalisé une économie sensible, sans bouleverser l'administration de la justice, plus que ne le font les voyages des magistrats et des avocats allant aux environs de Paris et en revenant, chaque matin, dans la saison d'été. Ce projet n'était pas de nature à intéresser les Chambres : aucun des partis n'y trouvait d'aliment à ses passions ; la gauche n'y rencontrait pas le moyen d'obtenir une épuration du personnel judiciaire. Le projet fut oublié.

Il n'y a pas lieu d'en être surpris quand on songe que la réforme la plus favorable aux petits propriétaires, imaginée par M. Dufaure et proposée en 1876, n'a été votée qu'en 1882[1]. Les ventes judiciaires d'immeubles donnent lieu à des formalités ruineuses

---

1. Loi du 29 juin 1882.

pour les petites propriétés. Croirait-on que, pour les immeubles vendus moins de 1000 francs, les frais absorbaient la moitié de la valeur ? Si l'enchère était au-dessous de 500 francs, la confiscation était complète. Le garde des sceaux entendit remédier à cet ancien abus, que la routine croyait impossible à corriger. Il obtint du ministre des finances une remise progressive des droits d'enregistrement qui variait suivant le prix de vente et qui s'élevait jusqu'à la totalité des droits, si l'immeuble avait été vendu moins de 500 francs. Une concession aussi large appelait un sacrifice analogue de la part des auxiliaires de la justice. Représentés dans la commission réunie à la chancellerie, ils adhérèrent aux plus généreuses réductions. Dans un pays où la propriété est aussi divisée qu'en France, il n'y avait pas de projet plus démocratique ni qui méritât plus un vote d'urgence. Au moment où M. Dufaure le déposait, il aurait été bien surpris, si on lui eût dit qu'une commission saurait le retenir et l'enterrer pendant six ans.

D'autres projets étaient préparés en silence : les améliorations bruyantes ne sont ni les plus fécondes ni les plus durables. M. Dufaure, on le sait, avait le goût des réformes. Sa longue expérience accueillait avec satisfaction celles que concevait l'initiative toujours en éveil de son jeune secrétaire-général. Il était heureux d'observer, dans toutes les branches du service judiciaire, des modifications salutaires, une impulsion plus éclairée, une meilleure organisation.

La fin des vacances vint détourner le garde des sceaux de ces intéressantes études. Les députés de la gauche revenaient fort animés contre les fonctionnaires, dont l'adhésion à la république leur semblait singulièrement lente. Chaque député avait un grief contre un des ministres, mais les magistrats avaient le don d'exaspérer leurs colères. Il y avait plus d'un membre dans la Chambre qui menaçait de renverser le président du conseil pour un juge de paix. Le jour où le parlement reprit ses travaux, un observateur attentif aurait pu voir que les rapports entre le garde des sceaux et les députés s'étaient sensiblement aigris. Les discussions ne tardèrent pas à s'en ressentir.

La cessation de toutes poursuites nouvelles à l'occasion de la Commune fut l'objet d'une première discussion irritante. On était d'accord sur le fond, mais la gauche soutint et fit passer, malgré le cabinet, le dessaisissement de la juridiction militaire au profit des cours d'assises. Peu de jours après, le refus des honneurs funèbres aux membres de la Légion d'honneur enterrés civilement souleva un débat menaçant, et le projet déposé par le gouvernement en vue de ne rendre les honneurs qu'aux militaires en activité de service, en passant à côté de la question, ajouta au mécontentement.

L'examen du budget des cultes s'ouvrait sous de fâcheux auspices. Il semblait que la gauche eût accumulé en quelques articles toutes ses revendications les plus inopportunes. La suppression du budget des cultes fut aisément écartée, mais l'augmentation de traitement pour les desservants pauvres, proposée par le garde des sceaux, fut votée de mauvaise grâce après plusieurs réductions successives et à la suite de propos acerbes qui révélaient une lutte systématique contre le clergé et qui mettaient à une singulière épreuve la patience de M. Dufaure.

Affaibli à la Chambre, le président du conseil était presque déterminé à se démettre. Il aurait fallu que le Sénat, le voyant ébranlé, fît un effort pour le soutenir. La loi sur la cessation des poursuites allait permettre de savoir ce que, de ce côté, on pouvait attendre. Après une discussion approfondie et malgré un discours du garde des sceaux, la majorité du Sénat la rejeta. M. Dufaure n'hésita plus à se retirer. Il était persuadé que, ni ses convictions, ni ses goûts, ni son tempérament ne convenaient à une Chambre jeune, inexpérimentée, ne connaissant ni les questions, ni les difficultés de la politique. Il souffrait des malentendus et s'en irritait. A aucune époque, la responsabilité de sa mission ne lui avait paru plus pesante.

XX

LE SEIZE MAI.

M. Dufaure recouvrait avec bonheur sa liberté. S'il avait moins aimé son pays, il eût goûté un repos sans mélange, mais les préoccupations le suivirent alors même qu'il s'éloignait de Versailles pour aller chercher, pendant l'hiver, un climat nécessaire à la santé de madame Dufaure. De loin, il s'appliqua à étudier le singulier spectacle que le bruit et le mouvement de la scène l'avaient peut-être empêché de saisir. Plus il suivait les symptômes de cette instabilité des esprits et moins il se rendait compte des mobiles qui maintenaient les députés en une perpétuelle agitation. Lui, qui désirait si sincèrement l'établissement et la durée d'un régime régulier fondé sur le respect des lois, ne pouvait souffrir cet abus de l'initiative parlementaire remettant tout en question, ne laissant debout ni une loi, ni une institution.

« Si la majorité, m'écrivait-il de Menton le 27 février, avait une foi républicaine sincère et éclairée, quelle joie d'assurer la pratique paisible et patiente de cette machine gouvernementale pour prouver qu'aucun de ses organes, suffrage universel, dualité législative, chef électif et temporaire, n'est incompatible avec l'esprit, le caractère et les intérêts politiques de notre pays! Au lieu de cela, quelle politique inquiète, quels rêves de malades! quelles conséquences singulières tirées de ce mot de république! quelle impatience de voir réaliser ce qu'on a imaginé ce matin, ce que l'on combattra ce soir! quelle absence complète d'unité de vues, de discipline parlementaire, de confiance en ses plus anciens amis! Depuis que je ne suis plus au pouvoir, je suis tout étonné d'y avoir été. Je m'en souviens comme on se souvient d'avoir été au bord d'un précipice. J'éprouve quelque vertige en y pensant. »

En faisant les vœux les plus vifs pour ses successeurs, M. Dufaure suivait avec une extrême attention les incidents de la lutte et ne comprenait pas que la Chambre fût assez imprévoyante pour attaquer et affaiblir M. Jules Simon.

A l'heure où il revenait à Paris, entrevoyant un renversement du cabinet et s'alarmant des perspectives qu'il apercevait au delà, le maréchal congédiait inopinément ses ministres et appelait le duc de Broglie. Ce n'était ni une violation de la loi, ni un coup d'État, ce n'était qu'un coup de tête. De sages conseillers auraient pu en prévenir le danger. Ceux que le président de la république écouta lui persuadèrent que, l'acte une fois commis, il fallait aller jusqu'au bout et tenter de guérir la France de ses sympathies républicaines et de réformer ses mœurs démocratiques en six mois. Dès le premier jour, M. Dufaure jugea l'aventure. Il en prévit l'insuccès, mais il était loin de croire aux moyens qui furent successivement mis en œuvre.

Il vota au Sénat contre la dissolution, non qu'il renonçât à son jugement sévère sur la Chambre des députés, mais parce qu'il croyait qu'un appel aux électeurs, venant de la droite, au milieu d'un si violent conflit, était de nature à surexciter les esprits, à donner aux députés une popularité qu'ils ne méritaient pas et à transformer les mécontentements en passions obstinées.

Il se rendit bientôt en Saintonge. C'est là seulement qu'il lui fut permis d'apprécier les ravages de la politique pratiquée par le ministère. Sa douleur surtout fut profonde en voyant ce qu'on tentait de faire de la magistrature qu'il avait formée et défendue pendant quatre ans. Les juges de paix avaient été révoqués ; autour de lui, il y avait eu des iniquités révoltantes. Il gémissait en comparant nos mœurs politiques à celles des pays rompus à la liberté, en voyant la facilité avec laquelle un cabinet « abusait du pouvoir que le sort avait mis entre ses mains pour désorganiser toute une grande institution et se livrer à une débauche d'arbitraire ».

Les préparatifs des élections tardives lui montraient le ministère se cachant à tout instant derrière le maréchal : son respect de la responsabilité ministérielle en était blessé. Il lui semblait qu'après la faute du 16 mai il n'y en avait pas de plus grande que de compromettre la personne du président de la république et d'user sans profit d'une influence qu'il eût fallu mettre en dehors et au-dessus de la lutte.

Le résultat des élections ne le surprit pas ; mais il

fut consterné d'apprendre qu'il existait des conseillers assez aveugles pour proposer au maréchal une nouvelle dissolution ; le mois de novembre se passa à supputer les chances d'une seconde campagne. Dans le désarroi de la défaite, on écouta toutes les propositions pour éviter l'appel aux adversaires du 16 mai, même les moins bruyants, tant une capitulation semblait inacceptable. On multipliait les plans de campagne pendant que la Chambre des députés, maîtresse du budget qu'elle refusait de discuter, se préparait aux événements. Jamais conflit plus aigu n'avait excité plus vivement les esprits.

M. Dufaure se demandait avec anxiété si la France allait être jetée dans la guerre civile. M. d'Audiffret-Pasquier, au commencement de décembre, avait seul osé parler avec franchise au maréchal. S'il était suivi par ses amis, les plus grands malheurs pouvaient être évités. Dans des réunions peu nombreuses, mais dont l'accord suffisait à déplacer la majorité dans le Sénat, M. Bocher tint, au milieu des constitutionnels, le langage le plus courageux et le plus net : ses amis et lui ne suivraient pas le maréchal dans une nouvelle campagne de dissolution ; il fallait que le président, après avoir consulté le pays, se résignât à gouverner parlementairement comme on gouverne dans tous les États d'Europe. C'était la condamnation de la politique violente. M. Dufaure fut appelé. Ses conditions étaient précises : un cabinet homogène et indépendant ; une déclaration publique du maréchal proclamant que son gouvernement rentrait dans les voies parlementaires, et l'adhésion à deux projets de loi sur le colportage et sur l'état de siège. Ce programme ne fut accepté que trois jours après, lorsque toute espérance d'un cabinet de droite, caressée jusqu'à la dernière heure, se fut définitivement évanouie devant la fermeté des constitutionnels.

XXI

TROISIÈME MINISTÈRE.

14 DÉCEMBRE 1877. — 31 JANVIER 1879.

Jamais président du conseil n'était entré au pouvoir dans des conditions plus difficiles. Entre la Chambre et lui, aucun accord de tempérament; entre le chef de l'État et son premier ministre, un fond d'estime sincère pour le caractère, mais peu d'idées politiques communes, une alliance imposée par les événements et rappelant sans cesse à l'un des deux sa défaite. En un mot, M. Dufaure, placé entre les deux adversaires, n'avait de force vis-à-vis de la Chambre que parce que sa présence était le signe visible d'une victoire que les amis du maréchal tenaient pour une humiliation. Il fallut le renom d'inébranlable fermeté de M. Dufaure pour faire tenir debout, au milieu de telles complications et pendant quatorze mois, un ministère modéré. L'habileté y eût échoué. La loyauté un peu rude d'un homme d'État de quatre-vingts ans sut y parvenir.

L'effet, en France et en Europe, fut immense. En se soumettant, non à un homme, mais à son pays librement consulté, le maréchal avait écouté les voix les plus sages. Pour la première fois, disait-on, la France avait su faire l'économie d'une révolution.

M. Dufaure appela autour de lui tous ceux dont il avait pu, en d'autres temps, apprécier la valeur. Grâce à M. Léon Say, l'accord fut sur-le-champ rétabli avec la commission du budget, et la loi de finances fut votée.

Une première tâche s'imposait au nouveau ministère : il fallait avant tout panser les plaies des sept derniers mois. Cette fois, le personnel ne causait pas les difficultés les plus sérieuses. Il fallait rétablir à peu près partout les fonctionnaires qui accomplissaient paisiblement leur tâche le 15 mai précédent. Pour le ministère de la justice, dont M. Dufaure s'occupait exclusivement, le travail porta d'abord sur les juges de paix. Successivement, les magistrats révoqués reprirent leurs places, à moins qu'ils n'eussent démérité. Cet examen permit de juger les chefs de parquets et d'écarter les plus compromis.

Dans l'ordre politique, les réparations étaient moins faciles. La magistrature avait été mêlée à l'œuvre du 16 mai par les répressions mêmes qui lui avaient été demandées : des colères nouvelles s'étaient ameutées contre elle. Les condamnations minimes ne sont pas celles qui laissent de moins longues traces. Or les contraventions, les délits de presse et de colportage avaient été poursuivis par milliers. Il fallait couvrir d'un oubli complet toutes ces erreurs de la passion politique. Dès le lendemain de la constitution du cabinet, la loi d'amnistie fut proposée à la Chambre des députés et, au mois de janvier, lorsque le parlement reprit ses séances, le gouvernement pressa l'examen des lois qui, suivant ses amis, devaient rendre impossible le renouvellement d'une campagne si funeste aux intérêts conservateurs.

Au Sénat, les discussions furent animées, elles

ravivaient de récents et pénibles souvenirs. Une politique sage commandait cependant des précautions spéciales. L'état de siège, qui aurait été décrété dans l'automne à la veille des élections sans la résistance très honorable et peu connue du parquet de la cour de cassation, était une mesure si grave qu'il fallait empêcher à l'avenir que des moyens extraordinaires destinés à réprimer l'insurrection devinssent un instrument de pression électorale. M. Dufaure tenait ces lois pour aussi sages que nécessaires. Les constitutionnels leur firent bon accueil. A droite, on eut l'injustice et l'imprudence de les qualifier de lois de parti. C'est à propos du colportage que M. Dufaure eut à répondre à ce grief :

« Si nous étions, dit-il, un ministère de parti, qu'aurions-nous fait? Nous aurions gardé l'arme dont on s'était servi, et vous auriez eu peut-être à en gémir autant que nous en avons gémi pendant les dernières élections. Nous n'avons pas voulu le faire, nous croyons avoir agi en véritables politiques et, au lieu de demander pour nous le funeste présent de pouvoir supprimer les journaux de nos adversaires et de laisser répandre les nôtres, nous vous avons demandé de voter une loi claire, correcte et précise qui interdirait au pouvoir de faire à jamais ce que nous aurions pu faire, si nous avions été des hommes de parti[1]. »

Il avait hâte de voir se clore ces discussions rétrospectives et irritantes. En réparant les maux du passé et en fermant les brèches, le ministère avait accompli la première partie de son œuvre ; il allait pouvoir se tourner vers l'avenir, se mettre au-dessus des récriminations et marcher dans une voie d'études que les colères ne viendraient plus troubler. Le garde des sceaux avait de grands projets législatifs. Il était persuadé qu'aux réformes de l'ordre purement politique qui convenaient aux esprits superficiels, parce que le premier venu, après avoir lu un journal, s'y croyait propre, il fallait substituer de vastes revisions telles que celles de nos codes criminels. En 1832, le gouvernement de Juillet avait amélioré le code pénal. Il fallait tenter la même œuvre pour l'instruction criminelle, qui portait la date et le reflet du premier empire. M. Dufaure en chargea une commission où il appela les membres les plus compétents de la cour de cassation.

Président de la Société des prisons dont il avait été

---

1. Discours du 26 février 1878.

l'un des fondateurs, il désirait depuis longtemps ramener au ministère de la justice l'administration pénitentiaire. Sous son inspiration, le conseil supérieur des prisons exprima, malgré le ministre de l'intérieur, le vœu que l'exécution des peines fût désormais confiée au garde des sceaux.

En même temps, il préparait et présentait une loi sur l'extradition. Il voulait poser une série de principes et faire rentrer dans le domaine législatif et judiciaire une mesure que réglait seule l'infinie variété des traités[1].

Les progrès de la colonisation algérienne lui rappelaient ses anciennes études. Il cherchait à fixer l'attention de ses collègues, et sentait se réveiller ses préférences pour cette question qu'il mettait au premier rang des œuvres de la France moderne. Dans une commission composée des ministres et de deux ou trois chefs de service, il écoutait avec un intérêt soutenu les brillants exposés du général Chanzy; puis, après des séances qu'il ne trouvait jamais trop longues, il déplorait que l'âge ne lui permît pas de se

---

1. Présentée en 1878, cette loi fut votée par le Sénat; mais le gouvernement n'a pas jugé à propos de l'apporter à la Chambre des députés.

rendre en Afrique pour étudier par ses propres yeux des problèmes qu'obscurcissent les passions locales.

Il avait bien d'autres projets, mais les jours et les semaines s'écoulaient trop vite ; les dossiers s'accumulaient sur sa table; chaque ministre lui soumettait les affaires les plus difficiles, les questions qui divisaient deux départements ministériels. Il lui fallait toute sa vigueur pour conserver sa liberté d'esprit; parfois il aurait voulu fermer aux solliciteurs sa porte, qui était assiégée :

« Je ne sais auquel entendre, disait-il, et si j'en croyais les députés, je laisserais tout cela pour m'occuper de leurs juges de paix. Les affaires d'État, la conférence de Berlin ! qu'est-ce que cela ? Les affaires de mon canton, voilà les matières sérieuses ! J'ai achevé la réintégration que commandait la justice. Le travail est terminé, et j'entends que la magistrature ait une fixité telle qu'elle ne puisse être confondue avec l'administration. J'envie ceux qui peuvent s'occuper autour de moi de législation, voilà des intérêts permanents qui reposent l'esprit. »

A l'heure où il dévouait toutes ses forces à la chose publique, un coup terrible allait l'atteindre. La santé de celle qui l'avait secondé dans la vie était frappée sans retour. En quelques jours, les bises d'avril enlevèrent madame Dufaure. La douleur de celui qui survivait fut grande et saisissante. Il eût été renversé par une telle secousse, si son âge même ne l'avait averti que la séparation serait courte. Il vécut deux années comme attiré par celle qu'il avait perdue et avec la confiance que chaque jour écoulé le rapprochait d'elle. Les travaux mêmes de sa charge, qu'il aurait abdiquée s'il ne s'était pas souvenu qu'elle l'avait poussé à en accepter le fardeau, le rattachèrent à la vie. Plus que jamais, il s'y absorba, ne négligeant ni une lettre, ni un rapport, ni un projet de loi. Ceux qui l'ont approché en ce temps ont pu seuls le connaître tout entier.

D'autres jugeront le politique. Le garde des sceaux était incomparable. En l'entendant traiter une affaire, juger un magistrat, en observant cette conscience inébranlable, étrangère aux partis, haïssant leurs vues étroites, leurs jalousies, le souvenir des grands magistrats d'autrefois traversait l'esprit. C'étaient bien là les haines qu'avait conçues L'Hôpital pour les factions de son temps, l'ardeur avec laquelle il se refugiait dans les études de sa charge pour ne pas entendre les insultes échangées entre catholiques et huguenots.

Il fallait le voir dans ces longs après-midi de travail que lui accordait quelque vacance parlementaire, ou lorsque les siens obtenaient à grand'peine qu'il descendît dans le jardin du ministère. Parfois, en marchant à travers les allées, il oubliait pour un instant les rapports des procureurs généraux ou les feuillets d'un dossier qu'il tenait à la main. Il se laissait entraîner à parler de ses projets, des réformes possibles, des abus à redresser, mais surtout de la France, de ce qui pouvait calmer ses nerfs, apaiser son cerveau et assurer son avenir. En l'écoutant, à la fois si simple et si profond, il était impossible de ne pas songer à ceux qui, depuis des siècles, s'étaient promenés, comme lui, sous ces vieux arbres de la chancellerie. Ce robuste vieillard était bien leur digne successeur. M. Dufaure était né pour être un de ces grands chanceliers qui, appuyés sur les lois, sont en des pays d'antique tradition, les représentants et l'image vivante de l'État. Il en avait tous les goûts, toutes les aptitudes, l'austérité et le prestige ; il aurait fait respecter sa charge, qui eût grandi entre ses mains ; il aurait relevé et épuré la magistrature. Nous avons vu en Angleterre de célèbres jurisconsultes qui partageaient leur temps entre la Chambre des lords et la cour de justice qu'ils présidaient le même jour, augmentant l'une par l'autre la dignité de leurs doubles fonctions et apportant à la Chambre haute le reflet d'une autorité qu'ils empruntaient à l'interprétation souveraine des lois. M. Dufaure nous rappelait ces vies pleines d'austères devoirs.

Lorsqu'il s'était rendu le matin au conseil d'État, qu'après avoir présidé le conseil des ministres, il partait pour Versailles prêt à prendre part aux discussions du parlement, on se prenait à songer à ce qu'il aurait fait, au grand profit de la justice et des lois, s'il avait été débarrassé des soucis de l'action.

Heureusement l'année 1878 fut une des plus paisibles que la France ait traversées depuis douze ans; fatiguée des querelles, elle se reposait en recevant le monde entier dans cette fête de l'exposition qu'accompagnait si à propos une trêve des partis. M. Dufaure, étranger aux joies bruyantes, prit un intérêt passionné à ces comparaisons de toute nature qu'offrait à un esprit curieux le palais du Champ de Mars. Lorsque l'automne arriva, ses collègues le décidèrent à aller prendre quelque repos à Vizelle. Il y passa trois semaines sans cesser de diriger la chancellerie et de conserver la signature.

A son retour, l'horizon s'était rembruni. Ceux qui avaient le goût des intrigues étaient las du calme dont jouissait la France. Le ministère aurait bientôt un an! A quoi songeaient les politiques? Ils se remirent si bien et si vite en campagne, ils firent tant de projets, se montrèrent si bavards et si pressés qu'on put croire un moment leurs plans éventés. M. Dufaure, qu'on avait voulu forcer à donner sa démission, n'avait pas daigné écouter ces sommations de couloirs. Il attendit de pied ferme les attaques publiques. Devant ce calme, l'audace se tut. On recourut à d'autres moyens. Du moment où il ne voulait pas céder la place de bonne grâce, on saurait bien l'y contraindre. Les intrigues se nouèrent afin de préparer un grand ministère présidé par M. Gambetta et dans le sein duquel les quatre gauches seraient représentées.

Il y a des heures de crise où certaines idées se propagent et dominent exclusivement les esprits. Au commencement de janvier 1879, le changement du personnel judiciaire, administratif, financier et militaire était l'unique sujet des conversations et des vœux dans les couloirs de la Chambre, dans les rues et dans les trains de Versailles. Les élections sénatoriales, à entendre les députés, contraignaient le ministère à agir avec énergie, ce qui signifiait à destituer et à révoquer des catégories entières de fonctionnaires. Il est vrai que les nouveaux sénateurs auxquels on prêtait une si impérieuse volonté se montraient beaucoup moins absolus.

M. Dufaure était disposé à les écouter d'une oreille d'autant plus attentive qu'ils représentaient l'opinion publique sous son expression la plus récente. Il put se convaincre que leur impatience moins vive que celle des députés ne différait que dans la mesure. On lui rapportait des incidents qui prouvaient le langage agressif de certains fonctionnaires et qui justifiaient, non les clameurs des députés, mais les doléances dont les sénateurs se faisaient discrètement l'écho.

Le conseil des ministres et son président prirent aussitôt leur parti. Ils rédigèrent un message dans lequel furent énumérés toutes les lois, toutes les réformes, tous les travaux soumis au parlement. Sur chaque point, on verrait la détermination de faire un pas en avant, de se montrer franchement libéral, sans faire de concessions au radicalisme. Le Sénat écouta la déclaration avec sympathie. A la Chambre, l'attention était ailleurs. Que dirait le cabinet de l'épuration? Quelle satisfaction donnerait-il? Le gouvernement promit de destituer les fonctionnaires qui attaqueraient les institutions établies, mais, au lieu de procéder par catégories, il annonça qu'il agirait prudemment, « voulant être assuré de la faute avant d'infliger la peine ». C'était lasser la patience des plus avides. Une interpellation fut aussitôt annoncée.

En réponse à l'orateur qui le pressait de destituer un certain nombre de procureurs généraux, M. Dufaure déclara qu'il serait sévère, mais que l'intérêt politique ne le ferait pas souscrire à une seule révocation qu'il tiendrait pour injuste. Il comprenait que « les élections, en mettant d'accord les deux pouvoirs législatifs, avaient affermi les institutions, que cet accord devait descendre des pouvoirs à tous les fonctionnaires et qu'il n'y avait plus à tolérer ces hésitations, ces doutes, qui pouvaient naître de ce que le fonctionnaire avait au-dessus de lui, dans la majorité d'une des Chambres, un exemple et peut-être un appui. » La Chambre prit acte de ce langage et donna cent voix de majorité au ministère.

Cette victoire ne pouvait pas rassurer les esprits clairvoyants : la masse tranquille du pays, ceux qui veulent le repos et qui haïssent les querelles de partis étaient satisfaits du langage de M. Dufaure. Un pas en avant leur suffisait ; mais les impatients de la Chambre ne s'arrêtaient pas en chemin et s'apprêtaient à exiger de longues séries de révocations, apparaissant à l'*Officiel* comme un coup de théâtre. Tandis que le garde des sceaux, pesant dans sa justice certaines « lenteurs d'obéissance », songeait à mettre à la retraite quatre procureurs généraux, les meneurs dans les couloirs de la Chambre demandaient que quatorze fussent destitués. C'étaient des procédés révolutionnaires substitués à la méthode d'examen d'un gouvernement régulier. Il était aisé de prévoir qu'un ou deux mois plus tard, les exigences accrues renouvelleraient l'attaque. Mais de telles prévisions ne changent pas la nature du devoir.

Il fallait faire ce qui était juste, ce qui était politique, acquitter enfin la promesse du message, en dédaignant également les menaces de la droite et les exigeantes convoitises des gauches. Chaque ministre se mit en mesure de saisir le conseil.

Le maréchal avait suivi les événements avec des

sentiments bien divers. Consterné par les élections sénatoriales, désirant vivement échapper aux difficultés accrues du pouvoir, il avait espéré que les demi-mesures pousseraient à bout la Chambre et que ses ministres seraient renversés le 20 janvier, il était prêt à partir et sa lettre de démission était écrite, lorsqu'il apprit le succès de son cabinet. Il en eut un vif mécontentement et ne chercha plus que le moyen de retrouver l'occasion perdue. Il la saisit le 28 janvier, quand le général Gresley, celui de ses ministres en qui il avait le plus de confiance, celui qu'il venait de désigner peu de jours avant par un libre choix de son amitié pour le portefeuille de la guerre, vint lui demander l'application de la loi aux commandants de corps d'armée. Il s'agissait d'en remplacer cinq qui avaient dépassé depuis longtemps le terme des trois années. Le maréchal consentit à la mesure pour deux d'entre eux, refusa son adhésion pour les trois autres, et préféra déposer la charge qu'il avait assumée le 24 mai 1873.

C'est l'honneur et le péril de ceux qui acceptent d'être les premiers dans l'État de ne pouvoir à leur gré se soustraire aux responsabilités, par cela seul que la mission imposée par la Providence devient plus pénible et plus périlleuse qu'ils ne l'avaient prévu. En politique comme en tactique militaire, il y a des postes qu'il n'est jamais permis d'abandonner.

En présence de la résolution du maréchal, que devait faire M. Dufaure? Abandonner le général Gresley, c'était le désaveu sans profit comme sans dignité de la politique du message. Offrir au président de la république la démission du cabinet, c'était courir au-devant de je ne sais quelle résolution du maréchal appelant la droite à une nouvelle aventure. Il fallait se résigner à une démission aussi préméditée que prématurée, qui précipitait tous les événements et devançait de vingt-deux mois l'échéance du terme présidentiel.

Au milieu de cette crise, dans laquelle M. Dufaure accomplissait son devoir non sans tristesse, il ne se souciait pas des éloges exagérés qui lui étaient décernés par les journaux et les partis proclamant à l'envi sa victoire. On parlait de lui pour la présidence. Il signifia, dès les premiers bruits, sa volonté absolue de ne pas succéder au maréchal. Il y a des devoirs sévères qui n'ont de valeur que s'ils sont dénués de récompense. En cédant au pays sur un petit nombre de points pour retarder et empêcher peut-être tout le mal que son expérience prévoyait, M. Dufaure obéissait à une conviction, non à un calcul personnel.

Aussi son premier acte fut-il de remettre à M. Grévy la démission du ministère.

XXII

SES DERNIÈRES LUTTES.

1879-1881.

M. Dufaure espérait qu'une politique ferme et libérale pourrait être suivie par des hommes plus jeunes. Il fut bientôt détrompé ; les concessions, en se succédant, lui causèrent une tristesse profonde. L'annonce de l'amnistie pour l'insurrection de la Commune lui parut une faiblesse coupable, prélude de bien d'autres. Du rivage où il contemplait les signes avant-coureurs de l'orage, il se sentait plein d'appréhensions pour son pays, mais il n'avait pas la présomption de croire qu'il eût pu aisément dompter les flots. Il avait la conscience tranquille. Il sentait que pendant quatorze mois il avait servi de frein aux impatiences.

M. Dufaure disait souvent à ceux qui l'entouraient : « Les magistrats me maudissent, combien ils me regretteront plus tard ! » Il prévoyait clairement le débordement de destitutions dont sa chute serait le signal. Néanmoins il était loin de s'attendre au renouvellement presque entier des parquets. Ce fut une des douleurs les plus sensibles de ses années de retraite. Suivant chaque jour dans les décrets les mouvements de ce personnel dont il était fier d'avoir été le chef pendant cinq années, il voyait révoquer successivement des hommes dont il savait la valeur et dont il avait tenu à honneur de consacrer l'activité au service public. Il était frappé de l'identité des passions et des procédés de partis. Ce qu'avait fait la droite, en plein combat, les gauches, au lendemain de leur victoire, l'imitaient servilement.

Il écrivait dans l'automne de 1879 : « Le gouvernement actuel accomplit ce que le ministère du 16 mai avait entrepris et commencé : il met la magistrature sous l'autorité de l'administration ; des magistrats qui ont vieilli sous la discipline austère de leur profession sont appréciés, jugés par des préfets sortis, il y a six mois, du bureau d'un journal ou d'un comité électoral. L'esprit élevé et permanent du droit est invité avec menace à s'effacer devant les fantaisies d'une politique capricieuse et passagère. C'est la perversion de nos mœurs judiciaires. »

Il regrettait souvent de n'avoir pas eu devant lui des années de force et de vie pour adapter les formes judiciaires aux besoins de notre temps et donner à nos tribunaux ce qui leur manquait pour triompher des passions qui les entourent. Il se demandait ce que la démocratie triomphante ferait de la magistrature. C'était un des problèmes qu'il se posait le plus souvent.

Il étudiait la démocratie avec une curiosité passionnée, cherchant ce qu'elle contenait de bien et de mal, ne tolérant pas ceux qui, par colère ou par faiblesse, la condamnent ou la vantent sans réserves. Les ouvrages de M. de Tocqueville, qu'il avait toujours admirés, prenaient à ses yeux une vérité de plus en plus vive. Il était à la fois charmé et effrayé de l'exactitude des tableaux tracés par son ami.

On l'a accusé de haïr la démocratie ; rien n'était

plus faux, mais il était sans pitié pour le flot montant des ambitions besogneuses, pour ce goût de la foule aimant non le service, mais le budget de l'État; lui, qui avait toujours eu pour lui-même le mépris des places, qui n'avait donné son estime qu'à ceux dont l'âme était supérieure à la fonction, se demandait par instants, avec épouvante, comment une société pourrait réagir contre ces appétits malsains. Il aimait alors à pénétrer au-dessous de la bourgeoisie, à chercher le progrès là où les détracteurs de notre temps ne se donnent pas la peine de l'observer. Il regardait le paysan, l'ouvrier des villes, étudiait leurs mœurs, questionnait ceux qui étaient en contact avec leurs souffrances, voyait et mesurait avec bonheur les efforts de la charité, écoutait le récit de ceux qui y consacrent leur vie, admirait leurs efforts et se réjouissait de leurs succès. Il s'y associait de ses vœux, de sa parole et de son nom, ne se bornait pas à de fugitives sympathies, se mettait sans bruit à la tête d'œuvres considérables et se demandait, après avoir pénétré dans ce monde si actif de l'assistance chrétienne dans les grandes villes, si le dernier mot de nos crises sociales n'était pas, comme il l'avait dit en 1848, lorsqu'il combattit le droit au travail, une plus intime union des classes dans le support commun de la misère.

Tout le ramenait vers ces méditations morales ou philosophiques; mais ce vieillard qui avait traversé tant d'épreuves n'y apportait pas une âme chagrine. L'âge, loin d'assombrir M. Dufaure, avait éclairci son âme. L'expérience très prolongée de la vie a souvent cette action sur les âmes vraiment grandes. La diversité des secousses politiques, le souvenir des plus chères affections brisées par la mort, au lieu d'aigrir son cœur, lui avaient donné une douceur dont le charme était d'autant plus profond qu'elle contrastait avec les traits de son visage. Les étrangers seuls éprouvaient encore sa rudesse; mais, pour les amis de son choix, pour ceux qu'il avait distingués et attirés, quel accueil! Il avait toujours aimé à patronner les jeunes gens. Leur déférence ne rencontrait jamais de raideur et souvent une tendresse affectueuse qui accompagnait et rehaussait la force de ses conseils. Il les suivait et les encourageait dans la lutte, leur rappelait les combats de la Restauration, parlait peu de lui, mais beaucoup de ses contemporains qu'il montrait en exemple, voulait qu'on aimât son pays et son temps, qu'on ne laissât pas sans emploi son intelligence et qu'on usât des moyens qu'offraient la loi et la liberté; il poussait les uns vers la tribune, les autres vers la presse, tous vers le travail; il prenait une part personnelle à leurs succès, et lorsqu'il voyait entrer à la Chambre un jeune talent plein d'ardeur et de mesure dont l'éclat des débuts oratoires et le rare esprit politique permettaient d'augurer l'avenir, il semblait, à voir sa joie, qu'il s'oubliât lui-même pour ne songer qu'à ces promesses de l'intelligence et au profit que la France pourrait en tirer.

C'est vers elle, vers ses destinées, que son esprit revenait sans cesse. Il croyait à des transformations, à de longues crises, au renouvellement, sous d'autres formes, des secousses et des souffrances de la Révolution, mais jamais le mot de « décadence » n'est sorti de ses lèvres. C'est maudire son pays que de prononcer cette parole, et M. Dufaure ne tolérait pas les malédictions. C'est qu'au fond il aimait l'homme, il respectait la nature humaine, parce qu'il avait foi dans ses destinées. Tout le secret de la philosophie est là. Ceux qui croient à l'essence surnaturelle qui nous fait penser et aimer, ne peuvent ni mépriser tout à fait leur semblable, ni désespérer entièrement de l'avenir. Dieu me garde de dire qu'eux seuls aient ce privilège ! Il y a des natures rares auxquelles l'élévation de l'esprit peut inspirer ce respect de l'homme : mais on ne raisonne pas sur des exceptions, quelque brillantes qu'elles puissent être. M. Dufaure était persuadé, qu'en dehors du spiritualisme philosophique ou chrétien, il ne pouvait exister ni société, ni moralité politique. Il le répétait souvent. Il jugeait rarement les actes qui le blessaient le plus, sans remonter à cette cause première de tous les dissentiments, qui élève ou rabaisse la conscience, donne à la morale une sanction ou ne lui offre d'autre but que les calculs de l'intérêt.

Rien ne l'alarmait davantage que la haine aveugle des sectaires contre la religion, parce qu'il y voyait un effort contre la morale du peuple ; il se demandait avec effroi ce que pourrait devenir une société sans croyance : il trouvait si haute la mission des interprètes de l'Évangile qu'il ne comprenait pas qu'ils se fussent jetés un seul jour dans les querelles politiques. Il en voulait surtout au radicalisme, qui en inscrivant sur son drapeau la guerre contre le clergé, avait provoqué les alarmes de tous ceux qui croyaient et dénoncé la longue paix due au concordat. Le développement de cette lutte dans laquelle se multipliaient les griefs l'inquiétait sérieusement. Il aurait voulu n'y voir qu'une revanche politique enflammant les esprits pour quelques jours au lendemain des élections, et cherchant à faire expier quelques imprudences commises; mais lorsqu'il était forcé de discerner un dessein général, il s'indignait et se sentait prêt à tous les efforts pour sauvegarder ce qui était à ses yeux le premier des biens, la liberté de conscience.

Le projet de loi sur l'enseignement, qui privait une catégorie de citoyens français du droit d'enseigner parce qu'ils faisaient partie du clergé régulier, lui parut non seulement une loi mauvaise, mais une mesure inique, contre laquelle il ne devait pas hésiter à employer ses derniers efforts. En sortant de sa retraite pour affronter la tribune du Sénat, il était préoccupé de son âge et de sa fatigue; il obéissait à un devoir et craignait de ne pas se maintenir à la hauteur de la tâche qu'il s'était imposée. Son discours peut être rangé parmi ses meilleurs: aux pensées de concorde qui doivent animer le véritable homme d'État, à la parole de M. Thiers déclarant qu'à son gré « toucher à une question religieuse était la plus grande faute qu'un gouvernement pût commettre », il opposait le tableau de la guerre poursuivie, depuis un an, sur toute l'étendue de la République. Il peignait le sens que les passions donnaient à l'article 7 et l'effort qui était fait pour diviser en deux partis la nation tout entière, division fatale qui est le signe et l'avant-coureur de toutes les guerres civiles. Il peignit la liberté et la religion également menacées, également atteintes par cette loi qui était contraire à tout progrès et qui, pour tout dire, n'était qu'un misérable expédient politique. Il fit à grands traits l'histoire de la liberté d'enseignement, née après l'empire, soutenue sous la Restauration, présentée comme loi sous le gouvernement de Juillet, adoptée comme principe constitutionnel en 1848, transportée dans les lois organiques de 1850 et de 1875, de ce principe en vertu duquel il n'est interdit à aucun citoyen instruit d'ouvrir une école primaire, une institution secondaire, une école supérieure. Enfin, il termina en rappelant à la gauche combien sa conduite ressemblait à celle qu'elle avait blâmée chez ses adversaires. « Eh bien ! messieurs, disait-il, au milieu des applaudissements, permettez-moi de vous adjurer les uns et les autres de ne pas instituer de gouvernement de combat, quand nous devons tous travailler paisiblement et pacifiquement à faire les affaires de notre pays[1]. »

Le Sénat donna raison à M. Dufaure. L'orateur fut heureux de son succès et surtout heureux de penser qu'il pourrait mettre quelques mois plus tard au service de l'inamovibilité judiciaire l'influence d'une parole que le Sénat écoutait encore. L'article 7 avait été rejeté au milieu des prophéties les plus sinistres du ministère. Quelques semaines plus tard, l'expulsion des congrégations non autorisées était résolue.

Ces représailles inauguraient toute une politique de violences fondées sur une légalité mensongère et, en blessant la justice, allaient décimer ceux qui en avaient la garde. M. Dufaure contemplait toutes ces ruines avec douleur. Il jugea qu'il n'y avait pas à répondre à des passions par des discours, mais par des actes. Dans le désordre des esprits, il crut que la protestation la plus efficace était de saisir le Sénat d'un projet de loi sur les associations. Il répondrait ainsi à l'application arbitraire d'une loi surannée par la mise à l'étude d'une législation conforme au

---

1. Discours du 9 mars 1880.

progrès de la raison et du droit. Pendant l'insurrection de la Commune, en combattant un projet qui abolissait en cette matière les lois préventives, il avait annoncé que, l'ordre rétabli, il se montrerait favorable à la liberté d'association. C'est cet engagement qu'il venait tenir le jour où les luttes religieuses avaient fait sentir plus vivement la nécessité de cette loi.

Son projet permettait la fondation de toute association ayant pour but de s'occuper d'objets religieux, littéraires, scientifiques, politiques ou autres, sous la condition de déclarations précises excluant toute action occulte; mais il refusait la personnalité civile à toutes celles qui n'auraient pas obtenu par une loi la reconnaissance d'utilité publique. Déposé en juin 1880, ce projet fut soumis à une commission dont M. Dufaure fut aussitôt élu président et rapporteur; il en dirigeait les travaux avec l'intérêt qu'il portait à ce genre d'études. Il y voyait le testament de ses convictions.

Six fois ministre sous cinq chefs d'État, sans qu'on pût l'accuser de versatilité, parce qu'il a été à toute époque fidèle aux principes qui avaient formé son esprit sous la Restauration, il dirigeait les travaux de la commission avec une recherche des solutions libérales qui attestait au terme de la vieillesse l'unité de sa vie. Il concentrait son esprit avec une application qui l'absorbait et le fatiguait; quand sa santé ébranlée lui interdisait de se rendre au Sénat, la commission s'assemblait chez lui. Il réunissait les documents, multipliait les lectures, accumulait les notes en vue du rapport qu'il méditait. Par moments, il craignait de ne plus pouvoir monter à la tribune, mais il ne perdit pas l'espérance de terminer son travail. Il lui semblait qu'il faisait ainsi une dernière protestation contre la politique qui substituait chaque jour davantage les expédients aux lois et les mesures d'exception à la pratique virile de la liberté.

Il avait coutume de dire : « Pour agir je suis trop vieux. Comment regretter de mourir à mon âge? Mais si j'avais cinquante ans, quelle lutte à soutenir ! » Il croyait à l'efficacité de l'action, et il n'a pas un moment désespéré de son pays.

Ses forces diminuaient peu à peu sous l'influence du mal. On voulait se faire illusion autour de lui. Il était le seul à ne pas souffrir la moindre atteinte à la vérité, se rendant compte des progrès de la maladie et en calculant la marche. Il avait chaque année l'habitude de ranger en liasses ses notes et ses dossiers lorsqu'il s'apprêtait à quitter sa résidence de Paris ou de la campagne. Au printemps de 1881, on le vit entreprendre à Rueil un rangement général. Il venait de ressentir les premières souffrances. Il voulait d'avance se tenir prêt pour son dernier voyage.

Il avait fait bien d'autres préparatifs. Toute sa vie il avait eu une prédilection pour Pascal et Bossuet. Tantôt les *Sermons*, tantôt les *Pensées* repassaient sous ses yeux et venaient habituer son âme à la mort. Certains passages le frappaient; il y revenait souvent et il s'était dit qu'aux heures suprêmes où l'intelligence subsiste, où l'on perçoit les sons sans pouvoir s'exprimer, il serait doux d'entendre ce grand langage des maîtres de la pensée humaine qui viendrait fortifier l'âme et lui donner la paix. Dans ce dessein, il marquait les pages, multipliait les signets, indiquait d'avance tout ce qu'il pourrait demander à des voix aimées de lui lire.

Sa foi n'avait besoin ni d'avertissement, ni de retour. La constance de ses convictions datait de loin : il avait servi d'exemple à plus d'un dans les années de sa jeunesse, sans bruit, sans apparat, avec la simplicité d'un devoir pieusement accompli. La dernière heure pouvait le surprendre ; le chrétien était prêt.

En peu de jours il avait dû cesser ses promenades ; puis il avait fallu garder la chambre ; enfin le mal l'avait relégué dans son lit. Entouré de sa famille, embrassant chaque jour ses petits-enfants, il avait demandé les lectures qu'il avait préparées de si loin. Il les écoutait l'âme ravie, les accompagnant d'une pensée, d'un mot, d'une admiration ou d'un remerciement à celle dont il suivait la voix. Il ne s'en laissait détourner que par le souvenir de quelque ami. Son cœur demeurait ouvert : s'il entendait prononcer un nom, s'il se doutait qu'on lui cachait la présence d'un de ceux qu'il aimait, il exigeait qu'on l'amenât auprès de son lit. A chacun il sut dire une parole d'adieu douce et forte ; sa vie repassait devant lui et ne lui ramenait ni regrets ni remords. Avec les visages aimés, il revoyait non plus ses luttes politiques, — il est des heures où certaines querelles se rapetissent à leur vraie mesure, — mais ses efforts pour le repos de son pays, pour la réforme des abus, pour la défense de ceux qui souffrent ; il se reprenait à aimer le barreau d'un respect plus tendre, il lui adressait un dernier adieu; il était heureux de voir celui qui, dans des jours de sang, avait ajouté une page glorieuse aux annales de l'ordre, il remerciait tous ceux qui l'avaient aidé à faire un peu de bien ici-bas. Il ne souffrait pas qu'on lui rappelât sa vie. Jusque dans la mort il redoutait la flatterie et allait jusqu'à recommander au bâtonnier, lorsqu'il parlerait de lui, de se souvenir qu'il n'avait jamais été qu'un homme secondaire. Il se détachait peu à peu de tout ce qui n'était pas le cœur ou la foi. L'amour des siens interrompait seul sa méditation devant la mort. « Je sens, dit-il, dans les dernières heures, que je m'élève de plus en plus au-dessus de moi-même. »

Puis, la lecture des morceaux de Bossuet et des passages de l'Évangile recommençait auprès de ce lit où, malgré le déclin des forces, une âme veillait toujours. Les heures s'écoulaient, la vie se retirait peu à peu. Un matin, il interrompit les prières et demanda le *Credo*, ce fut le dernier mot sorti de ses lèvres; peu d'instants après, il cessa d'entendre, enfin le souffle s'arrêta.

C'est ainsi que mourut, le 27 juin 1881, cet homme d'État dont nous n'avons pas la prétention de juger la place, mais qu'il nous est assurément permis d'appeler, après avoir montré la suite de sa vie, « un grand homme de bien ». C'est le titre, ses amis le savent, qu'il aurait prisé le plus haut.

FIN

MOTTEROZ, Adm.-Direct. des Imprimeries réunies, B, Puteaux

TABLE

Introduction.. I

I. 1798-1814. — Vizelle. Sa famille. Sa naissance; son enfance; collège de Vendôme................................ 1

II. Collège Charlemagne. — Arrivée à Paris; la classe de rhétorique; M. Villemain; M. Victor Le Clerc; plan de vie; choix d'un état; son goût des livres; sa correspondance... 13

III. La première année de droit. — Les études de droit en 1817; la Sorbonne; le cours de M. Villemain; ses lectures.. 27

IV. La conférence de droit. — Sa première improvisation; il se sent orateur; il fuit le monde; ses travaux de vacances; il prend goût à la politique : octobre 1818. Ses espérances libérales. L'année 1819. Il écrit une brochure politique. Ses premières ambitions; troubles à l'École de droit.......... 37

V. Le doctorat en droit, 1820. — Inquiétudes politiques; les salons libéraux; il regrette Paris; son caractère réservé; esprit de la jeunesse en 1820. Départ de Paris............ 62

VI. Le barreau de Bordeaux. — Arrivée à Bordeaux; ses débuts; son premier succès : la liberté individuelle; son talent se développe; le ministère Villèle et les élections de 1824; progrès de sa clientèle................................. 73

VII. Plaidoyers politiques. — Ses relations avec le *Globe*; il défend les journaux de Bordeaux : 1827; le procureur du roi, de Bordeaux; il écrit dans l'*Indicateur*; élections de 1828; révolution de 1830; il fait partie de la commission municipale; il refuse de quitter le barreau; il est élu à Saintes, 1831.. 94

VIII. La Chambre des députés. — Son libéralisme; ses premières études; ses débuts; lois de septembre; conseiller d'État, 1836; liberté d'enseignement; il s'engage dans la coalition... 113

IX. Le ministère des travaux publics, 1839-1840. — Émeute du 12 mai; il fait partie du ministère Soult; essor des travaux publics; établissement en France des chemins de fer; l'État et les compagnies; commission d'étude; la sub-structure et l'infra-structure; la loi d'expropriation; diverses entreprises; l'Algérie; son goût pour la responsabilité; projet de dotation; chute du cabinet................................ 127

X. Travaux parlementaires, 1840-1847. — Fortifications de Paris; fonds secrets; travaux publics; son mariage; ses amis politiques; réforme électorale; chemins de fer; les grandes compagnies; magistrature; fonctions publiques; concours des auditeurs; loi de régence; son indépendance; marine; Algérie; réforme postale.. 157

XI. Les débats politiques, 1843-1848. — Les réformes; il échappe aux partis; ses amis; mariages espagnols; réforme électorale; dangers croissants; discussion de l'adresse; banquets; crise ministérielle; révolution de Février.......... 209

XII. La République de 1848. — Élections; constitution; le droit au travail; ministère de l'intérieur; misère publique, loi d'assistance; le général Cavaignac; élection du 10 décembre; Assemblée législative; second ministère de l'intérieur; insurrection de juin 1849; état de siège; loi de presse; réformes diverses; chute du ministère............ 228

XIII. 1849-1851. — Enquête sur la marine; le général Changarnier; préludes du coup d'État; coup d'État du 2 décembre 1851.. 254

XIV. Le barreau de Paris. — Les vaincus du coup d'État; les décrets de confiscation; ses amis : MM. Vivien, Rivet, de Corcelle et de Beaumont; M. de Tocqueville; l'opposition; sa vie d'avocat; son autorité au Palais; son éloquence; les causes civiles.. 269

XV. Les causes politiques. — M. de Montalembert; Monseigneur Dupanloup : la liberté de l'histoire; M. le duc d'Aumale; M. Prévost-Paradol.. 280

XVI. Bâtonnier et académicien. — Son bâtonnat, 1862-1864. Conférence du stage; l'Académie française, 1864; saisie administrative; procès des Treize; élections politiques; plébiscite; chute de l'empire.. 299

XVII. Le siège de Paris. — Sa part dans l'action; république et monarchie; élections générales : février 1871............. 316

XVIII. Ministère de la justice : février 1871-mai 1873. — Assemblée de Bordeaux; magistrature; insurrection de Paris; loi sur les loyers; le jury de presse; répression légale de la Commune; reconstitution de l'état civil; restitution des biens d'Orléans; la magistrature et la politique; réforme judiciaire; conseil d'État; liste du jury; lutte politique; constitution des pouvoirs publics; chute de M. Thiers : 24 mai 1873........ 323

XIX. Second ministère de la justice : février 1875-décembre 1876. — Vote de la Constitution; il entre dans le ministère; reprend l'œuvre de la séparation de la magistrature et de la politique; scrutin d'arrondissement; président du conseil, février 1876; politique libérale; ses réformes : législation étrangère; création du concours; tournées des procureurs généraux; réforme des tribunaux; réduction des frais; exigences des députés; démission du ministère.............. 350

XX. Le seize Mai. — Agitation de la Chambre; le ministère de Broglie : pression ministérielle; élections générales; M. Dufaure forme un cabinet....................................... 372

XXI. Troisième ministère de la justice : décembre 1877-janvier 1879. — Ministère de réparation; amnistie de presse; lois de garantie; réforme de l'instruction criminelle; Algérie; projets de réforme; mort de madame Dufaure; caractère du garde des sceaux; nouvelles intrigues; élections sénatoriales; impatience de la Chambre; épuration du personnel; retraite du maréchal; démission du cabinet........ 378

XXII. Ses dernières luttes. — Épurations générales; la démocratie; comment il la jugeait; son accueil; son patronage; son respect de l'homme; sa répugnance pour les sectaires; loi d'enseignement; projet de liberté d'association; sa maladie; ses derniers jours; sa mort................ 395

FIN DE LA TABLE

Motteroz, Adm.-Direct. des Imprimeries réunies, B, Puteaux

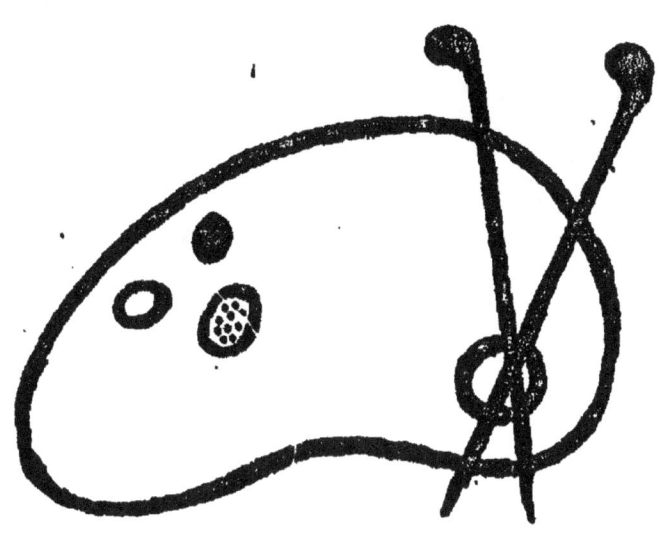

Original en couleur

NF Z 43-120-8

www.ingramcontent.com/pod-product-compliance
Lightning Source LLC
Chambersburg PA
CBHW060543230426
43670CB00011B/1668